徹底図解
本格！開運手相術

［プロが教える鑑定のポイント］

島禎子 著

Mates-Publishing

はじめに

手相には、今の運気を読み解くという楽しみだけでなく、それを一歩前進させて本人も気づかなかった才能やその人の将来の運勢などを発見し、よりよい人生へと導くヒントがあります。

手相の歴史は古く、数千年前の古代インド時代から始まり、手や足のサインから運命を占ったといわれています。人はそんな大昔から手を見て、さまざまなことを知りました。

手相鑑定は人と人とを結びつけるステキなコミュニケーション・ツールでもあります。大昔の人が知っていたように、手にはその人のさまざまな情報が詰まっていて、それを読み解き、その人の運勢がよりよくなるようヒントを読み解いていく…手相鑑定の醍醐味はそこにあると思います。

手相を楽しくみるマナーをいくつかご紹介します。マナーを守りながら、手相を通じてたくさんの人とコミュニケーションをとって、あなたの人生そのものを豊かでステキなものにしてください。

【手相を楽しくみるマナー】

- ●占ってほしい人を鑑定する
- ●勇気や自信、希望を与える鑑定を心がける
- ●幸せになる、成功するためのアドバイスを添える
- ●お互いが笑顔になる鑑定を目指す

北島禎子

本書の見方・使い方

本書では、「基礎知識」、「手相鑑定を行うための準備」、「手相鑑定の実践」などのページと、占う相手のパーソナリティを見極める「27タイプの手相」、目的別の「75タイプの手相」を掲載しています。各ページの基本的な見方、使い方を確認して本格的な手相鑑定にお役立てください。

基礎知識ページの見方・使い方

手相鑑定に必要な「丘や平原」「四大基本線」や「20本の補助線」の名称や種類などの基本知識をしっかり覚えましょう。

線の位置、線を見極める丘、線ののびる方向などをテキストや図解で掲載

線に「かかわる運勢」は、目的別の各運勢にリンク

丘や平原の位置を掲載

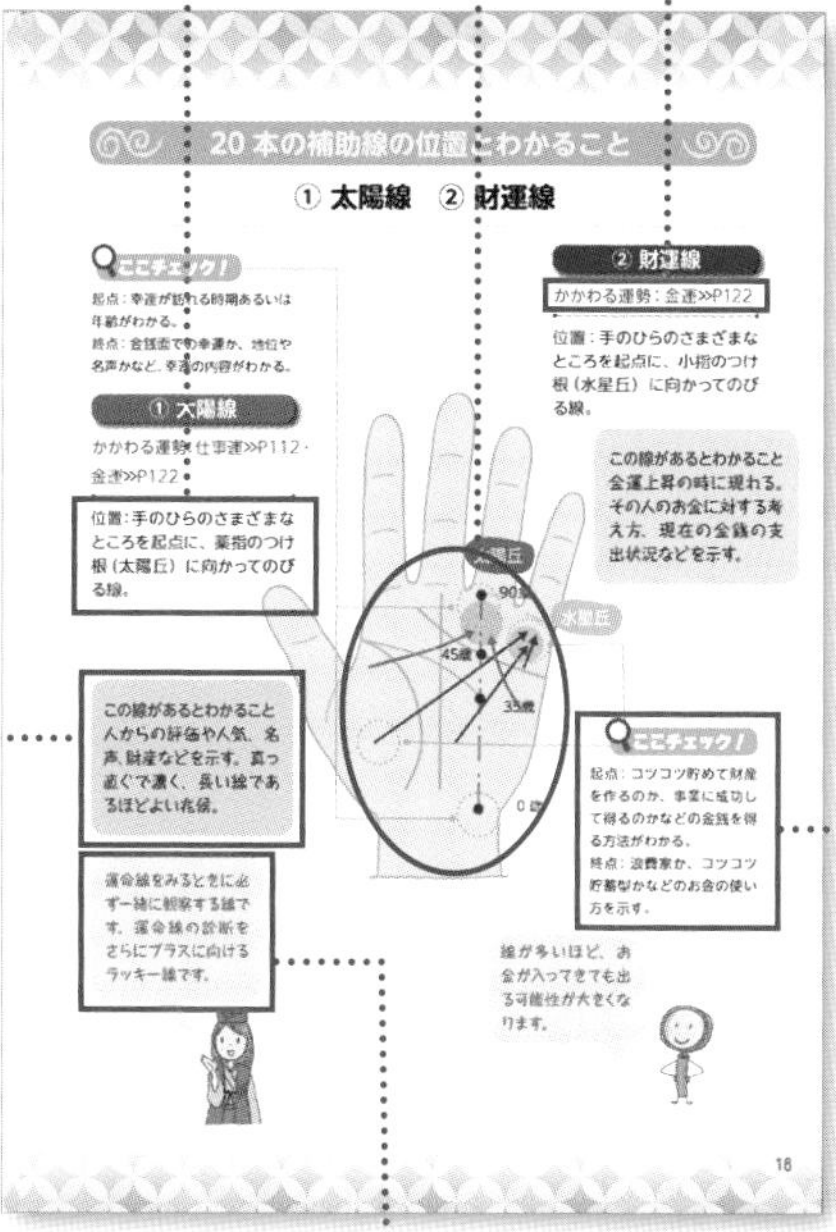

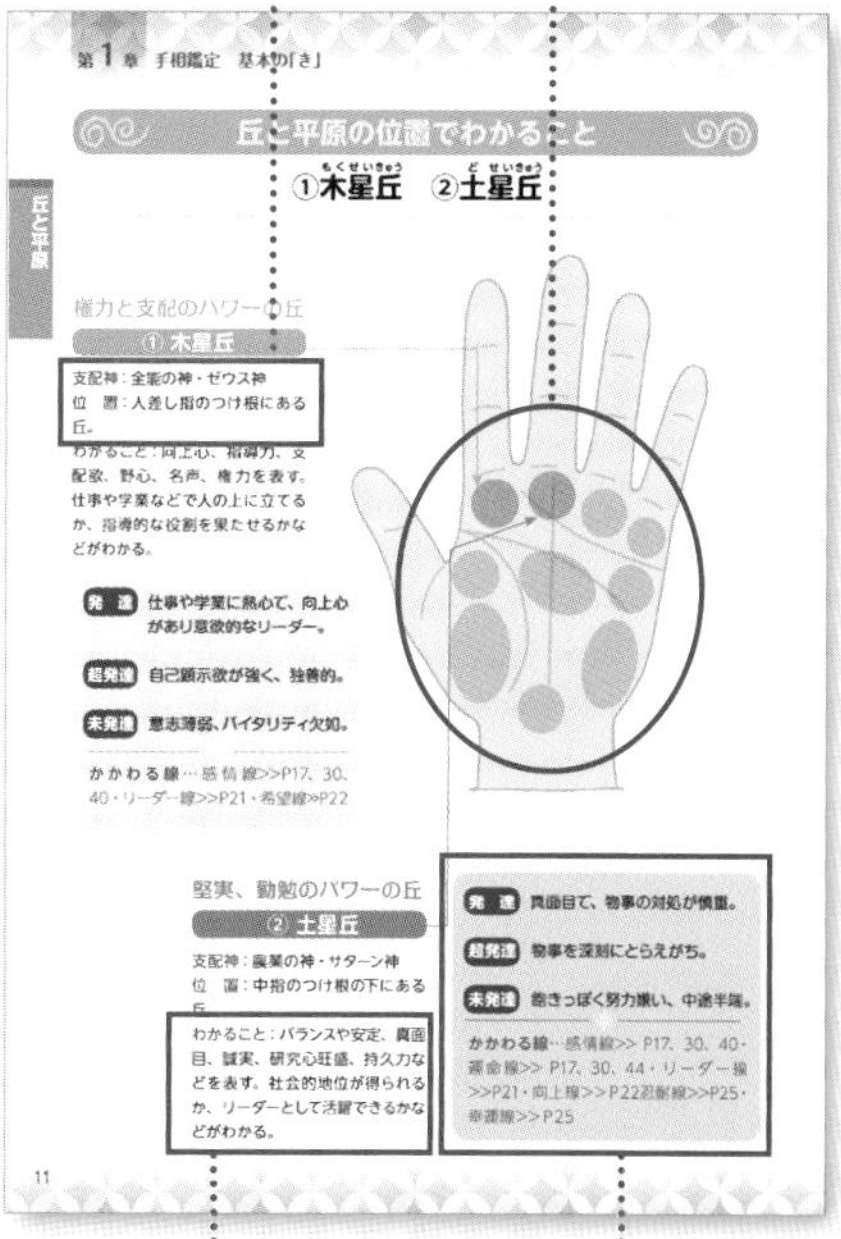

「この線があるとわかること」を掲載

線などについてのひと言メモ

「ここチェック！」は、線を読み解くポイントなどを掲載

丘や平原から、「わかること」を掲載

「発達状態」の解説、「かかわる線」とその線の詳細ページ数も掲載

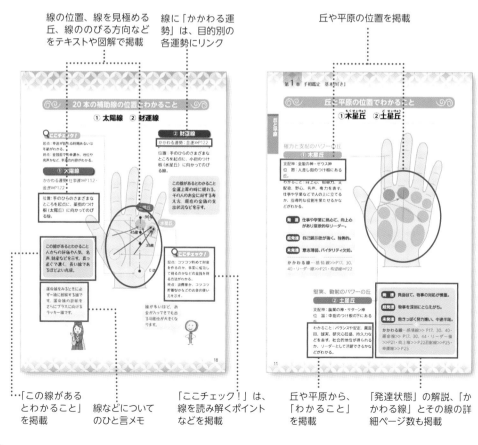

解説ページの見方・使い方

手相を鑑定するときのポイントの読み解き方、各ポイントのバリエーションや鑑定結果の伝え方のアドバイスなどの解説ページです。

線を「読み解くポイント」の解説や「標準的な線」「鑑定のコツ」を掲載。各ポイントのバリエーションとリンク

「読み解くポイント」

運勢にかかわる時期をみる「年齢の見方」を掲載
＊「年齢の見方」がない線もあります

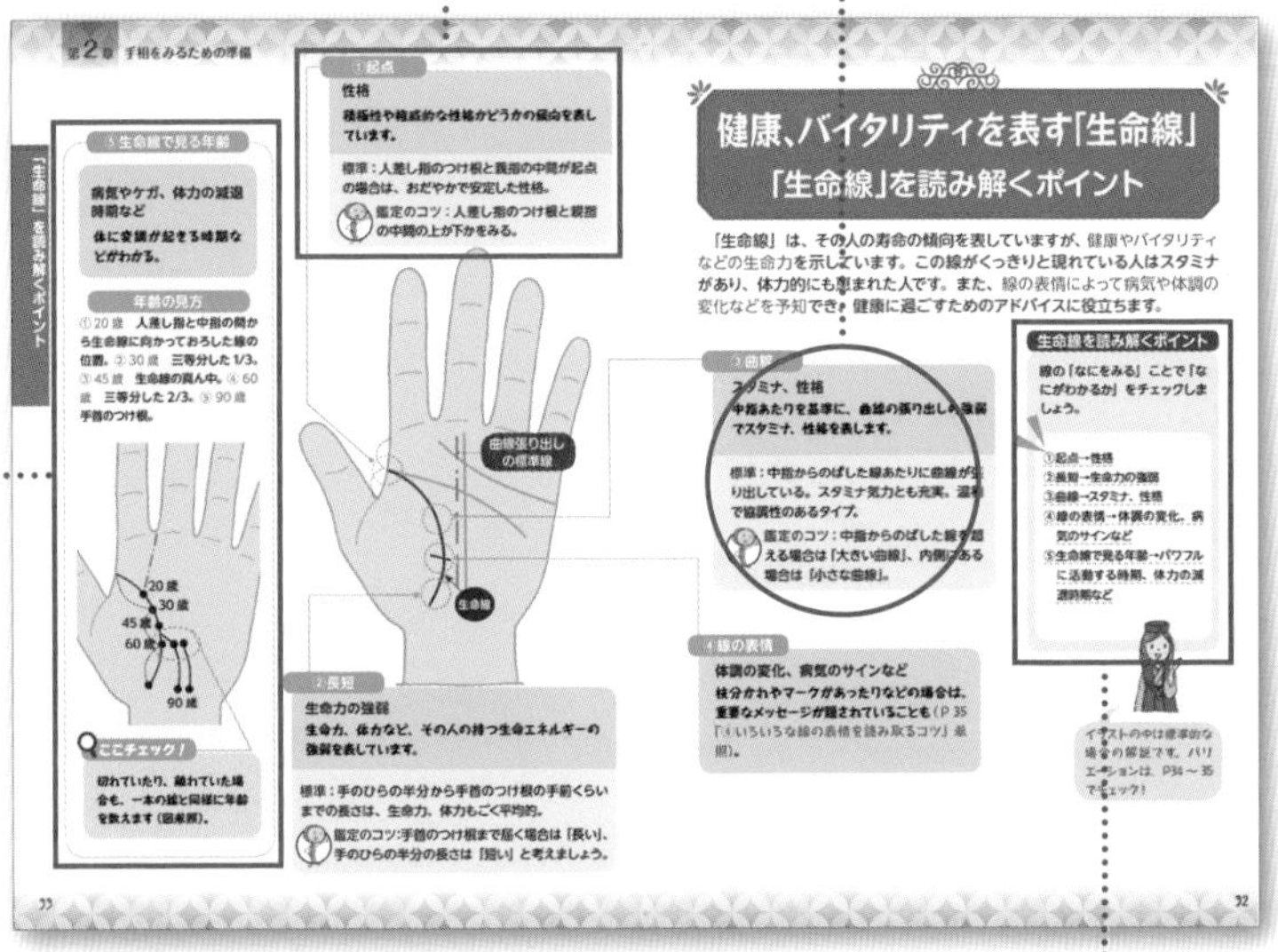

ポイントを読み解く順番、わかる内容を掲載

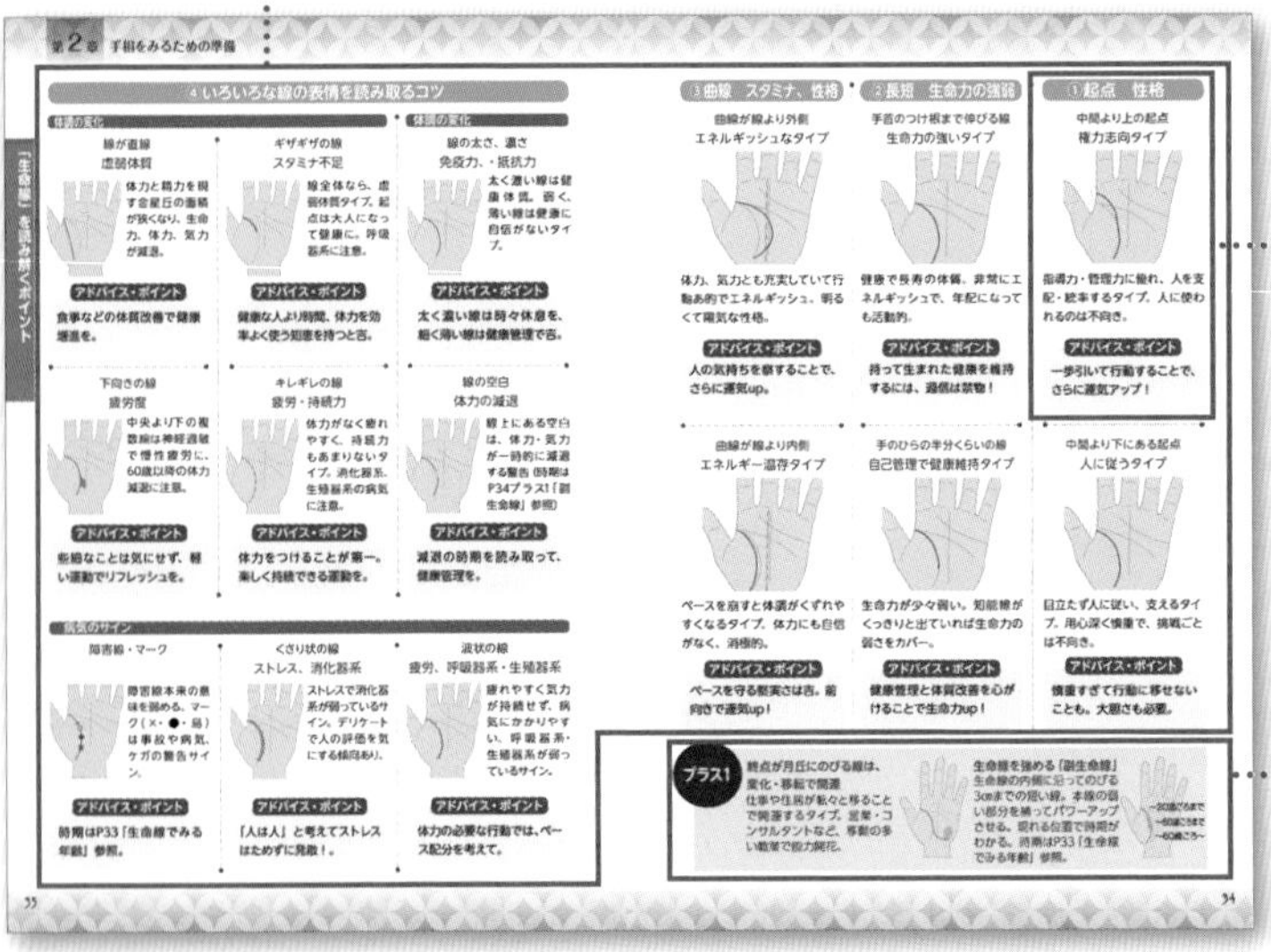

バリエーションでは、線の図解、手相の特徴、鑑定結果を伝えるときの「アドバイス・ポイント」を掲載

「プラス1」では、ユニークな手相や珍しい手相を紹介

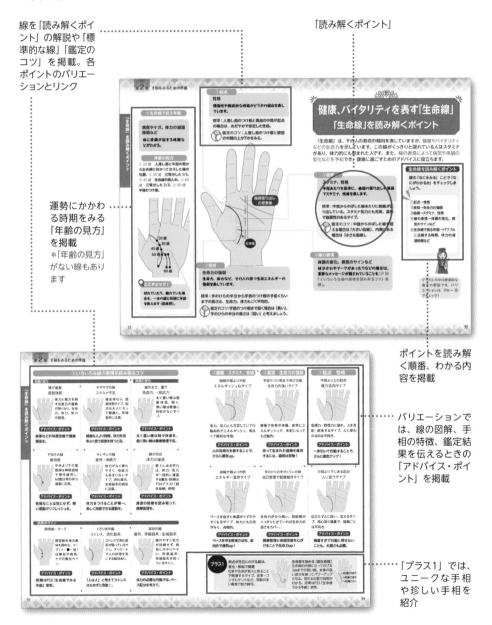

手相の見方・使い方

手相鑑定は、手に現れたあらゆる特徴を総合的に読み取っていくものです。手に刻まれた線はもちろんのこと、手の形や指の長さや形、ツメ、手のひらの弾力や色などの情報を読み取っていくのが手相鑑定なのです。鑑定するポイントの手順などに沿って、手相を占ってみましょう。

目的別　手相バリエーション

占う目的によって、手相の見方は変わってきます。目的別に鑑定ポイントと各テーマでの手相の特徴、テーマにかかわる線などをまとめました。

パーソナリティタイプ

手相鑑定では、占う相手のパーソナリティが鑑定する決め手になります。占う相手のパーソナリティが、27タイプのどれなのかを見極めましょう。

手相の解説を掲載。ポイントになる線や丘、平原を赤字で表示

テーマに沿った手相の特徴を掲載

目的別運勢をテーマ別に掲載

「ここチェック！」では、線の形状が異なる場合の見方を掲載

パーソナリティ診断の組み合わせを表示

パーソナリティタイプの特徴を掲載

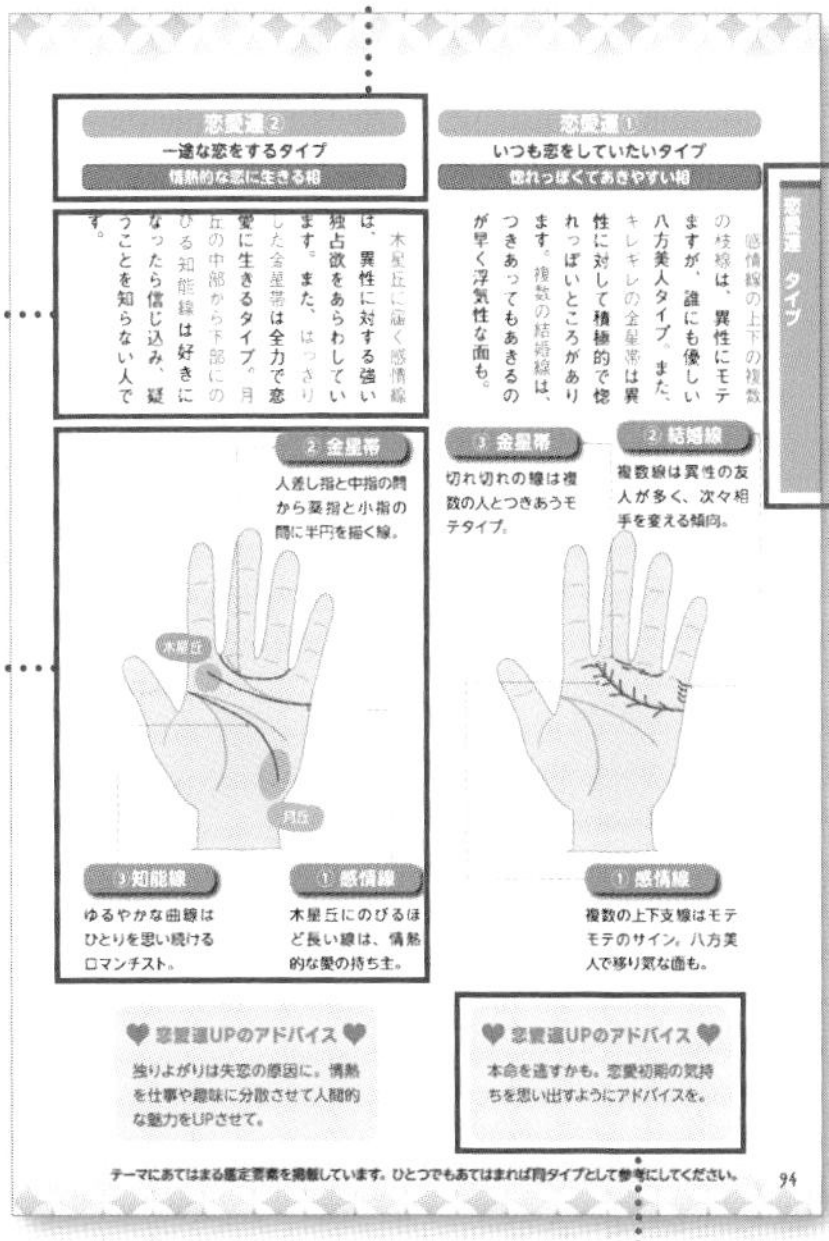

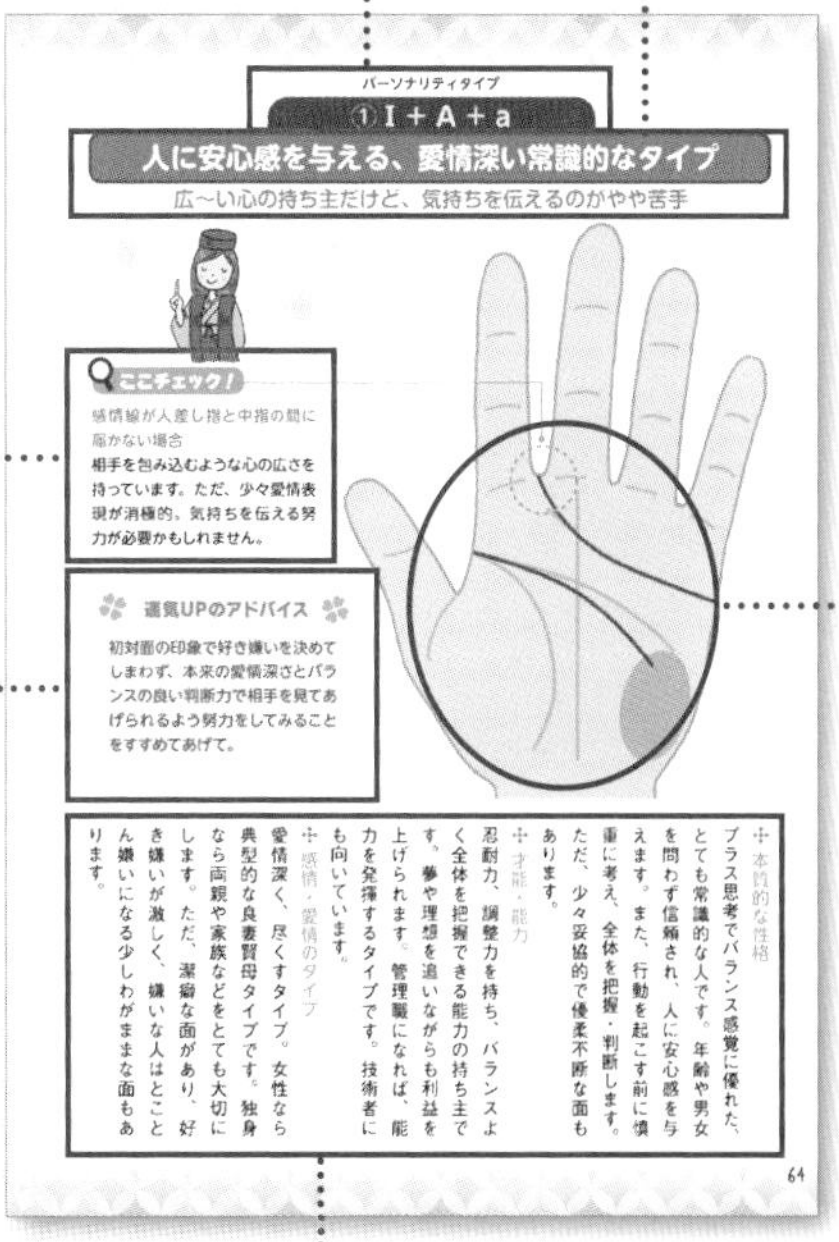

テーマ別タイプの手相にあてはまる線や丘、平原の図解と解説を掲載。鑑定の参考資料になります

開運のアドバイス法を掲載

開運のアドバイス法を掲載

パーソナリティタイプの「本来の性格」「才能・能力」「感情・愛情のタイプ」の特徴を掲載

それぞれのタイプの手相をわかりやすく図解

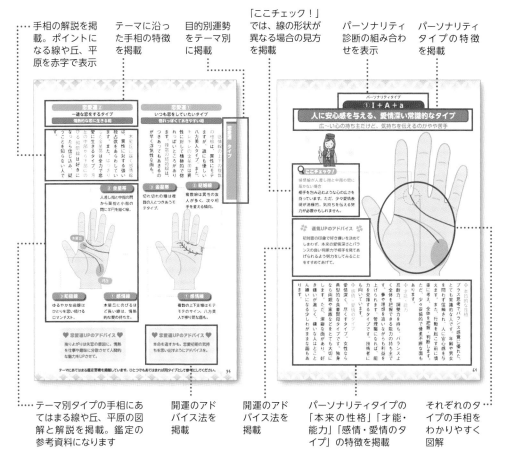

徹底図解　本格！開運手相術　プロが教える鑑定のポイント

目次

❖第5章　目的別に鑑定しましょう

STEP3　恋愛運・結婚運・仕事運・金運・健康運を鑑定する

※本書は2013年発行の『本格！開運手相　占いのプロが教える鑑定のポイント』を元に加筆・修正を行っています。

第1章

手相鑑定 基本の「き」

手相を見るための基礎知識

手相鑑定のための基礎知識です。
手相鑑定に必要な「四大基本線」や「20本の補助線」、
「丘や平原」の名称や種類、位置、意味などの
基本知識を覚えましょう。

9つの「丘《おか》」と1つの「平原」
線を見極めるポイント

手のひらには、９つのふくらみ「丘《おか》」と「平原」と呼ばれる中央部分のくぼみがあります。それぞれ意味やパワーがあり、四大基本線や補助線など、見わけにくい線を正確に見極める重要な手がかりになります。

線の起点と終点は、「丘《おか》」と「平原」で見極める

手を見たときに、線が見つからなかったことはありませんか。

手のひらの線を見るときに、「線がどの丘からはじまって（起点）、どこで終わっているか（終点）」を見つけることで、誰でも線を見極めることができます。また、「丘」や「平原」の意味や線との関わりを知ることで、さらに深く手相を鑑定することができるようになります。

肉づきやツヤ、色などで、運勢、個性、健康状態などがわかる

９つの丘には、ギリシャ神話の神様の名がついていてそれぞれに特別なパワーを持っています。また、四大基本線や補助線の意味に少なからず影響を及ぼします。

丘の肉づきの具合や色、ツヤなどからは、運勢・個性・健康状態などの情報を得ることができます。丘の色やツヤ、肉づきがよく、盛り上がっている場合は「発達している」と表現されます。また、９つの丘に囲まれたくぼみ「火星平原」は、知能線・運命線が行き交う部分でそれぞれの丘のパワー中継点になります。

それぞれの「丘」や「平原」の位置や持つ意味をしっかりと覚えておきましょう。

丘と平原の位置でわかること

①木星丘《もくせいきゅう》　②土星丘《どせいきゅう》

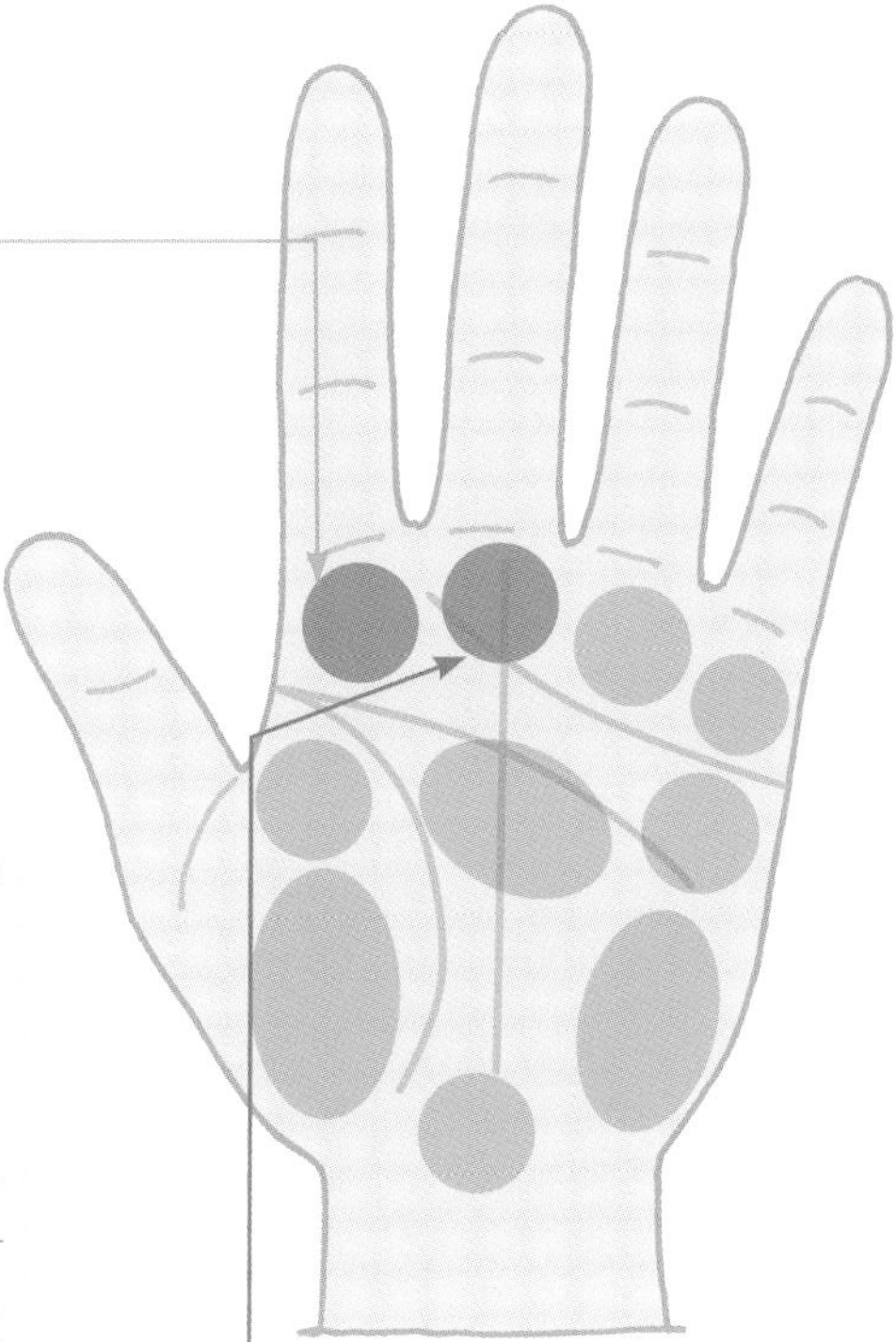

権力と支配のパワーの丘

① 木星丘

支配神：全能の神・ゼウス神
位　置：人差し指のつけ根にある丘。
わかること：向上心、指導力、支配欲、野心、名声、権力を表す。仕事や学業などで人の上に立てるか、指導的な役割を果たせるかなどがわかる。

発　達　仕事や学業に熱心で、向上心があり意欲的なリーダー。

超発達　自己顕示欲が強く、独善的。

未発達　意志薄弱、バイタリティ欠如。

かかわる線…感情線>>P17、30、40・リーダー線>>P21・希望線>>P22

堅実、勤勉のパワーの丘

② 土星丘

支配神：農業の神・サターン神
位　置：中指のつけ根の下にある丘。
わかること：バランスや安定、真面目、誠実、研究心旺盛、持久力などを表す。社会的地位が得られるか、リーダーとして活躍できるかなどがわかる。

発　達　真面目で、物事の対処が慎重。

超発達　物事を深刻にとらえがち。

未発達　飽きっぽく努力嫌い、中途半端。

かかわる線…感情線>> P17、30、40・運命線>> P17、30、44・リーダー線>>P21・向上線>> P22・忍耐線>>P25・幸運線>> P25

丘と平原の位置でわかること

③太陽丘《たいようきゅう》　④水星丘《すいせいきゅう》

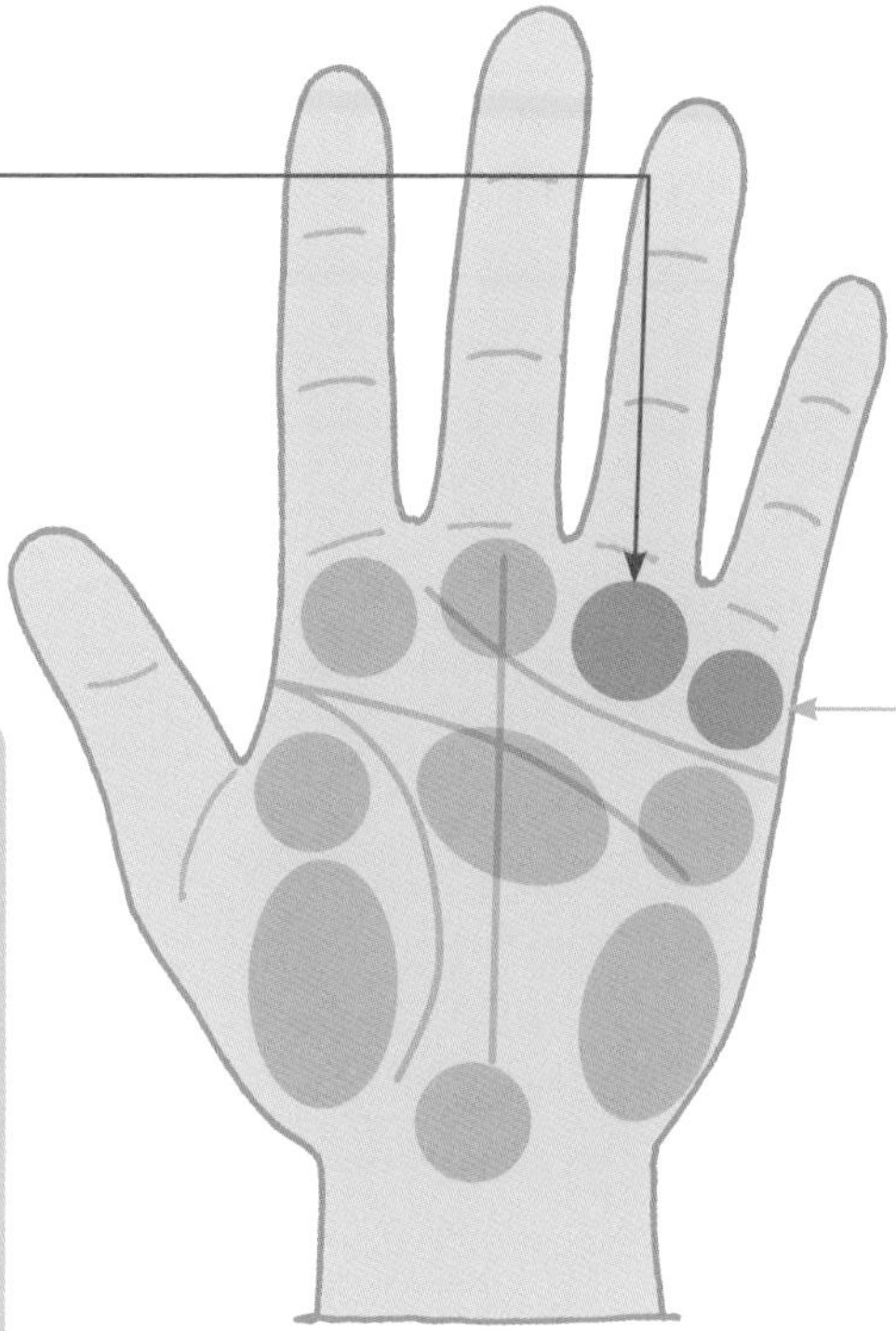

人気、幸せのパワーの丘

③ 太陽丘

支配神：人気と芸術の神・アポロン神
位　置：薬指のつけ根の下にある丘。
わかること：名誉、人気、地位、名声、創造性や芸術的センス、幸運や成功を表す。自己アピールできるか、人に好かれ、満ち足りた幸福感があるかなどがわかる。

発　達 財や名声、クリエイティブな才能に恵まれ、魅力的。

超発達 見栄っ張りで浪費家。

未発達 薄幸で人望薄く、不平不満が多い。

かかわる線…太陽線>>P18・結婚線>>P19・忍耐線>>P25・幸運線>>P25

ビジネス、コミュニケーションのパワーの丘

④ 水星丘

支配神：お金と伝達の神・マーキュリー神
位　置：小指のつけ根の下にある丘。
わかること：財、ビジネスセンス、コミュニケーション、伝達能力を表す。コミュニケーション能力を持ち、商才に長けているか、チャンスを逃さないビジネスセンスがあるかなどがわかる。

発　達 社交的でビジネスセンスに長け、財運に恵まれる。

超発達 お金への執着が強く打算的。

未発達 社交性がなく、金運も弱め。

かかわる線…財運線>>P18・結婚線>>P19・直感線>>P23・健康線>>P24

丘と平原の位置でわかること

⑤第一《だいいち》火《か》星丘《せいきゅう》 ⑥第二《だいに》火《か》星丘《せいきゅう》

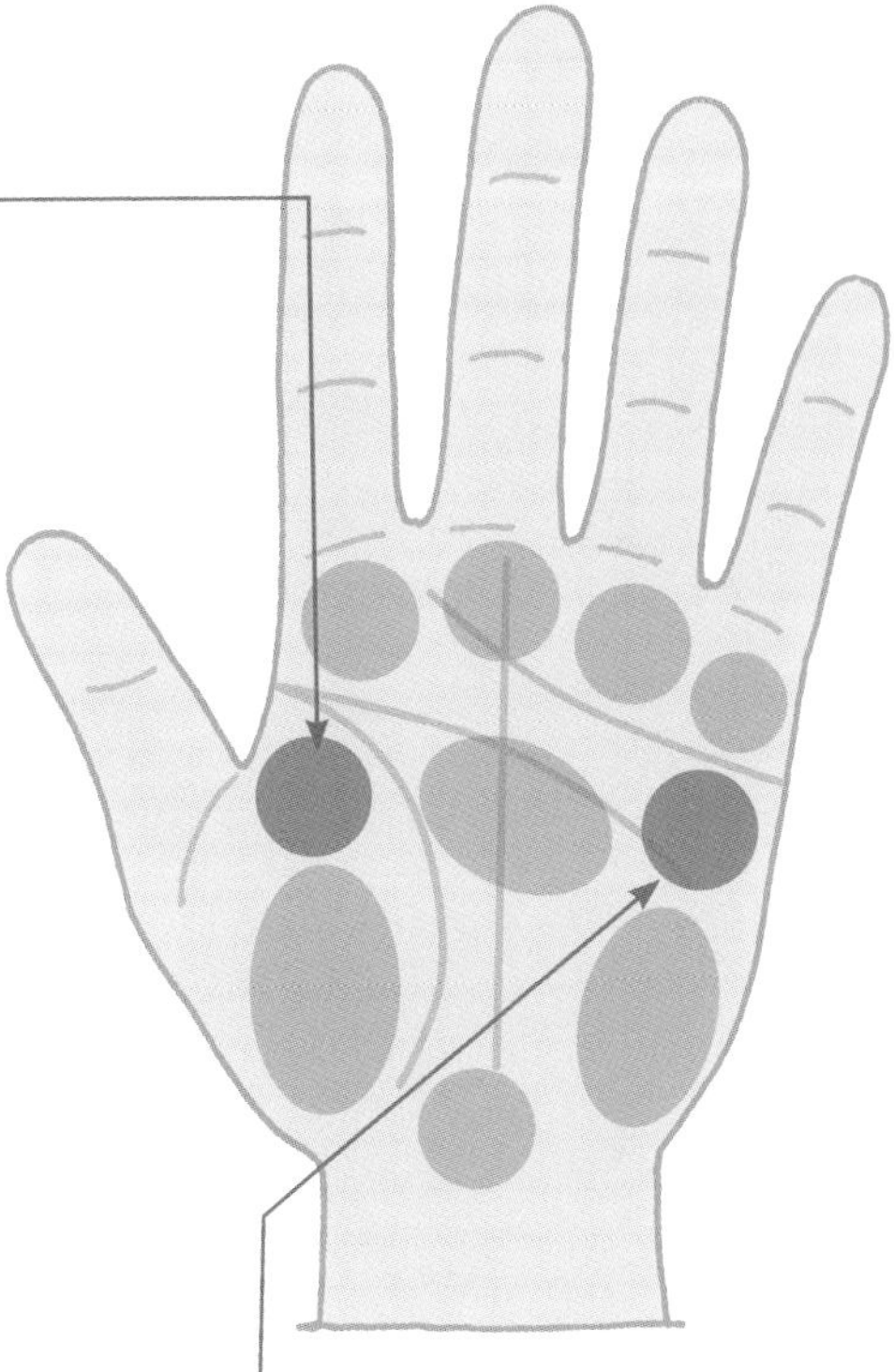

勇気、行動力のパワーの丘

⑤ 第一火星丘

支配神：他者との戦いの神・マルス神
位置：親指のつけ根にある、木星丘と金星丘に挟まれた丘。
わかること：活力、勇気や積極性などを表す。なにごとに対しても競争心や闘争心を持ち、積極的に取り組んでいくかどうかなどがわかる。

発 達 外向的、積極的でエネルギッシュな行動派。

超発達 ケンカッ早く短気。

未発達 臆病で何ごとにも消極的。

かかわる線…短気線>>P25

正義感、忍耐のパワーの丘

⑥ 第二火星丘

支配神：自己との戦いの神・マルス神
位　置：水星丘の下、第一火星丘と反対側にある丘。
わかること：忍耐力、自制心、意志力、決断力などを表す。精神的なストレスへの忍耐力があるかどうか、意志の強さ、正義感などがわかる。

発 達 プレッシャーにも動揺せず、意志を貫き通す。

超発達 頑固で人間関係にトラブルが多い。

未発達 抑制心が弱く、意志薄弱。

かかわる線…知能線>>P17・30・36・忍耐線>>P25

丘と平原の位置でわかること

⑦月丘《げっきゅう》　⑧金星丘《きんせいきゅう》

若さ、生命力のパワーの丘

⑧ 金星丘

支配神：生命力の神・ヴィーナス神
位　置：第一火星丘の下にある丘。
わかること:健康、体力、バイタリティ、愛情、性的エネルギーを表す。体力があってエネルギッシュかどうかなどの生命力、そして肉体的な愛情についてなどがわかる。

発　達　エネルギッシュで健康、活力に満ち性的魅力もある。

超発達　自信過剰、性的欲望が強く多情。

未発達　体力がなく、異性に対しても消極的。

かかわる線…生命線>>P17、30、32・運命線>>P17、30、44・ストレス線>>P24

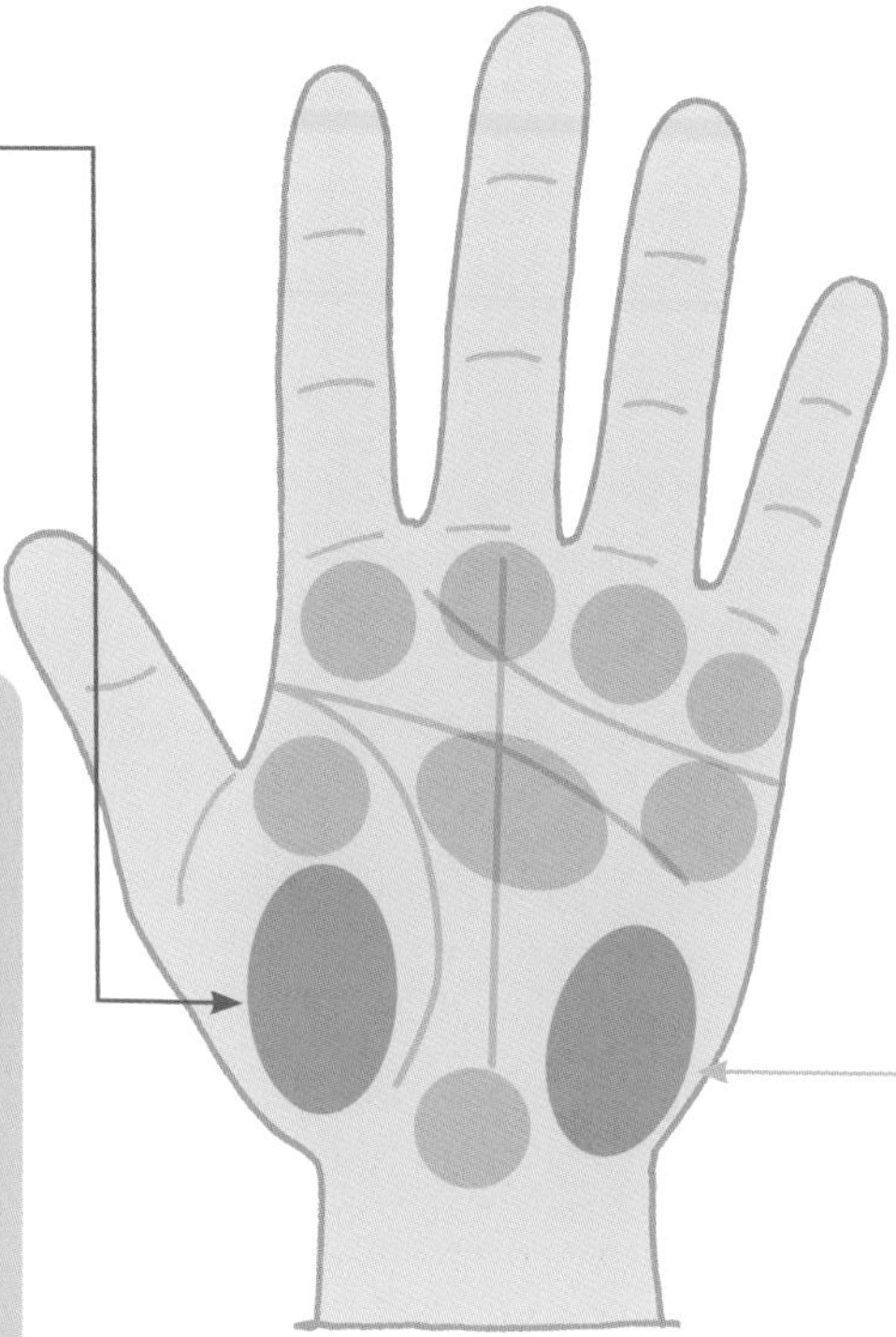

想像力、直感のパワーの丘

⑦ 月丘

支配神：ロマンと芸術の神・ダイアナ神
位　置：第二火星丘の下、手首のすぐ上にある丘。
わかること：創造性、美的感覚、無意識や直感、神秘的なインスピレーション、共感力、理想を表す。イマジネーションや感性の豊かさ、芸術的な才能があるかどうかなどがわかる。

発　達　芸術的なセンスに恵まれ、創造力豊か。

超発達　空想癖があり、現実生活に対応できない。

未発達　イマジネーションや人望に欠ける。

かかわる線…知能線>>P17、30、36・運命線>>P17、30、44・引き立て線>>P20・寵愛線>>P21・旅行線>>P23・直感線>>P23・放縦線>>P24・幸運線>>P25

丘と平原の位置でわかること

⑨地《ち》丘《きゅう》 ⑩火《か》星《せい》平《へい》原《げん》

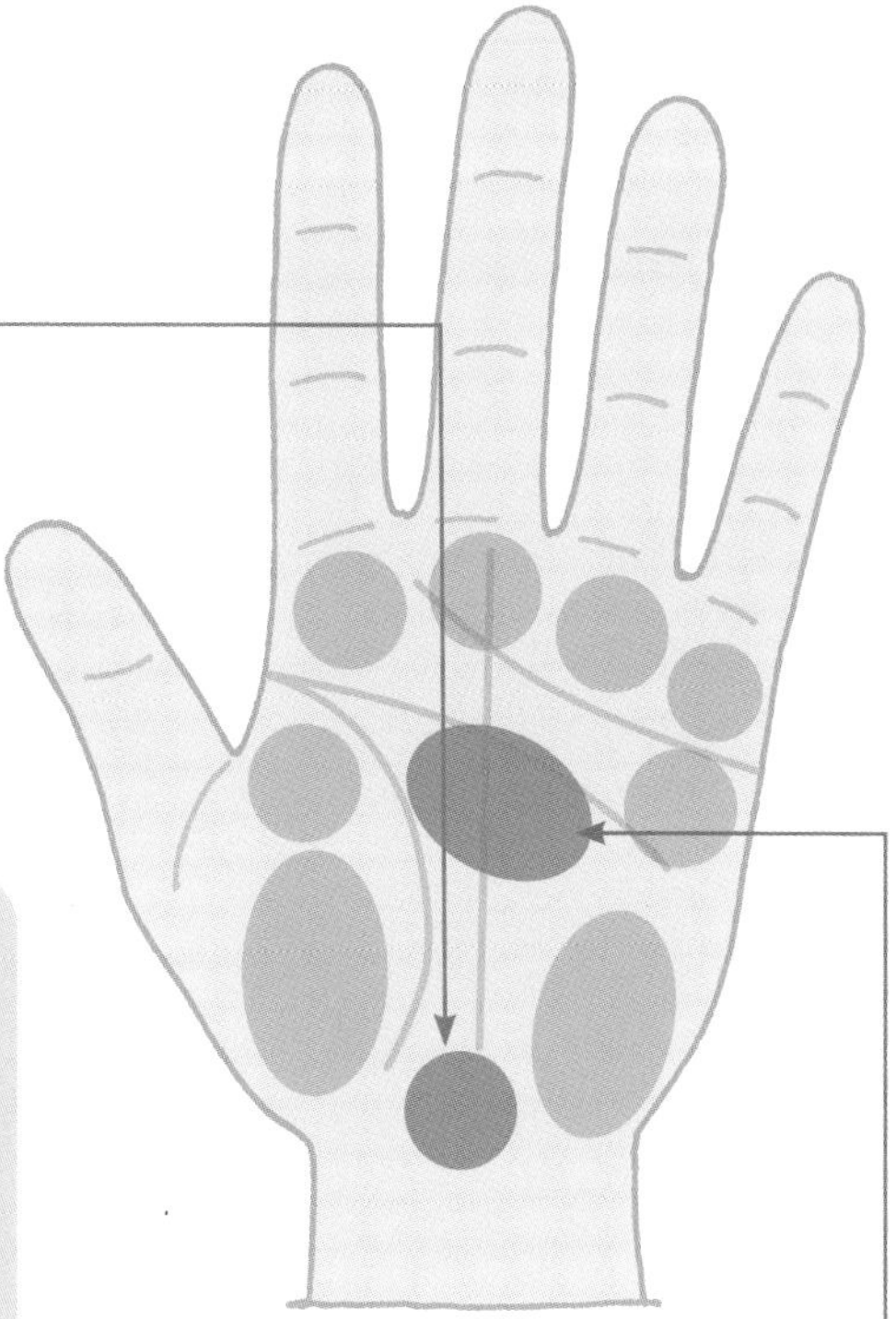

先祖の加護、家族のパワーの丘

⑨ 地丘

支配神：太陽の神・ガイア神
位置：月丘と金星丘の間、手首の中央にある丘。
わかること：ご先祖の加護、家族関係、人間関係、性格を表す。先祖からの恵み、その人の性格、家族関係がわかる。

発 達 正直で明るく、素直で先祖の加護がある。

超発達 わがままで自己中心的。

未発達 ご先祖の加護が薄く、気力体力とも衰え気味で消極的。

かかわる線…生命線>>P17、30、32・運命線>>P17、30、44

中年期運のパワーがわかる、中央部分のくぼみ

⑩火星平原

位　置：手のひらの中央のくぼみ部分。
わかること：中年期のパワー、晩年の生活への影響を表す。仕事などで活躍し、穏やかな晩年を過ごせるかどうかがわかる。

かかわる線…ストレス線>>P24

「四大基本線」と「20本の補助線」線を読み解くポイント

手相鑑定の基本となるのが、「生命線」「知能線」「感情線」「運命線」の四大基本線です。それ以外に、20本の「補助線」が手相をみる上で大切な役割を担います。線の位置と示す意味を覚えましょう。

手相の中核 運命の5割がわかる「四大基本線」

四大基本線には「生命線」「知能線」「感情線」「運命線」があり、運命の約5割がわかるといわれる最も重要な線です。

手相は、生活や社会環境、心理状態、コンディションなどで変化します。四大基本線が重要とされるのは、その変化がその人の生き方を決定づける重要なものだから。線の始点や終点、濃淡、長短などで、その人の基本的なパーソナリティや運勢などが手にとるように見えてきます。

四大基本線がどの位置にあるか、どんなことを示し、意味しているかといった基本の知識を覚えておきましょう（P17）。

さらに詳しく診断するための「20本の補助線」

20本の補助線（P18〜25）を見ることで、運命の残りの5割をさらに詳しく診断することができます。

補助線は、すべての人の手のひらに現れる線ではありません。その人の個性や特徴、生活や社会的な環境などに応じて、強く現れたり、消えたりします。

また、線の変形やくさり型などの線の表情や、障害線や障害マーク（P26）などの有無によって、運命の変化や予兆などがわかります。

四大基本線の位置とわかること

手相の線は「丘」（P10-15）から探します。「起点と終点がどの丘から出ているか」を知ることで、だれでも正しく線を見つけることができますよ！

感情線>>P40（第二章）

位置：小指のつけ根と手首のつけ根を四等分した上から約1/4から出発し、人差し指（木星丘）と中指(土星丘）に向かってのびる線。

わかること：愛情のタイプ、現在の心理状態などがわかる。

感情線の目立つ人は、愛情に敏感でやさしく情熱的な人です。

知能線>>P36（第二章）

位置：生命線上あるいはその上下から出発して、手のひらを横切って(火星平原）のびる線。

わかること：出発点（起点）で本来の性格、終点で才能、能力などとともに適職がわかる。

頭脳線が目立つ人は、知性や理性が発達し、仕事運に恵まれています。

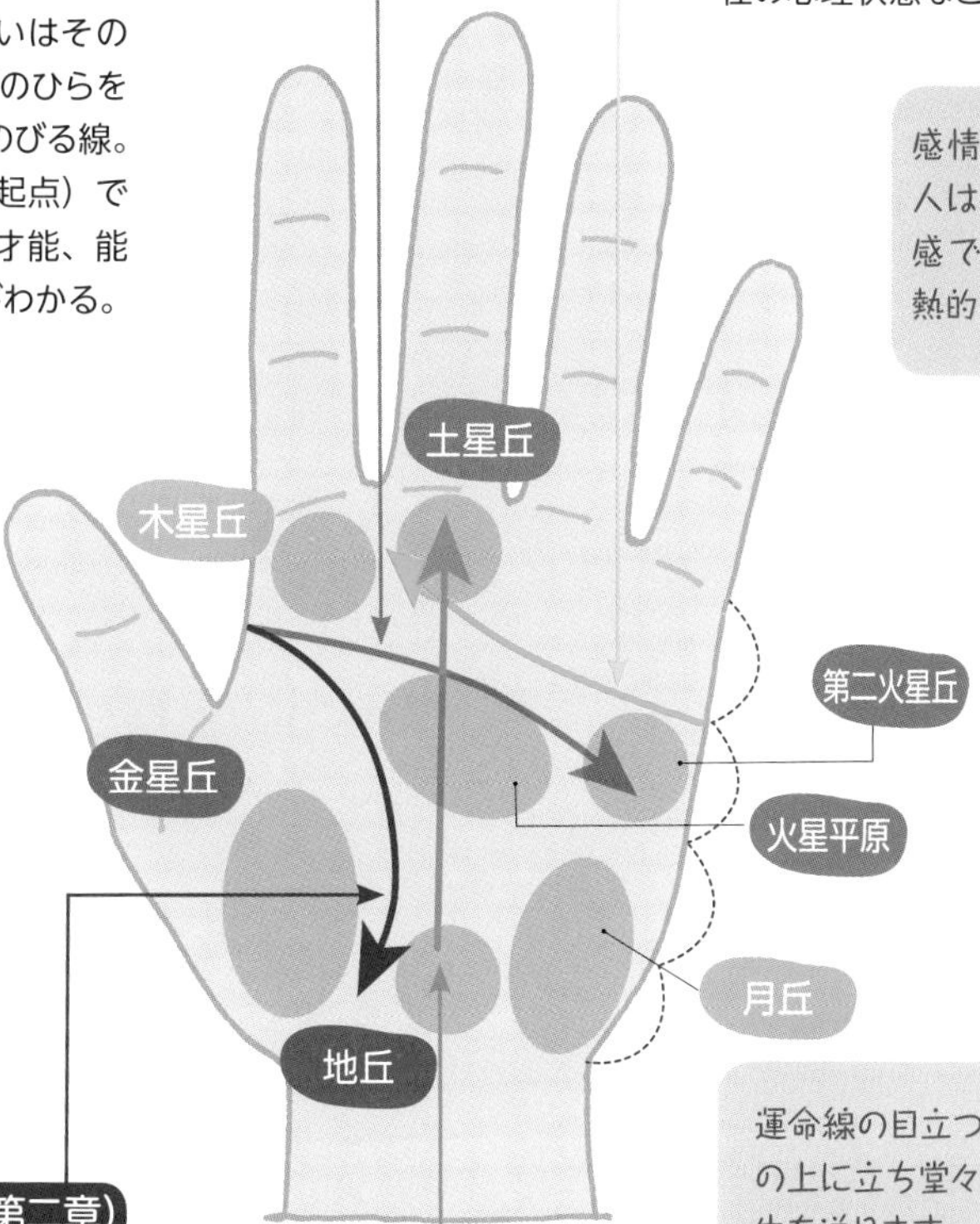

運命線の目立つ人は、人の上に立ち堂々とした人生を送ります。

生命線>> P32(第二章)

位置：親指と人差し指のつけ根の中間から、親指のふくらみ（金星丘）を囲んで手首に向かってのびる線。

わかること：体力や生命力、健康状態、病気や事故などのアクシデントがわかる。

生命線の目立つ人は、健康でバイタリティがあります。

運命線>> P44(第二章)

位置：線の出発する位置にかかわらず、終点が中指のつけ根（土星丘）に向かってのびる線。

わかること：人生の転機、社会的な運勢がわかる。

20本の補助線の位置とわかること

① 太陽線　② 財運線

ここチェック！

起点：幸運が訪れる時期あるいは年齢がわかる。
終点：金銭面での幸運か、地位や名声かなど、幸運の内容がわかる。

① 太陽線

かかわる運勢：仕事運≫P112・金運≫P122

位置：手のひらのさまざまなところを起点に、薬指のつけ根（太陽丘）に向かってのびる線。

この線があるとわかること
人からの評価や人気、名声、財産などを示す。真っ直ぐで濃く、長い線であるほどよい兆候。

② 財運線

かかわる運勢：金運≫P122

位置：手のひらのさまざまなところを起点に、小指のつけ根（水星丘）に向かってのびる線。

この線があるとわかること
金運上昇の時に現れる。その人のお金に対する考え方、現在の金銭の支出状況などを示す。

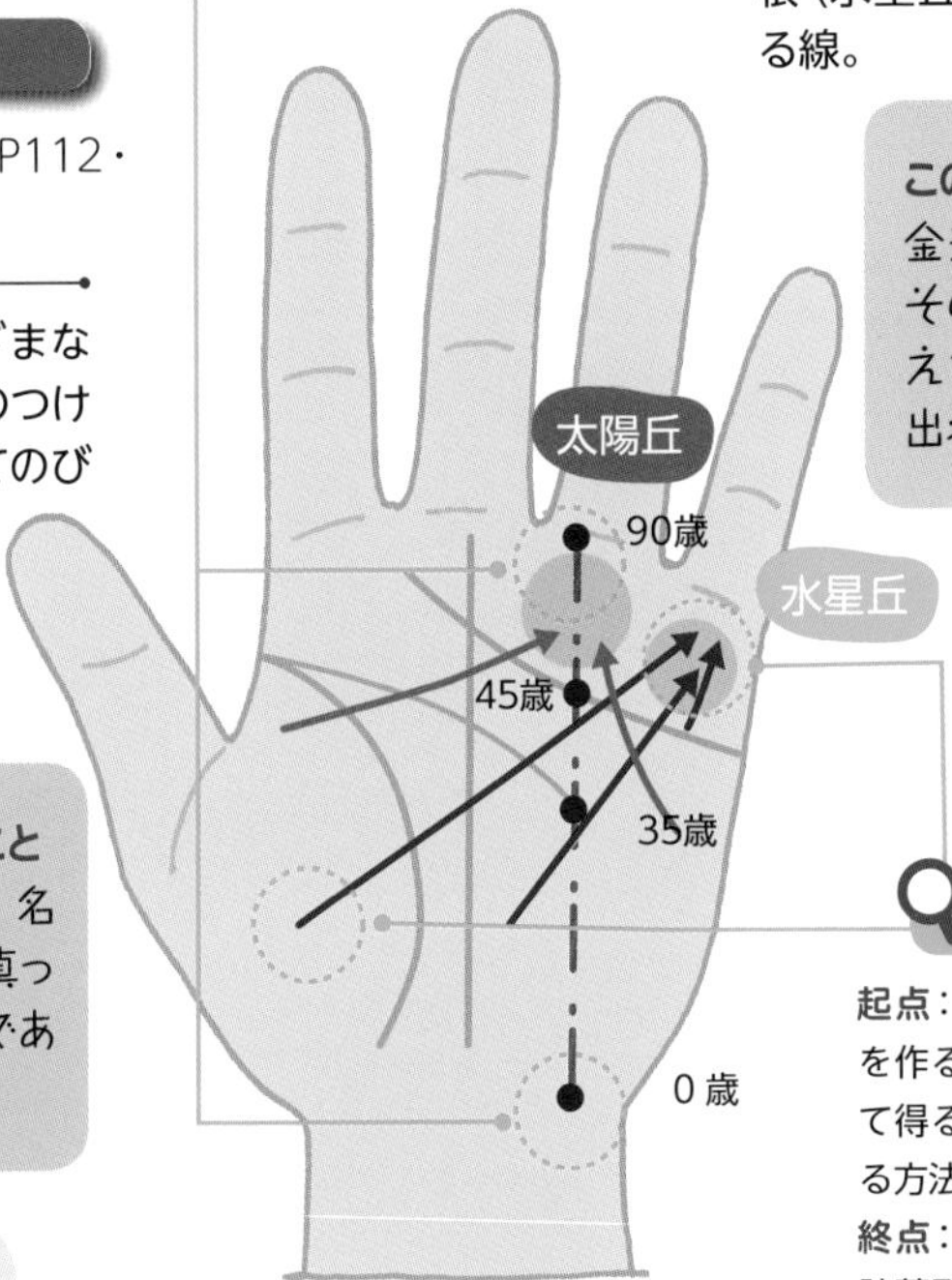

ここチェック！

起点：コツコツ貯めて財産を作るのか、事業に成功して得るのかなどの金銭を得る方法がわかる。
終点：浪費家か、コツコツ貯蓄型かなどのお金の使い方を示す。

運命線をみるときに必ず一緒に観察する線です。運命線の診断をさらにプラスに向けるラッキー線です。

線が多いほど、お金が入ってきても出る可能性が大きくなります。

20本の補助線の位置とわかること

③ 結婚線 ④ 金星帯

③ 結婚線

かかわる運勢：恋愛運>>P92・結婚運>>P102

位置：小指のつけ根を起点に、感情線の間（水星丘）を横切る線。

ここチェック！

起点：結婚の時期を示す。男女によって年齢の見方が違う（P103「結婚運」参照）。

終点：結婚生活の内容や状況を示す。

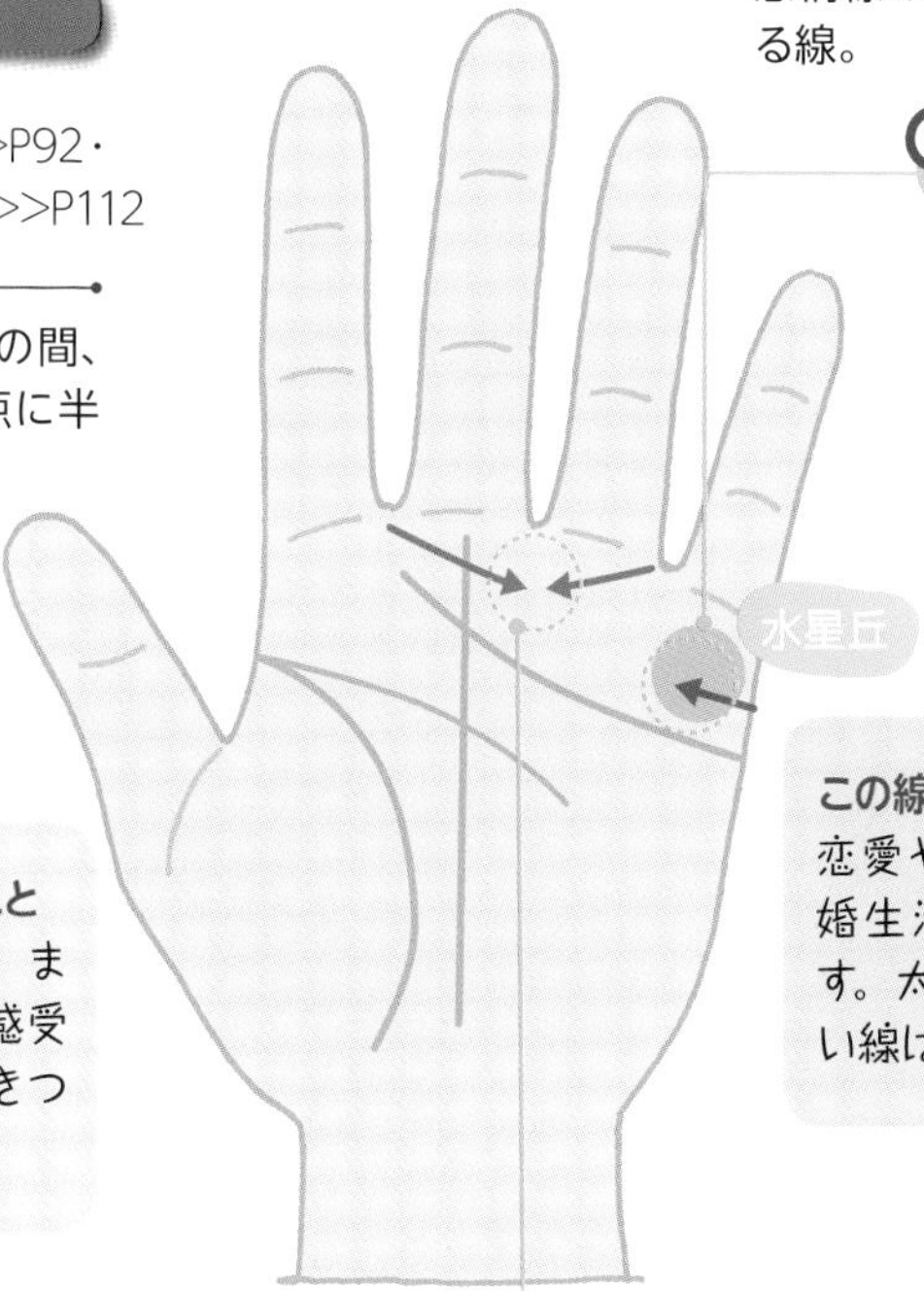

この線があるとわかること

恋愛や結婚の時期、結婚生活の状況などを示す。太陽線につながる長い線は、玉の輿を暗示！

線の多さは、結婚の回数ではなく好意を持ってくれた人が多いことを表しています。

④ 金星帯

かかわる運勢：恋愛運>>P92・結婚運>>P102・仕事運>>P112

位置：人差し指と中指の間、薬指と小指の間を起点に半円を描いてのびる線。

この線があるとわかること

優れた芸術性を示す。また、異性への関心や感受性の強さ、異性を引きつける魅力も表す。

ここチェック！

線の強弱：強いほど、人を惹きつけ、モテモテ度が高い。

⑤社交線と間違いやすいので、要注意！

20本の補助線の位置とわかること

⑤ 社交線　⑥ 引立て線

⑤ 社交線

かかわる運勢：仕事運>>P112

位置：人差し指と中指の間を起点に、感情線の間を平行にのびる線（ただし、薬指の中心から下に真っ直ぐ引いたラインを越えない線）。

ここチェック！

線の強弱：強いほど社交性に富み、長いほど積極的。

この線があるとわかること
社交性や協調性、統率力があり、人に信頼されるリーダーシップがあることを示す。

⑥ 引立て線

かかわる運勢：恋愛運>>P92・結婚運>>P102・仕事運>>P112

位置：小指の下の手首近く（月丘）から、運命線に向かってのびる斜線。

この線があると分かること
目上の人から支援や引き立てを受けて開運。素直で性格もいいが、少々甘えん坊。

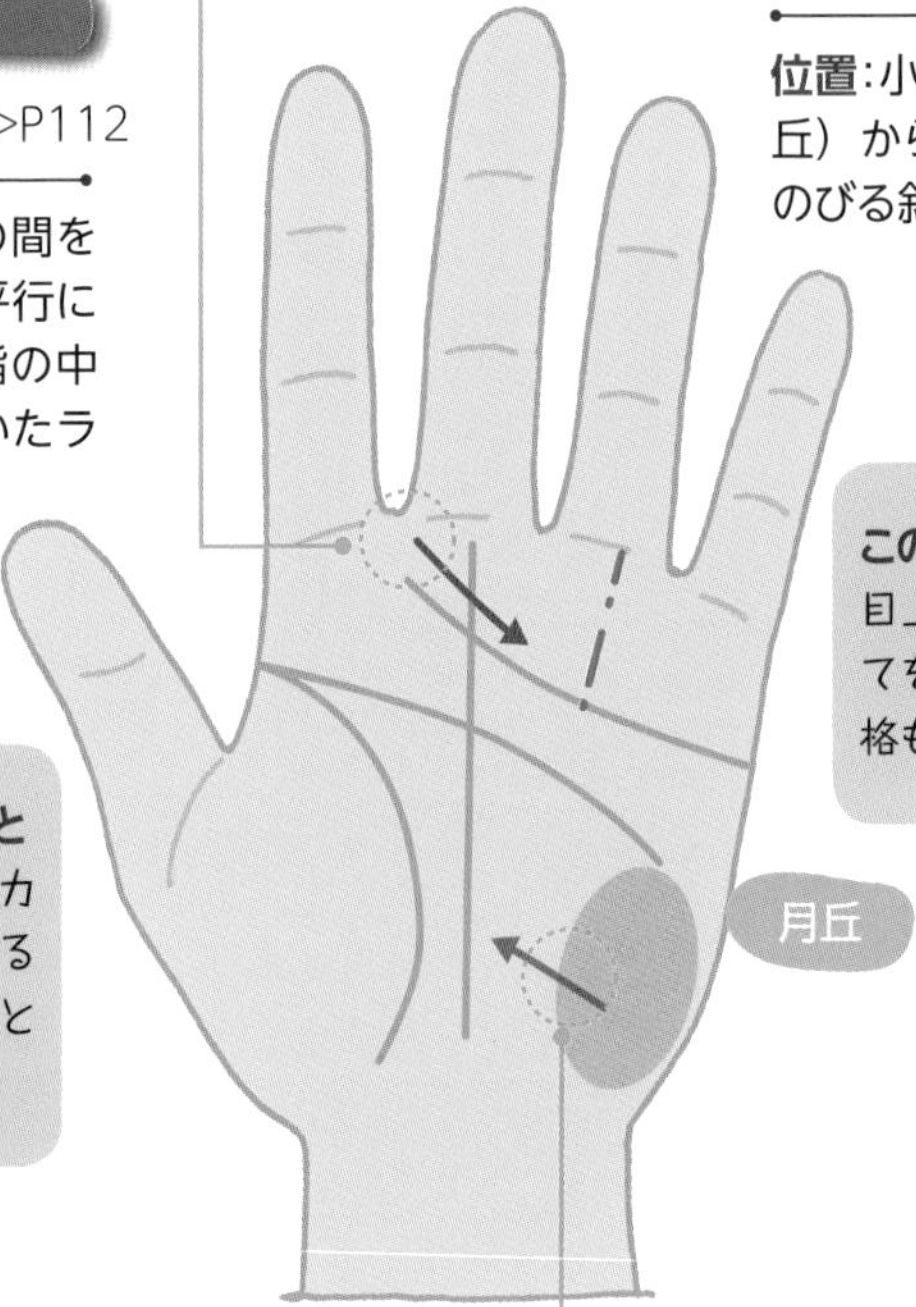

ここチェック！

線の強弱：強い人ほど、目上の引き立てがある。

④金星帯と間違いやすいので、要注意！

20本の補助線の位置とわかること

⑦寵愛《ちょうあい》線　⑧リーダー線

⑧ リーダー線

かかわる運勢：仕事運>>P112

位置：生命線上、または数㎜離れたところを起点に、中指のつけ根（土星丘）に向かってのびる斜線。

この線があるとわかること
統率力、人材育成の能力があり、リーダーになることで開運。ただ、プライドが高く独創的な一面も。

複数あると吉兆。希望線と交わっていれば、向上心のめばえを表します。

ここチェック！

線の強弱：強いほど指導力、統率力に優れ、大きな規模で人を動かす。

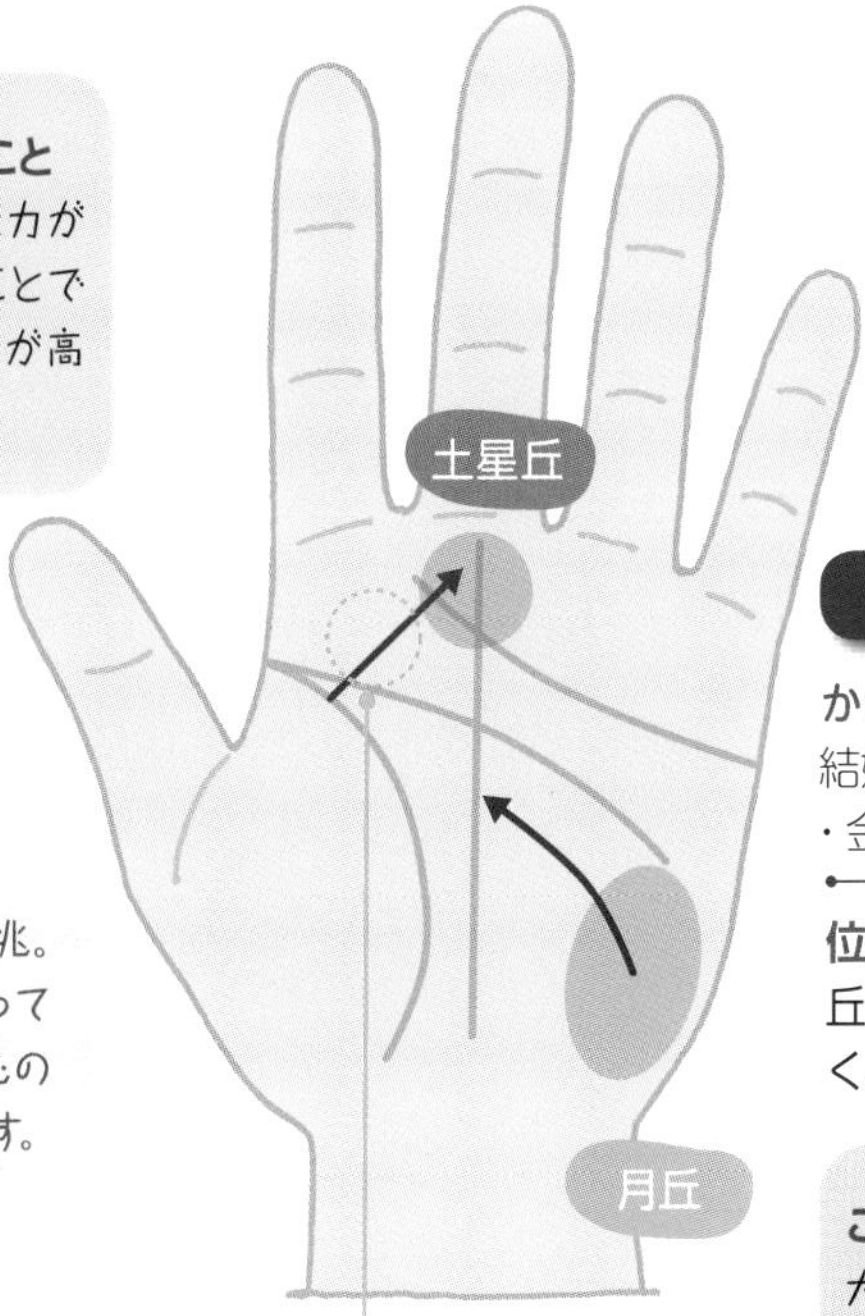

超ラッキーな玉の輿線！⑥引き立て線と間違わないように注意。

⑦ 寵愛《ちょうあい》線

かかわる運勢：恋愛運>>P92・結婚運>>P102・仕事運>>P112・金運>>P122

位置：小指の下の手首近く（月丘）を起点に、運命線に届くようにのびる長い線。

この線があるとわかること
大変珍しい線で、有力者からの愛情や先輩の援助を得て開運。

女性の場合は、恋愛・結婚運も表します。

20本の補助線の位置とわかること

⑨ 希望線　⑩ 向上線

⑨ 希望線

かかわる運勢：恋愛運>>P92・結婚運>>P102・仕事運>>P112・金運>>P122

位置：生命線を起点に、人差し指（木星丘）にのびる線。

この線があるとわかること
目標や夢などを持つ人に現れる。野心家でわがままな面も。

ここチェック！

線の強弱：強い人ほど、夢の実現が近い。

線のない人は、現状に満足してしまっている状態。目標を持つことでさらに運気up！。

⑩ 向上線

かかわる運勢：仕事運>>P112・金運>>P122

位置：生命線を起点に、中指のつけ根（土星丘）にのびる短い線。

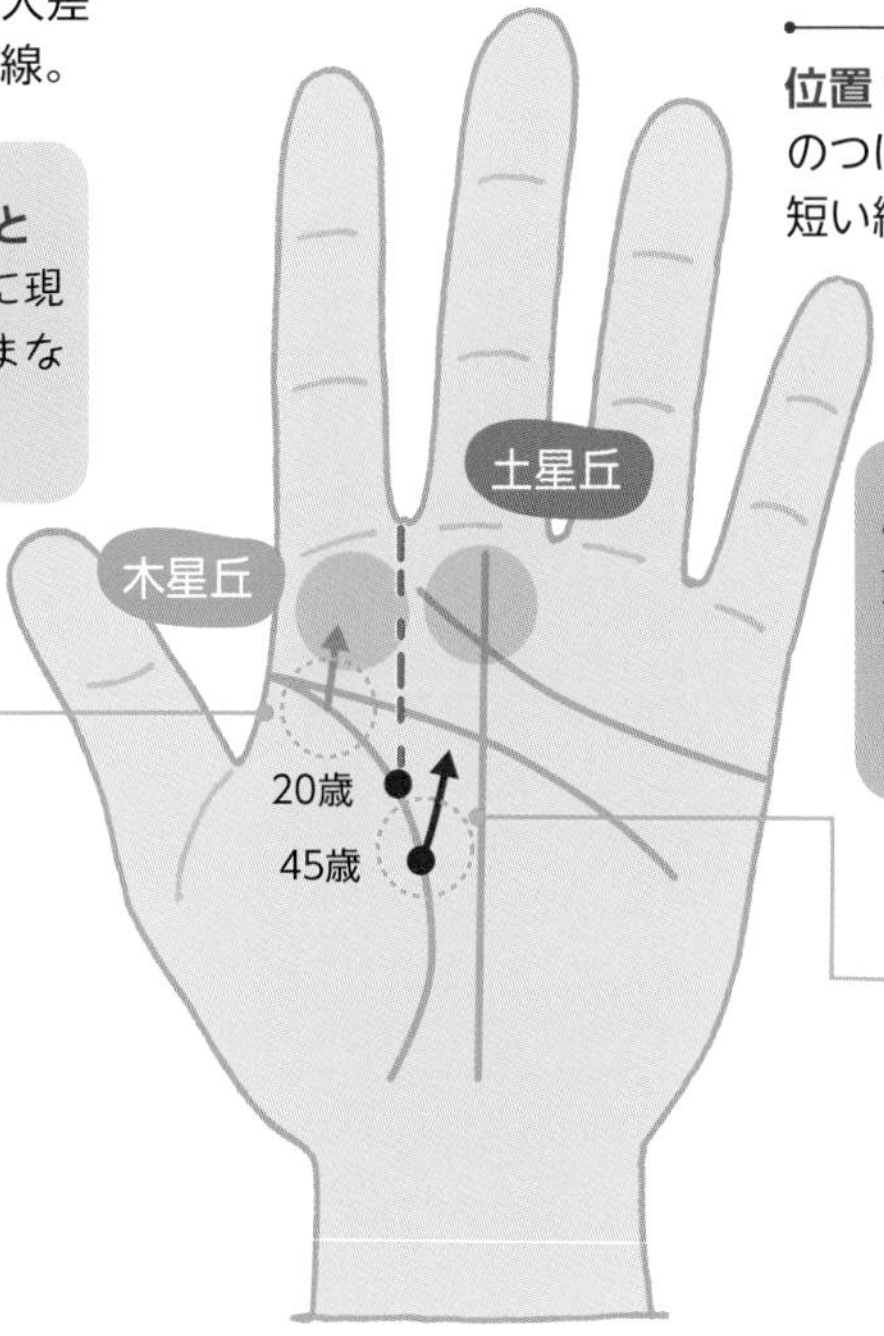

この線があるとわかること
勤勉、努力家、負けず嫌いの上昇志向の持ち主。別名「努力線」「開運線」。

ここチェック！

起点：開運時期がわかる。人差し指と中指の間からのばした線の位置が起点なら20歳頃、生命線の真ん中なら45歳頃に開運。

本数：1、2本がベスト。それ以上は、散漫になって器用貧乏タイプに。

具体的な目標や生涯のライバルを持つことで大きく開運します。

20本の補助線の位置とわかること

⑪ 旅行線 ⑫ 神秘十字線 ⑬ 直感線

⑫ 神秘十字線

かかわる運勢：仕事運>>P112・金運>>P122

この線があるとわかること
信仰心が厚い、霊感などの特殊な能力がある、神秘的なことに興味があることを示す。

位置：感情線と知能線の間にあり、運命線とクロスする横線。

ここチェック！

長短・強弱：強く長い線は強い能力を、短い線は一定期間に働く能力を示す。

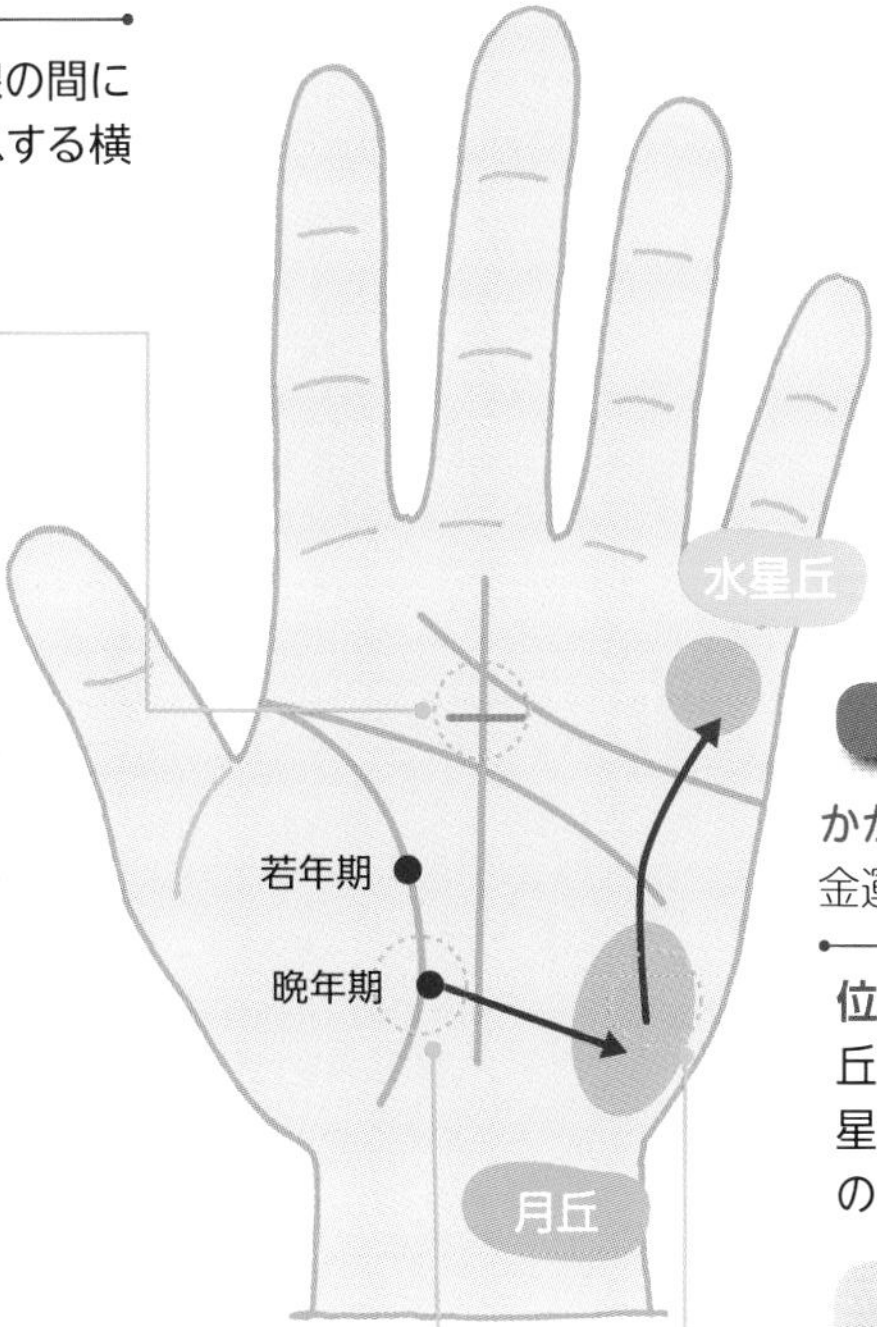

⑬ 直感線

かかわる運勢：仕事運>>P112・金運>>P122

位置：小指の下の手首近く（月丘）から、小指のつけ根（水星丘）に向かって弧を描いてのびる線。

この線があるとわかること
鋭い直感力と洞察力があり、物ごとを直接的・感覚的にとらえることを示す。

ここチェック！

長短・強弱：強く長い線は人の心や行動を瞬時に読み取ることができる。

旅行線を横切る線などがあれば、事故や災難に注意を！

⑪ 旅行線

かかわる運勢：仕事運>>P112

位置：生命線上を起点に、小指の下の手首近く（月丘）に向かってのびる線。

この線があるとわかること
離郷や独立を含め、旅や移転で開運。

ここチェック！

起点：真ん中あたりの起点は、若いうちから親元を離れて吉。下方の起点は、晩年の旅や転地で開運するタイプ。

20本の補助線の位置とわかること

⑭ 健康線　⑮ 放縦《ほうじゅう》線　⑯ ストレス線

⑯ ストレス線

かかわる運勢：健康運>>P132

位置：生命線の内側を起点に、手のひらの中央（火星平原）にのびる何本もの細い線。

この線があるとわかること
精神的な疲れ、ストレスがある人に現れる。

ここチェック！

本数：本数が多いほど、ストレス度が高くなります。

こまめにリフレッシュすることをすすめてあげましょう。

⑭ 健康線

かかわる運勢：健康運>>P132

位置：小指のつけ根（水星丘）の周辺を起点に、生命線に向かってのびる斜線。

この線があるとわかること
健康な人には現れないといわれ、現在の健康状態や病気の暗示。

身体や心のコンディションで現れ方が違います

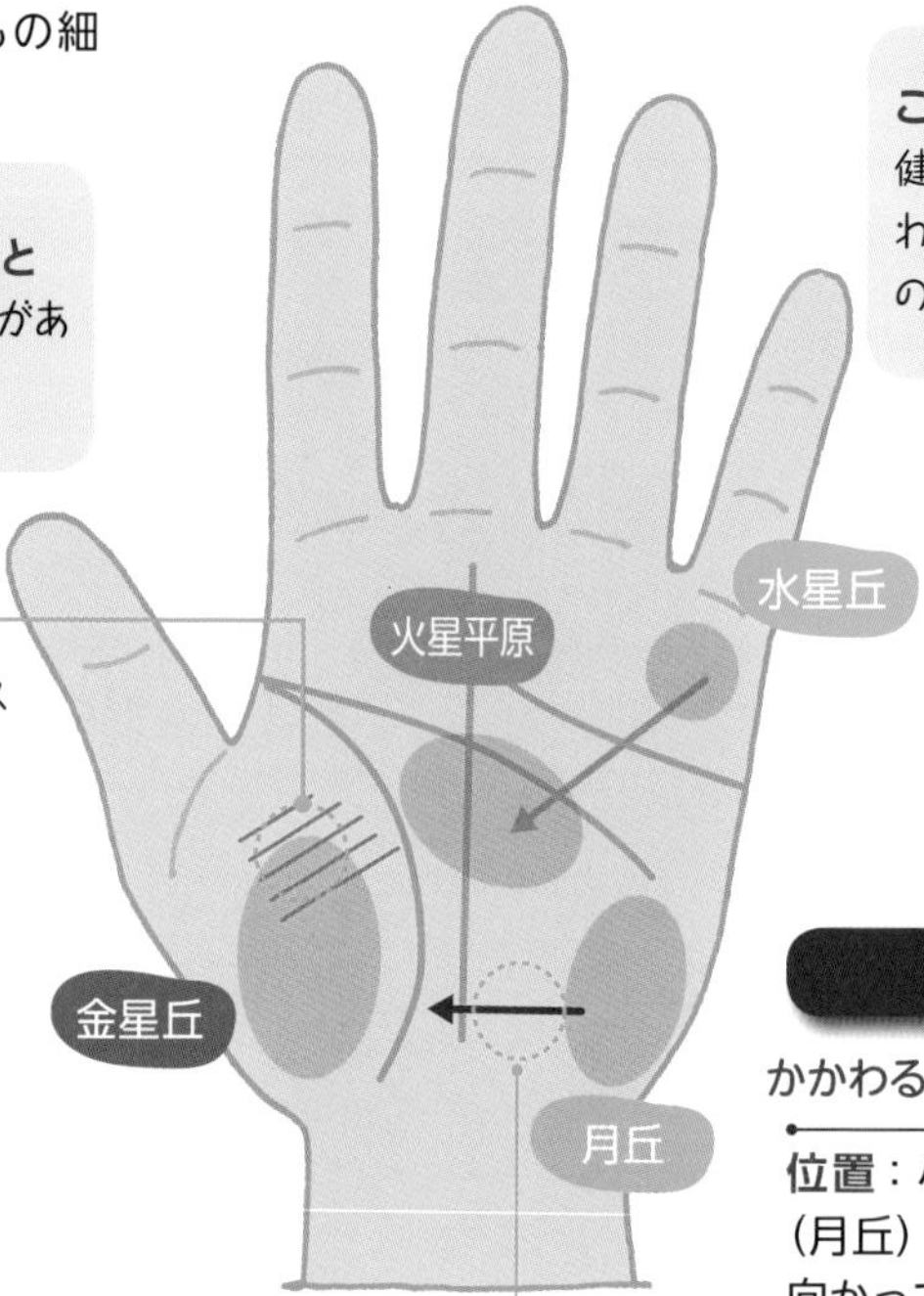

⑮ 放縦《ほうじゅう》線

かかわる運勢：健康運>>P132

位置：小指の下の手首近く（月丘）を起点に、生命線に向かって横にのびる線。

この線があるとわかること
心身の疲労や衰えのある人に現れる警告サイン。

生命線までのびている場合は、疲労が限界にきています。医療機関での受診をすすめてあげましょう。

ここチェック！

強弱：強い線は肉体的にかなり疲労気味。弱い線は疲れが溜まりはじめているサイン。

20本の補助線の位置とわかること

⑰ 短気線　⑱ 忍耐線　⑲ 幸運線

⑱ 忍耐線

かかわる運勢：結婚運>>P102

位置：感情線の下のふくらみ（第二火星丘）を起点に、薬指の下のふくらみ（太陽丘）、中指の下のふくらみ（土星丘）に届く線。

この線があるとわかること
忍耐が成功や幸せをもたらす、我慢強い人に現れる。

ここチェック！

終点：土星丘に届く人はだれよりも辛抱強い、困難にもへこたれないタイプ。太陽丘に届く人は、夢や希望を持って粘り強く努力するタイプ。

「忍」の一字でガッチリ幸せをつかむ、スポ根タイプです。

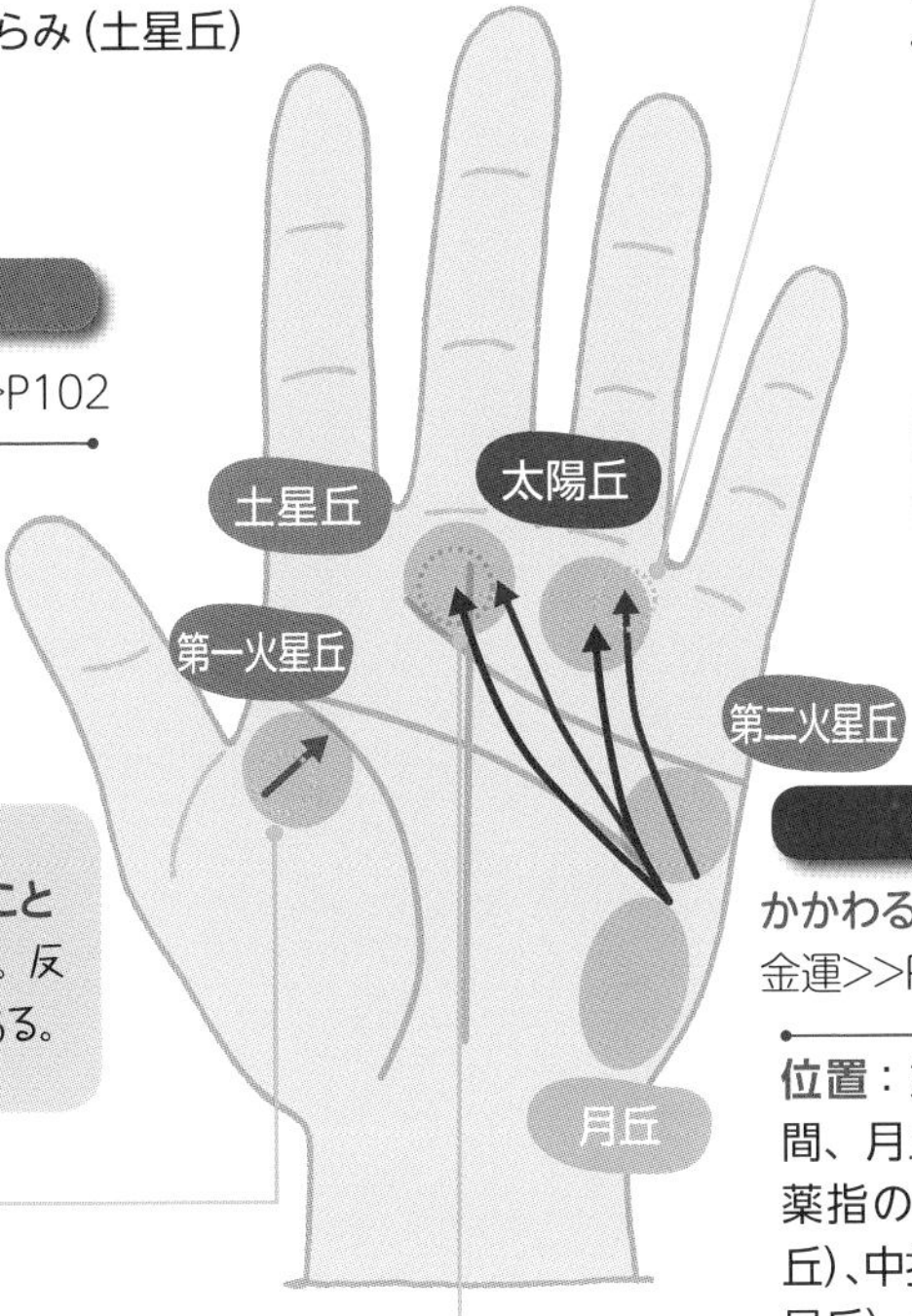

⑰ 短気線

かかわる運勢：結婚運>>P102

位置：生命線の内側、親指のつけ根のふくらみ（第一火星丘）を起点に、斜め上に向かってのびる短い線。

この線があるとわかること
自己抑制が効かず短気。反面、決断力、実行力がある。

ここチェック！

線の長さ：生命線を超えない場合は、カッとしても顔や言葉に出さない人。超える人は手まで出してしまう人。

⑲ 幸運線

かかわる運勢：恋愛運>>P92・金運>>P122

位置：第二火星丘と月丘の間、月丘の最上部を起点に、薬指の下のふくらみ（太陽丘）、中指の下のふくらみ（土星丘）に届く線。

この線があるとわかること
予想もつかないビッグチャンスをつかむ。

ここチェック！

終点：薬指の下のふくらみ（太陽丘）に伸びている場合は、実力者、有力者、セレブなどと出会う可能性大。

この線が現れたら、宝くじに当たるかも…。チャンスを見逃さないようにアドバイスを！

⑳ 障害線・障害マーク

⑳ 障害線・障害マーク

位置：各線を横切ったり、停止させる線や線上に出るマーク。障害マークは突然の災難、障害が起こる可能性を表します。

この線やマークがあるとわかること

線自体の意味を弱めます。また、障害や災難の警告、被害の度合いがわかる。

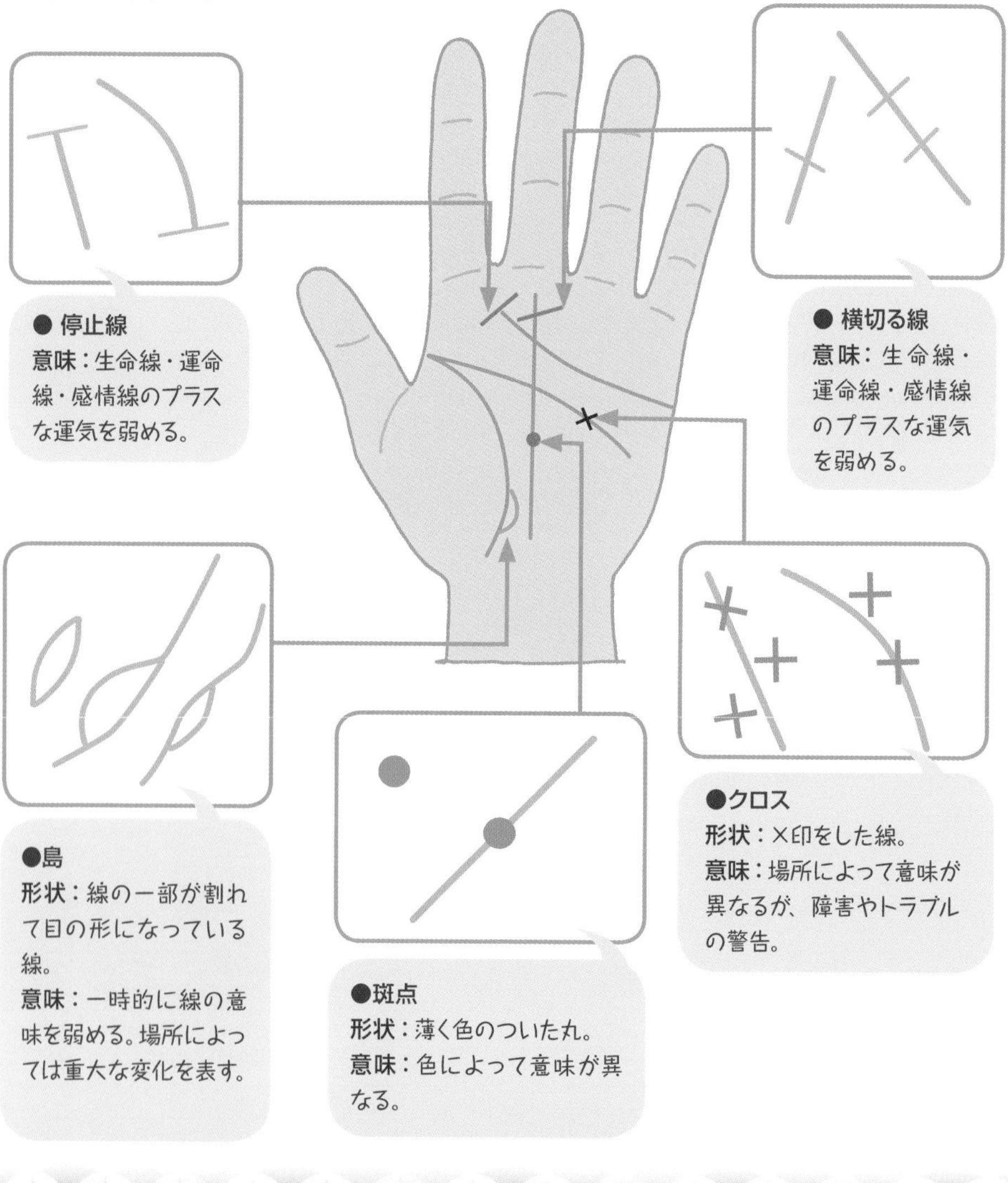
●停止線
意味：生命線・運命線・感情線のプラスな運気を弱める。
●横切る線
意味：生命線・運命線・感情線のプラスな運気を弱める。
●島
形状：線の一部が割れて目の形になっている線。
意味：一時的に線の意味を弱める。場所によっては重大な変化を表す。
●斑点
形状：薄く色のついた丸。
意味：色によって意味が異なる。
●クロス
形状：×印をした線。
意味：場所によって意味が異なるが、障害やトラブルの警告。

第2章

手相を見るための準備

手相鑑定の基礎
四大基本線を読み解くポイント

手相鑑定を行うための準備をはじめましょう。
鑑定する手の選び方、手相鑑定で重要な
「四大基本線」を読み解くポイントなどを覚えて、
実践に役立ててくださいね。

手相は、両手をみて占う
鑑定する手を選ぶポイント

手相をみるときに、右左どちらの手をみればよいのでしょうか。手相は一人一人異なり、日々変化します。両手の手相を比較して、正確に鑑定することが大切です。

利き手からみて、両手を比較して鑑定

ほとんどの人の場合、利き手が「現在・未来・後天的な才能・潜在意識」を、逆の手が「過去・先天的な才能・潜在意識」を表すといわれています。

手相は、まず現在の状況を表す利き手からみます。そして、先天的な才能や過去が現れる逆の手をみて、左右両方の手を比較して手相を鑑定します。

左右の手の形、四大基本線、補助線などを総合的にみる

先天的な気質などを判断する手の出し方、大きさや手など、手そのものをみるときは、利き手と逆の手からみます。次に変化の少ない四大基本線、なかでも知能線・感情線の起点と終点をみ、補助線などを利き手、逆の手の順にみていきます。そして、最後に両手を比較して総合的に鑑定します。

ちなみに、左右の手がまったく同じ人は「大器晩成タイプ」。気持ちがすぐに顔や言葉に出る人で時間をかけて積み上げる仕事に向いています。また、左右の手相が違う人は「マルチタイプ」。いくつもの性格や才能があり、臨機応変に活躍できる人です。

利き手、利き手ではない手でわかること

右利き

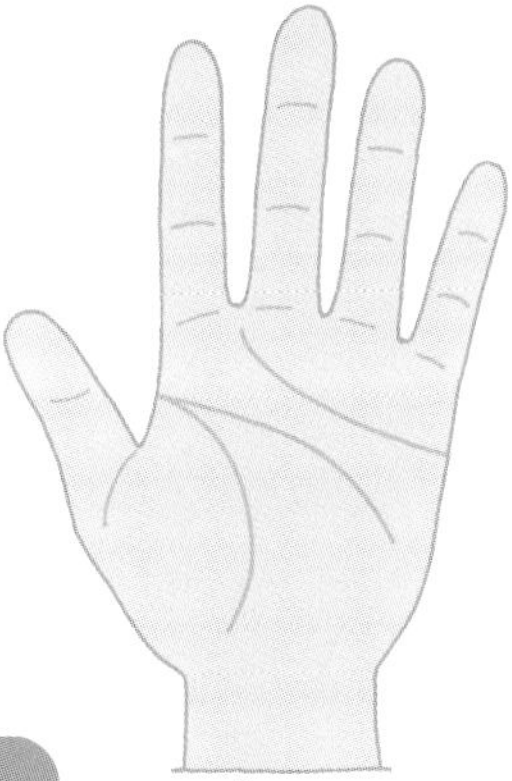

左手

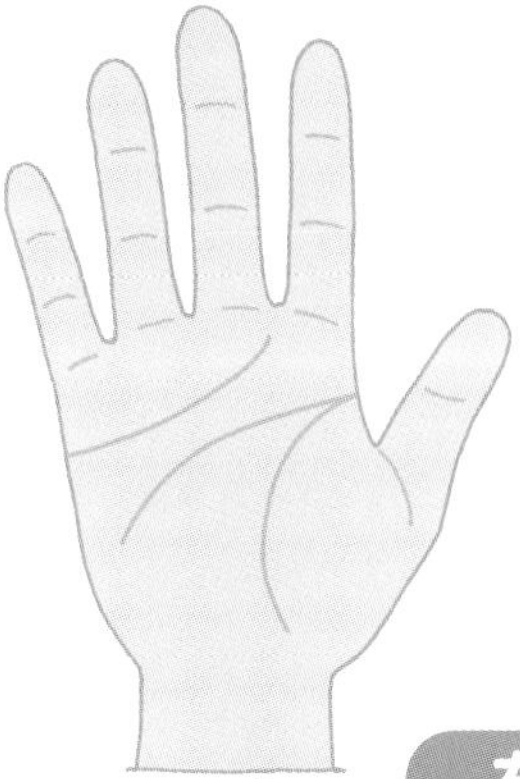

右手

生まれ持った先天的な運勢	現在の状況や未来の後天的な運勢
● 資質・性質 ● 生まれ持った潜在能力 ● 本来求める愛 ● 人生の長期的展望 ● 生まれ持った金運 ● 将来の出会い	● 現在の性格・人間関係 ● 現在の能力・才能 ● 現在の恋愛 ● 近未来の人生の流れ ● 近未来の金運 ● 近未来の開運期 ● 近未来の不動産運

左利き

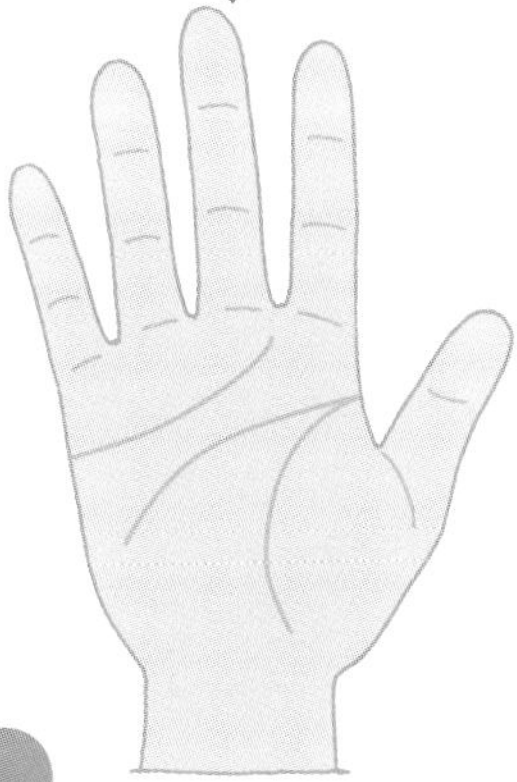

右手

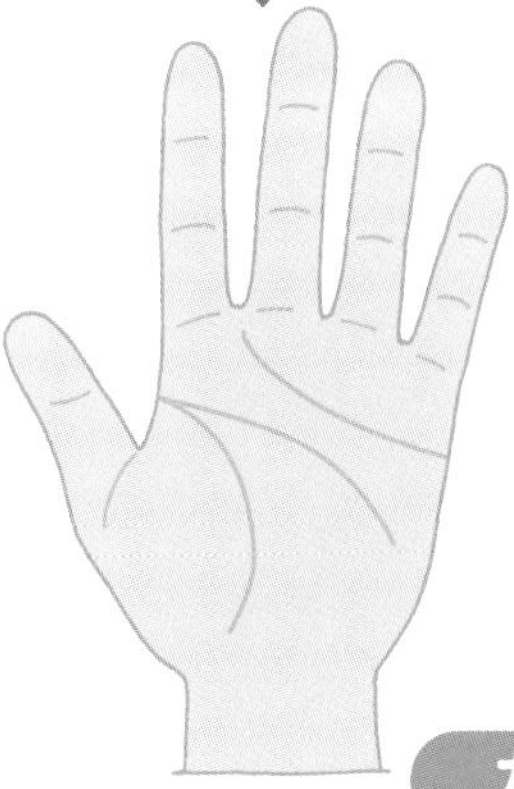

左手

「四大基本線」を読み解こう

4つの基本線を読み解くポイント

手相鑑定を行ううえで、重要とされる「四大基本線」。占う人の基本的なパーソナリティをはじめ、その人の運勢を読み解くためのたくさんの情報を教えてくれます。

「四大基本線」でパーソナリティ情報を確認

手のひらには、長さ、深さ（強弱）などの違う線が６００本以上刻まれています。その中で、消えたり、移動したりといった変化が少ない「四大基本線」は、最も重要な線とされているのです。

この四大基本線を読み解くことで、性格、才能、恋愛、仕事など、占う相手の基本的なパーソナリティがわかります（第四章 ＳＴＥＰ２「パーソナリティを見極めよう」Ｐ59参照）。

さらに、四大基本線と補助線との関わりや変化、そして四大基本線それぞれから出る線（支線など）やマークなどの線の表情をみることで、その人の運勢を的確に読み解くことができます。

「四大基本線」は、起点と終点で見極める

四大基本線を見極めるコツは、「どの丘からはじまって（起点）、どこで終わっているか（終点）」をみること。それによって、だれでも手のひらの四大基本線を的確に見極めることができるようになります。

四大基本線・各線の見極め方、読み解き方を知ることで、目的別の手相鑑定も行えるようになり、さらに深く鑑定することができます。

四大基本線　それぞれの線でわかること

知能線

才能や能力、思考傾向などがわかる

かかわる運勢…仕事運>>P112
金　運>>P122

位置：第一章・P17
詳細：第二章・P36〜39

感情線

性格や愛情、深層心理などがわかる

かかわる運勢…恋愛運>>P92
結婚運>>P102
仕事運>>P112

位置：第一章・P17
詳細：第二章・P40〜43

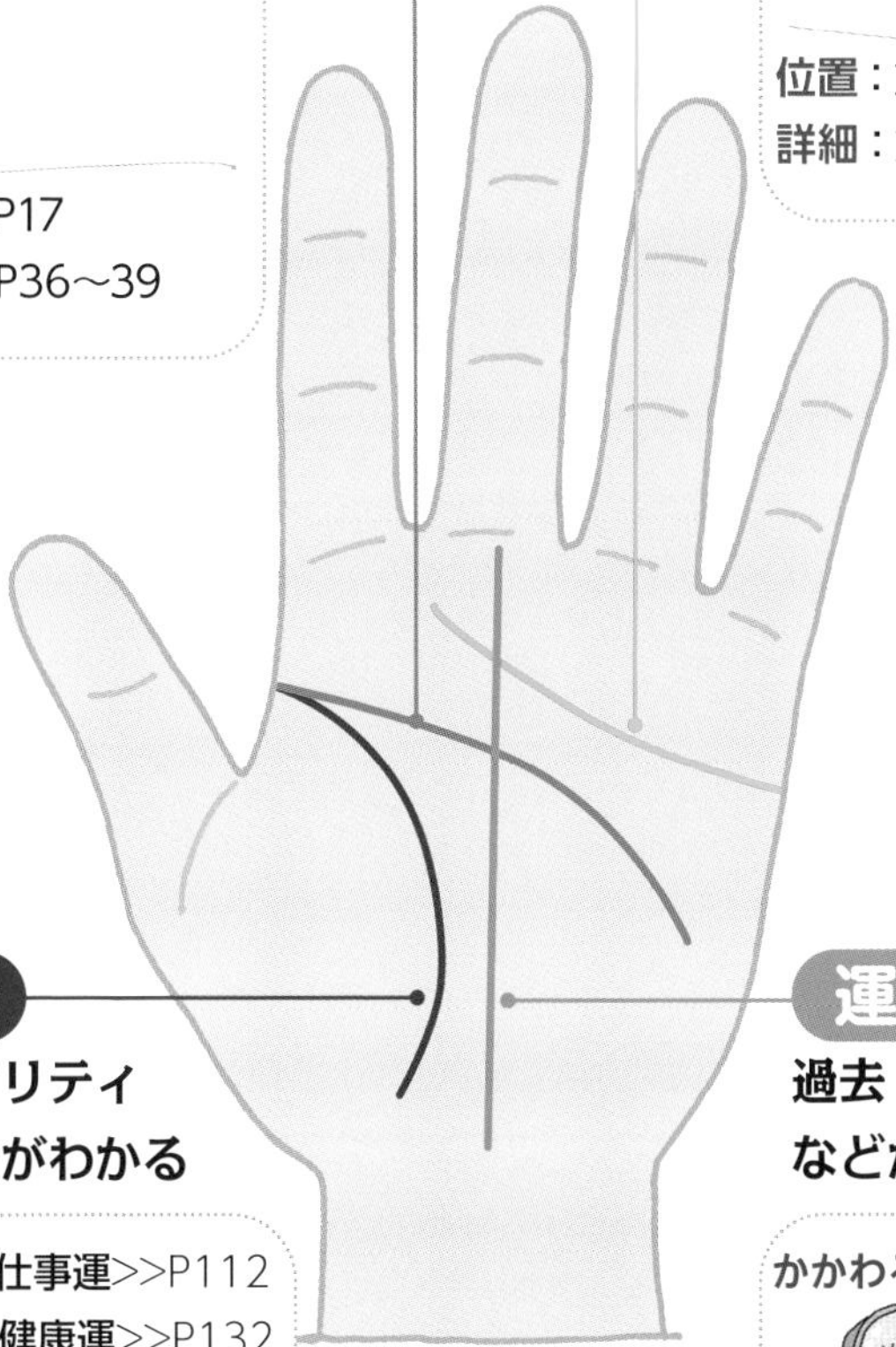

生命線

健康、バイタリティなどの生命力がわかる

かかわる運勢…仕事運>>P112
健康運>>P132

位置：第一章・P17
詳細：第二章・P32〜35

運命線

過去・現在・未来の運勢などがわかる

かかわる運勢…結婚運>>P102
仕事運>>P112
金　運>>P122

位置：第一章・P17
詳細：第二章・P44〜47

健康、バイタリティを表す「生命線」

「生命線」を読み解くポイント

「生命線」は、その人の寿命の傾向を表していますが、健康やバイタリティなどの生命力を示しています。この線がくっきりと現れている人はスタミナがあり、体力的にも恵まれた人です。また、線の表情によって病気や体調の変化などを予知でき、健康に過ごすためのアドバイスに役立ちます。

③曲線

スタミナ、性格

中指あたりを基準に、曲線の張り出しの強弱でスタミナ、性格を表します。

標準：中指からのばした線あたりに曲線が張り出している。スタミナ気力とも充実。温和で協調性のあるタイプ。

鑑定のコツ：中指からのばした線を超える場合は「大きい曲線」、内側にある場合は「小さな曲線」。

④線の表情

体調の変化、病気のサインなど

枝分かれやマークがあったりなどの場合は、重要なメッセージが隠されていることも（P 35「④いろいろな線の表情を読み取るコツ」参照）。

生命線を読み解くポイント

線の「なにをみる」ことで「なにがわかるか」をチェックしましょう。

①起点→性格
②長短→生命力の強弱
③曲線→スタミナ、性格
④線の表情→体調の変化、病気のサインなど
⑤生命線で見る年齢→パワフルに活動する時期、体力の減退時期など

イラストの中は標準的な場合の解説です。バリエーションは、P34 ～ 35 でチェック！

⑤生命線で見る年齢

病気やケガ、体力の減退時期など

体に変調が起きる時期などがわかる。

年齢の見方

① 20 歳　人差し指と中指の間から生命線に向かっておろした線の位置。② 30 歳　三等分した 1/3。③ 45 歳　生命線の真ん中。④ 60 歳　三等分した 2/3。⑤ 90 歳　手首のつけ根。

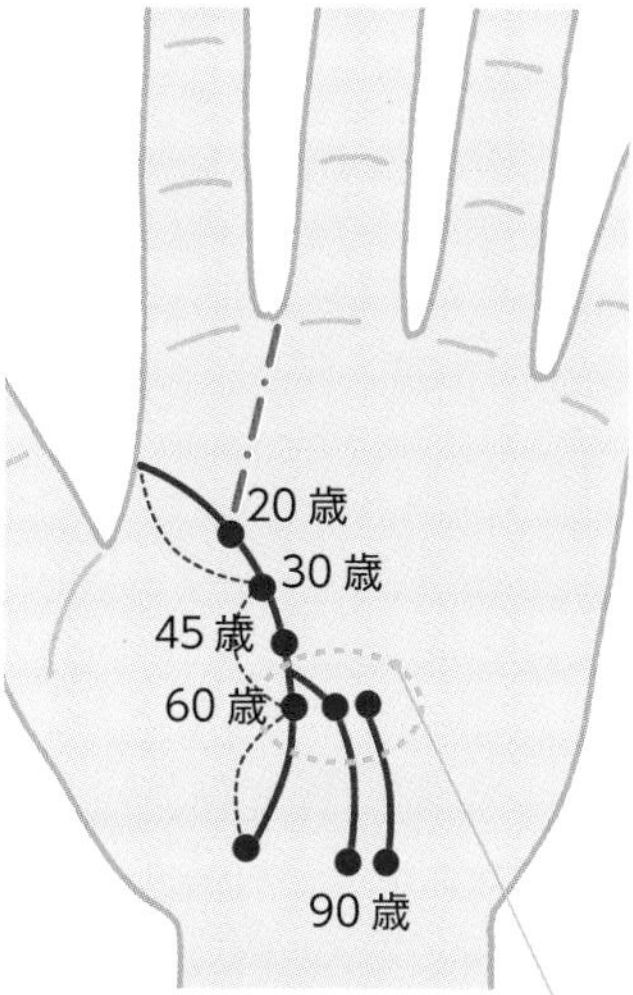

ここチェック！

切れていたり、離れていた場合も、一本の線と同様に年齢を数えます（図参照）。

①起点

性格

積極性や権威的な性格かどうかの傾向を表しています。

標準：人差し指のつけ根と親指の中間が起点の場合は、おだやかで安定した性格。

鑑定のコツ：人差し指のつけ根と親指の中間の上か下かをみる。

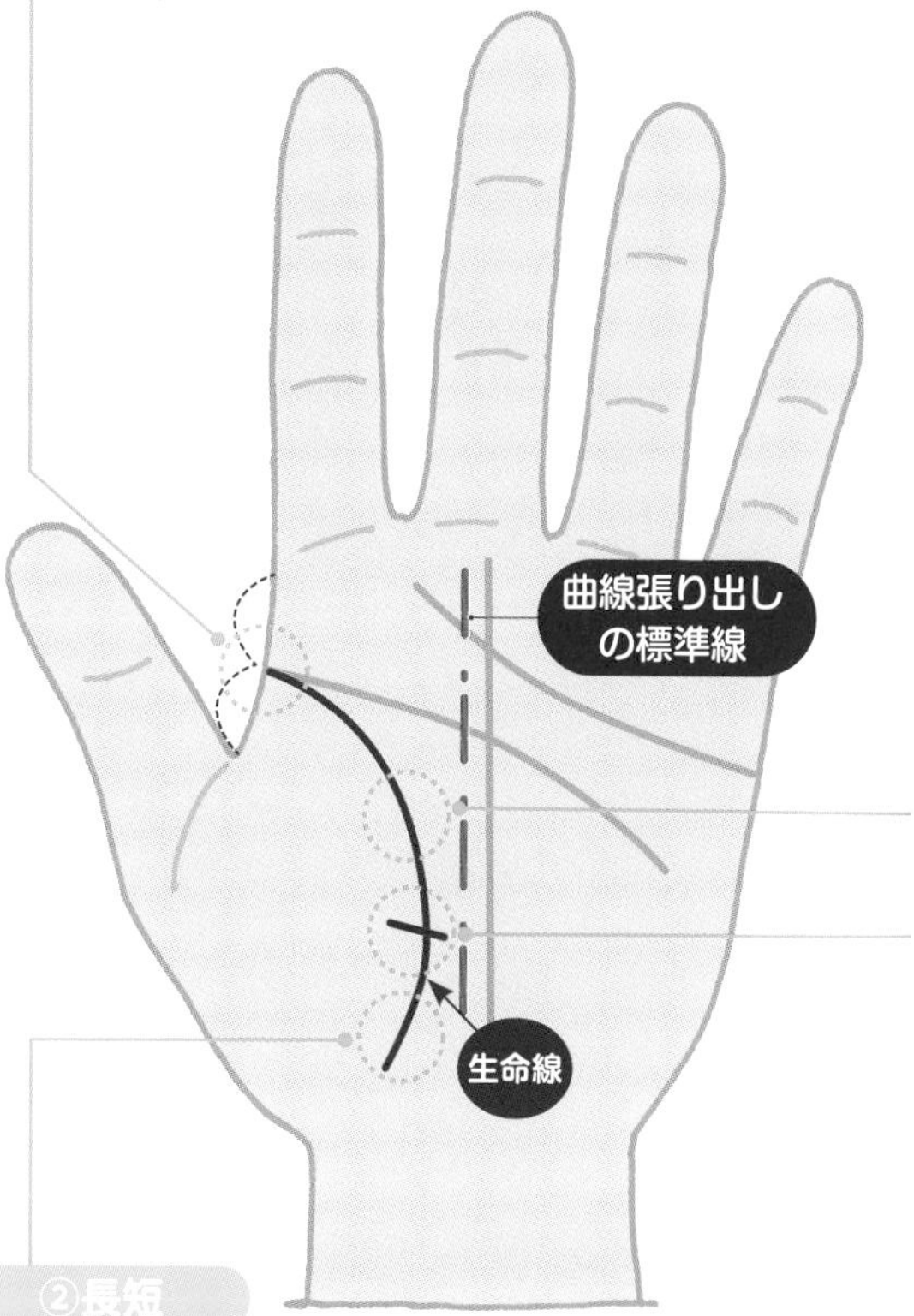

②長短

生命力の強弱

生命力、体力など、その人の持つ生命エネルギーの強弱を表しています。

標準：手のひらの半分から手首のつけ根の手前くらいまでの長さは、生命力、体力もごく平均的。

鑑定のコツ:手首のつけ根まで届く場合は「長い」、手のひらの半分の長さは「短い」と考えましょう。

①起点　性格

中間より上の起点
権力志向タイプ

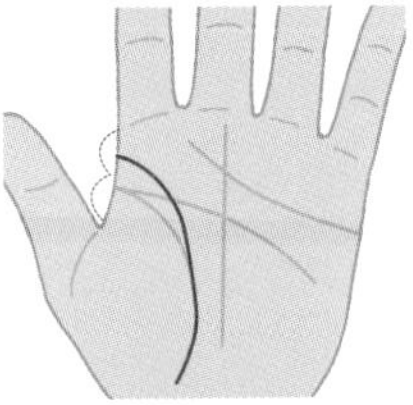

指導力・管理力に優れ、人を支配・統率するタイプ。人に使われるのは不向き。

アドバイス・ポイント

一歩引いて行動することで、さらに運気アップ！

中間より下にある起点
人に従うタイプ

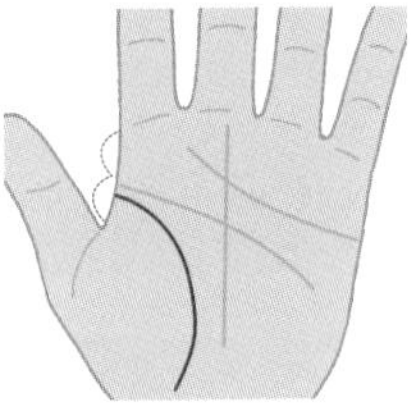

目立たず人に従い、支えるタイプ。用心深く慎重で、挑戦ごとは不向き。

アドバイス・ポイント

慎重すぎて行動に移せないことも。大胆さも必要。

②長短　生命力の強弱

手首のつけ根まで伸びる線
生命力の強いタイプ

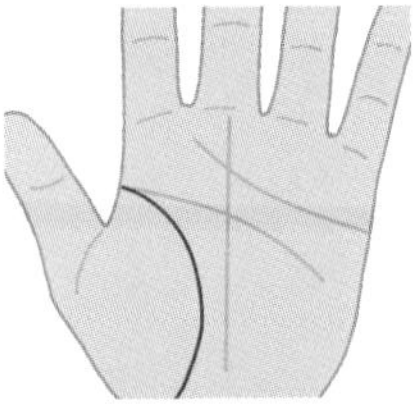

健康で長寿の体質。非常にエネルギッシュで、年配になっても活動的。

アドバイス・ポイント

持って生まれた健康を維持するには、過信は禁物！

手のひらの半分くらいの線
自己管理で健康維持タイプ

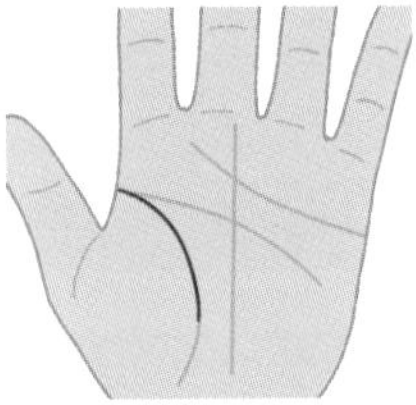

生命力が少々弱い。知能線がくっきりと出ていれば生命力の弱さをカバー。

アドバイス・ポイント

健康管理と体質改善を心がけることで生命力up！

③曲線　スタミナ、性格

曲線が線より外側
エネルギッシュなタイプ

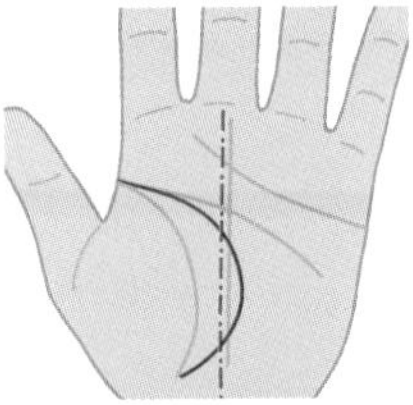

体力、気力とも充実していて行動的でエネルギッシュ。明るくて陽気な性格。

アドバイス・ポイント

人の気持ちを察することで、さらに運気up。

曲線が線より内側
エネルギー温存タイプ

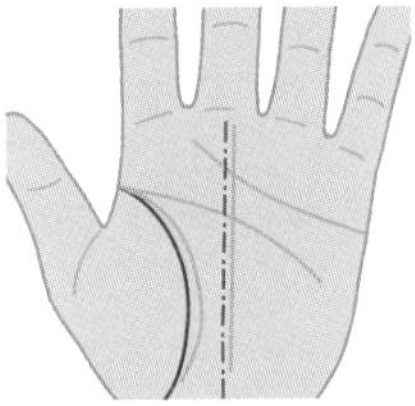

ペースを崩すと体調がくずれやすくなるタイプ。体力にも自信がなく、消極的。

アドバイス・ポイント

ペースを守る堅実さは吉。前向きで運気up！

プラス1

終点が月丘にのびる線は、変化・移転で開運

仕事や住居が転々と移ることで開運するタイプ。営業・コンサルタントなど、移動の多い職業で能力開花。

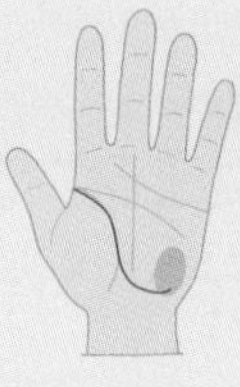

生命線を強める「副生命線」

生命線の内側に沿ってのびる3㎝までの短い線。本線の弱い部分を補ってパワーアップさせる。現れる位置で時期がわかる。時期はP33「生命線でみる年齢」参照。

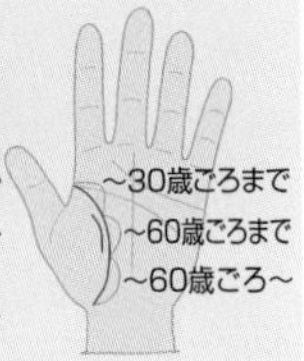

④いろいろな線の表情を読み取るコツ

健康状態

線が直線
虚弱体質

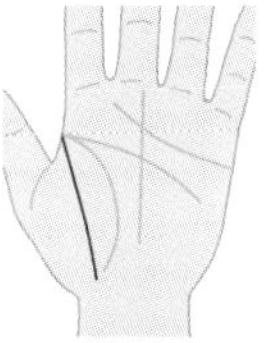

体力と精力を現す金星丘の面積が狭くなり、生命力、体力、気力が減退。

アドバイス・ポイント

食事などの体質改善で健康増進を。

ギザギザの線
スタミナ不足

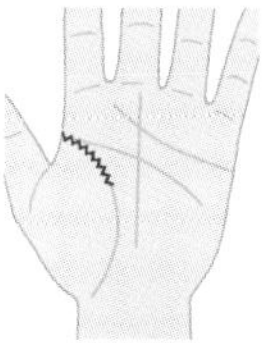

線全体なら、虚弱体質タイプ。起点は大人になって健康に。呼吸器系に注意。

アドバイス・ポイント

健康な人より時間、体力を効率よく使う知恵を持つと吉。

下向きの枝線
疲労度

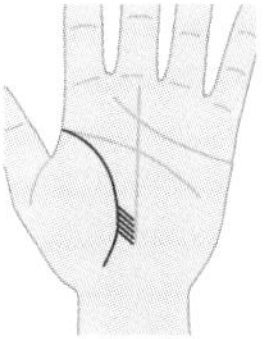

中央より下の複数線は神経過敏で慢性疲労に、60歳以降の体力減退に注意。

アドバイス・ポイント

些細なことは気にせず、軽い運動でリフレッシュを。

キレギレの線
疲労・持続力

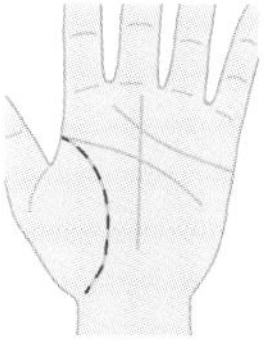

体力がなく疲れやすく、持続力もあまりないタイプ。消化器系、生殖器系の病気に注意。

アドバイス・ポイント

体力をつけることが第一。楽しく持続できる運動を。

体調の変化

線の太さ、濃さ
免疫力、・抵抗力

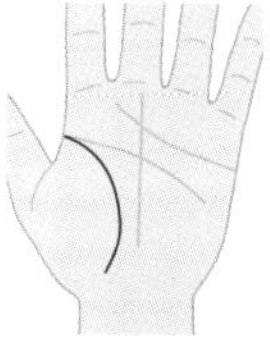

太く濃い線は健康体質。弱く、薄い線は健康に自信がないタイプ。

アドバイス・ポイント

太く濃い線は時々休息を、細く薄い線は健康管理で吉。

線の空白
体力の一時的な減退

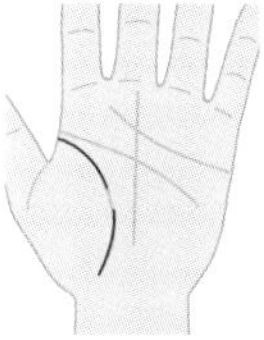

線上にある空白は、体力・気力が一時的に減退する警告（時期はP34プラス1「副生命線」参照）

アドバイス・ポイント

減退の時期を読み取って、健康管理を。

病気のサイン

障害線・マーク

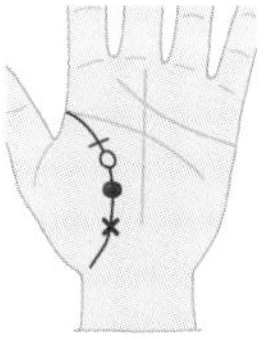

障害線本来の意味を弱める。マーク（×・●・島）は事故や病気、ケガの警告サイン。

アドバイス・ポイント

時期はP33「生命線でみる年齢」参照。

くさり状の線
ストレス、消化器系

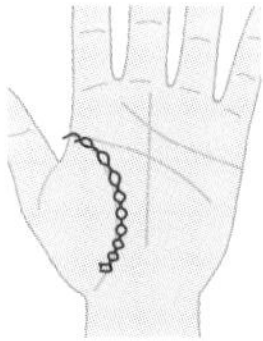

ストレスで消化器系が弱っているサイン。デリケートで人の評価を気にする傾向あり。

アドバイス・ポイント

「人は人」と考えてストレスはためずに発散！。

波状の線
疲労、呼吸器系・生殖器系

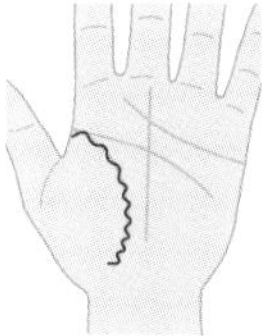

疲れやすく気力が持続せず、病気にかかりやすい。呼吸器系・生殖器系が弱っているサイン。

アドバイス・ポイント

体力の必要な行動では、ペース配分を考えて。

才能や能力、思考傾向を表す「知能線」
「知能線」を読み解くポイント

「知能線」は、頭の善し悪しではなく、その人の性格や才能や能力、考え方の傾向を示しています。ですから、経済観念が発達していれば事業家に向くなど、適職も鑑定することができます。その人が意識していない隠れた才能や能力を教えてあげましょう。

知能線を読み解くポイント

線の「なにをみる」ことで「なにがわかるか」をチェックしましょう。

①起点→性格
②終点→思考傾向・才能や能力
③長短→仕事の方向性（適職）
④本数→複数の性格・才能
⑤線の表情→性格、精神的・肉体的なトラブルなど

③長短

仕事の方向性（適職）

薬指あたりを基準に、外か内側にのびるかで仕事の方向を表します。

標準：薬指からのばした線あたりの長さが平均的。常識的で協調性をもって行動でき、順応性の高いタイプ。

鑑定のコツ：薬指からのばした線を越える場合は「長い」、内側にある場合は「短い」線になります。

イラストの中は標準的な場合の解説です。バリエーションは、P38～39でチェック！

②終点

思考傾向・才能や能力

現実主義か、理想主義か、どんな能力や才能があるのかを表しています。終点の位置が上になるほど現実主義、下になるほど理想主義に。

標準：一般的に、月丘上部にあることが多く、理論・創造的な考えをバランスよく持ち、協調性があり常識的な判断をします。

鑑定のコツ：終点には、月丘、第二火星丘、水星丘、地丘があります。それぞれの終点によって、思考や才能などがわかります。

①起点

性格

消極的か積極的かなどの性格傾向を表します。起点が生命線を離れるほど、大胆な性格に。

標準：起点が生命線と重なる場合は、慎重に考えてから行動する常識的で順応性がある人。

鑑定のコツ：起点は生命線を基準にみます。起点には、生命線から離れるタイプ、生命線上のタイプ、生命線の途中から出発するタイプがあります。

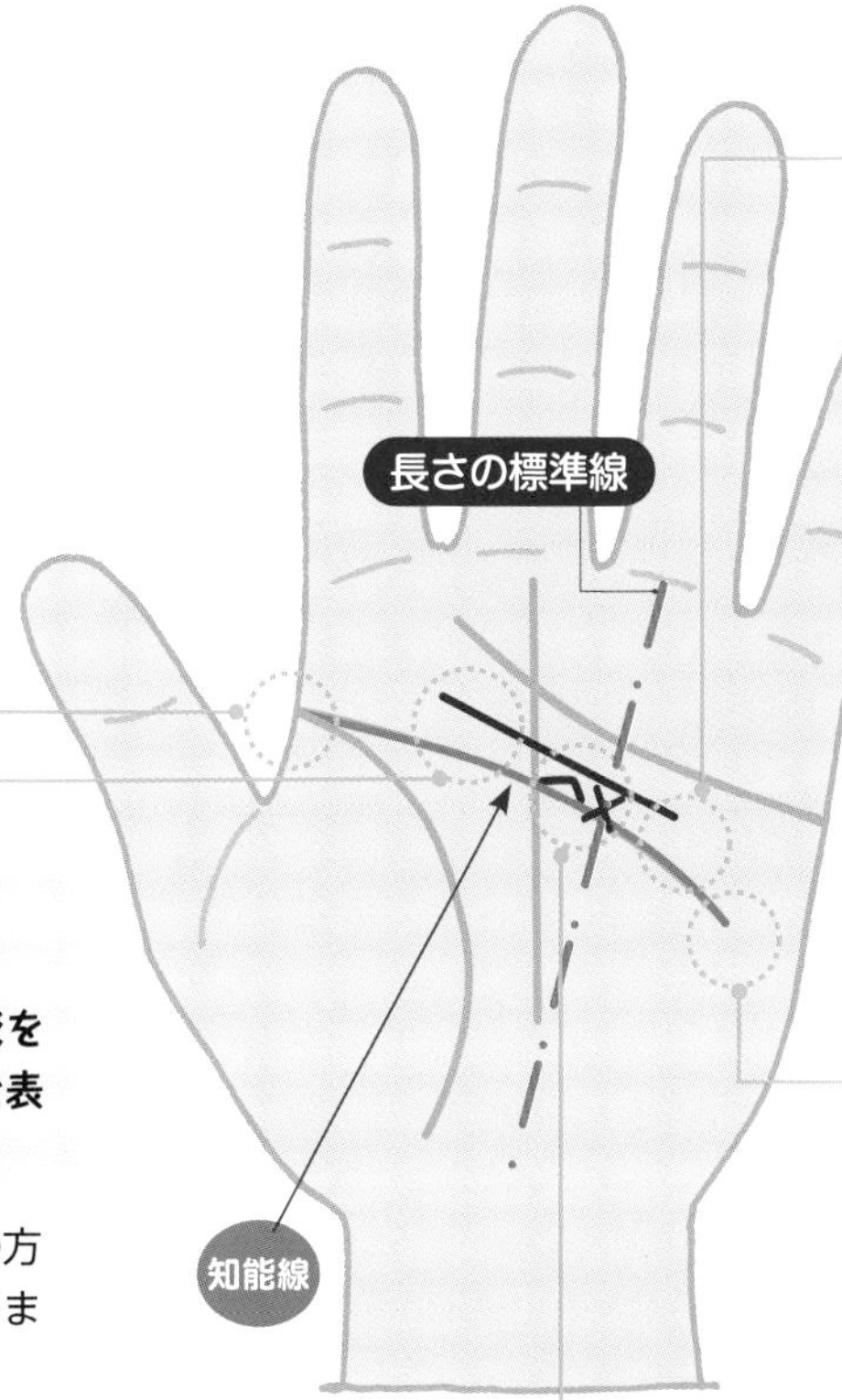

④本数

複数の性格・才能

「二重知能線」といい、2つの才能を持って複数の分野で活躍することを表します。

鑑定のコツ：2本の線の終点の方向で才能などの内容がわかります。

⑤線の表情

性格、精神的・肉体的なトラブルなど

精神面や体調の変化やトラブルのメッセージも（P 39「いろいろな表情を読み取るコツ」参照）。

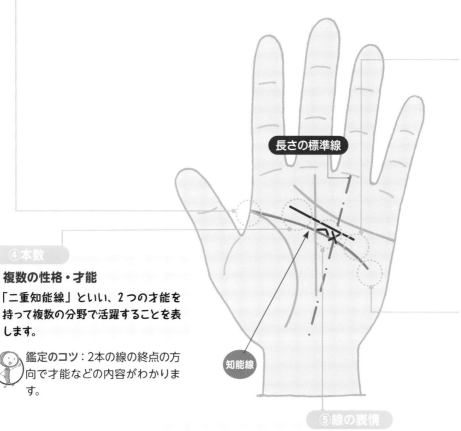

① 起点　性格

生命線から離れた起点
大胆な思考、行動派タイプ

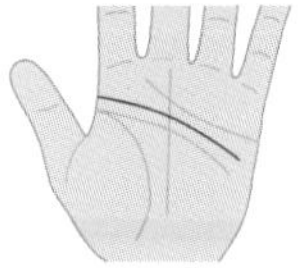

離れるほど大胆な発想や行動力を持つタイプ。反面、慎重さに欠ける面も。

アドバイス・ポイント

考えてからの行動と人の意見が聞ければベスト。

生命線の途中からの起点
臆病で慎重派タイプ

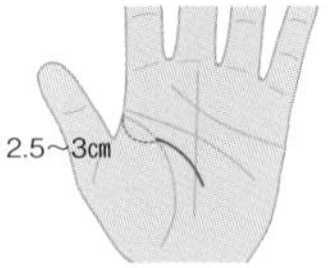

用心深く慎重で堅実に利益を上げるタイプ。生命線の下になるほど慎重に。

アドバイス・ポイント

好機を逃すことも。チャレンジ精神も必要。

②終点　思考傾向・才能や能力

水星丘にのびる線
金銭感覚に優れたタイプ

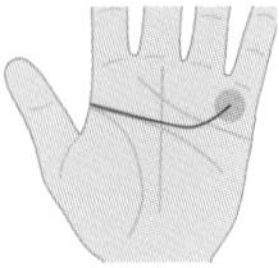

お金儲けの才能、コミュニケーション能力に優れたビジネスセンスを持つ人。

アドバイス・ポイント

人の気持ちを察することで、さらに運気up。

第二火星丘にのびる線
現実的なリアリスト

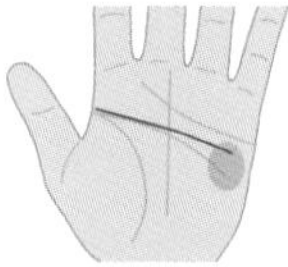

現実主義で論理的思考タイプ。仕事をテキパキこなし、実務能力に優れた人。

アドバイス・ポイント

人間関係も合理的に考えがちなので注意。

月丘の中部や下部にのびる線
ロマンチストな芸術家タイプ

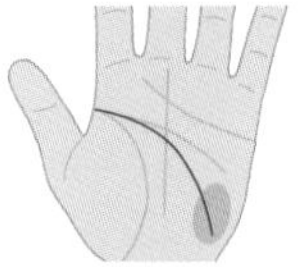

美的センス、創造力に富み、クリエィティブな芸術や芸能などに才能を発揮。

アドバイス・ポイント

リアリストの友人を持つとバランスがとれて吉。

③長短　適職

薬指からおろした線より内側
コツコツ打ち込める仕事

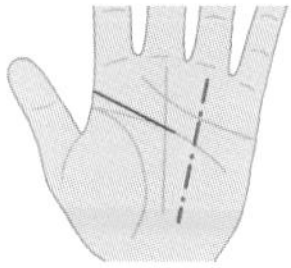

ひとつのことに打ち込む集中力と忍耐を持つタイプ。職人や、技術者向き。

アドバイス・ポイント

頑固なのがたまにキズ。柔軟性をもって。

薬指からおろした線より外側
知識が要求される仕事

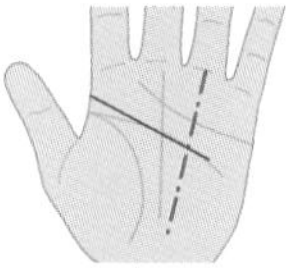

理論的で実務能力があり、理数系が得意。専門的な技術を要する仕事向き。

アドバイス・ポイント

情緒に欠ける面は、心を豊かにする趣味でカバー。

④本数　複数の才能

片方が水星丘にのびる線
商才と技術者の才能を持つタイプ

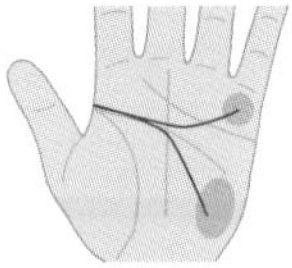

商才、情報収集力と技術を持ち、2つの仕事を同時にこなして開運。

アドバイス・ポイント

2つの仕事をバランスよく進めるのがポイント。

月丘と水星丘にのびる「二重知能線」
2つの才能を持つタイプ

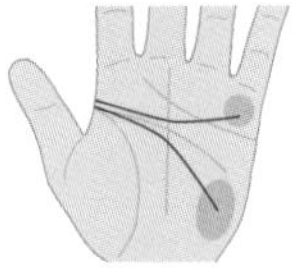

2つの才能、直感力、説得力、実行力があり、クリエィティブな方面で開運。

アドバイス・ポイント

中途半端に注意！。他の線と一緒に鑑定を。

⑤いろいろな線の表情を読み取るコツ

才能・能力

曲線

興味を極める才能

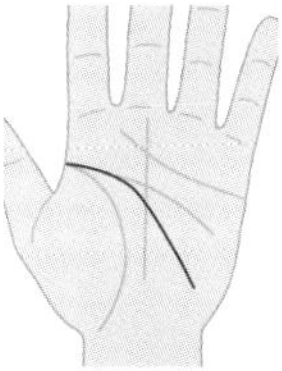

月丘への急カーブは、実務・創作的な才能のある人。曲線が急であるほどその傾向大。

アドバイス・ポイント

周囲の風聞を気にせず、突き進むことが大切。

下向きの支線

マルチな才能

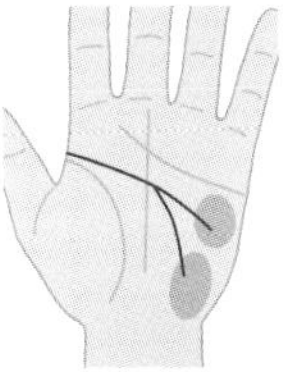

第二火星丘は細心さと大胆さを、月丘下部へは魅力的な人柄。複数同時にこなすことで開運。

アドバイス・ポイント

1つずつ自分のものにしてから、新しい分野にチャレンジを。

上向きの支線

起業・経営

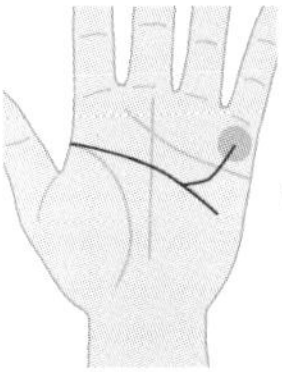

強い線は経営者で成功、弱い線は革新的な経営者。届かない線は、金銭的貪欲さが不足気味。

アドバイス・ポイント

経営知識・人脈を広げ、自分磨きを行うと一気に開運。

性格・タイプ

くさり状の線

集中力不足

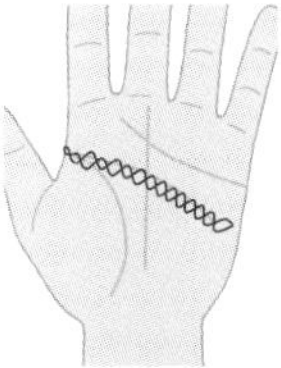

気が変わりやすく、長続きしない。途中までくさり状の線は、動揺しやすく少々あわてん坊。

アドバイス・ポイント

精神的に弱い面があるので、無理せずマイペースで。

波状の線

無気力

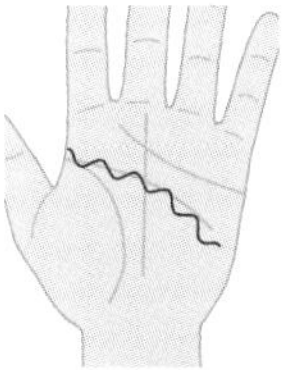

波状は線の意味を弱め、無気力状態が続いている場合に現れる。

アドバイス・ポイント

体力や精神力を回復させて気力を高めて。

キレギレの線

持続力不足

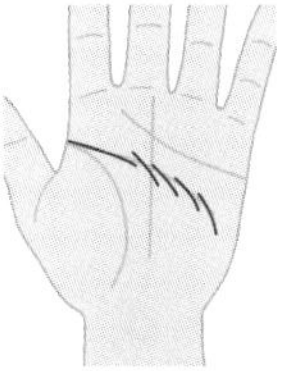

集中力と注意力に欠け、飽きやすく気が変わりやすい。物ごとが長続きしないタイプ。

アドバイス・ポイント

体力もないので、生活環境を見直して生活改善を。

体調・トラブル

障害マーク

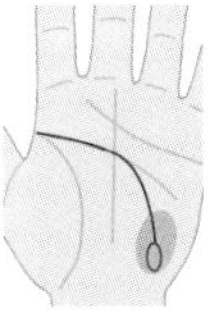

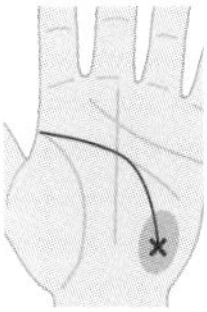

薬指の下あたりの線上にマークがある場合は、脳や眼などの神経の疲れやトラブルのサイン。生命線に沿ってのびる終点に島や十字がある場合は、ノイローゼなどの精神面の病気に注意。線上の十字は脳神経の病気や頭のケガを暗示。

障害線

精神的な疲れ

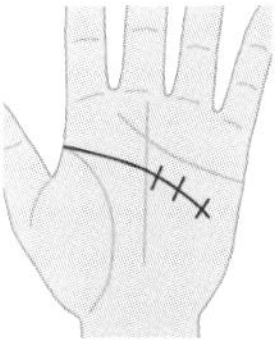

精神的に疲れていて、人との関わりが苦手になっている状態。少々神経質に。

アドバイス・ポイント

仕事を忘れてリラックスをすることをすすめて。

線の空白

事故や病気の警告サイン

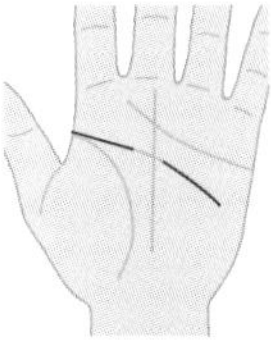

不慮の事故や病気の暗示。

アドバイス・ポイント

両手に現れたときは，念のため病院へ。

性格や愛情、深層心理を表す「感情線」

「感情線」を読み解くポイント

「感情線」は、その人の内面的な性格、感情の動き、家族、夫婦、恋人などへの愛情を示しています。感情線は体調や環境に影響されやすく、他に比べて変化しやすい線です。この線が目立つ人は、愛情に敏感でやさしく情熱的な人。他の線と違い、線が多少乱れている方が吉相です。

感情線を読み解くポイント

線の「なにをみる」ことで「なにがわかるか」をチェックしましょう。

① 終点→愛情のタイプ
② 長短・曲線→感情の傾向
③ 本数→愛情と精神力の強さ
④ 起点→価値観
⑤ 線の表情→性格や愛情のタイプ、トラブルなど

③本数

愛情と精神力の強さ

ほとんどは1本。感情線の上に平行して線があると「二重感情線」といい、2人分の愛情や精神力を持っています。

鑑定のコツ：2本とも強い線は、愛情と精神力が2人分、1本が薄い場合は1.5人分。

④起点

価値観

小指から手首までを4等分してどの位置が起点かで、価値観が打算的かどうかわかります。

標準：小指側の側面1／4あたりの起点。常識的でバランスよい価値観を持っています。

鑑定のコツ：標準より上でお金のエネルギー水星丘に近い場合は、打算的。下は精神的な価値判断をします。

イラストの中は標準的な場合の解説です。バリエーションは、P42～43でチェック！

愛情のタイプ

終点はさまざまな形があり、タイプや心理状態の傾向が異なります（P 42「①終点」参照）。

標準：人差し指と中指あたりまでのびる線。温和で相手の気持ちが理解できる人。

鑑定のコツ：線の状態で異なりますが、上向きにのびる人は情熱的、下向きにのびる人は悲観的で感情に流されやすいタイプです。

性格や愛情のタイプ、トラブルなど

性格や愛情のタイプ、恋愛や人間関係のトラブルへのメッセージがわかります（P 43「いろいろな線の表情を読み取るコツ」参照）。

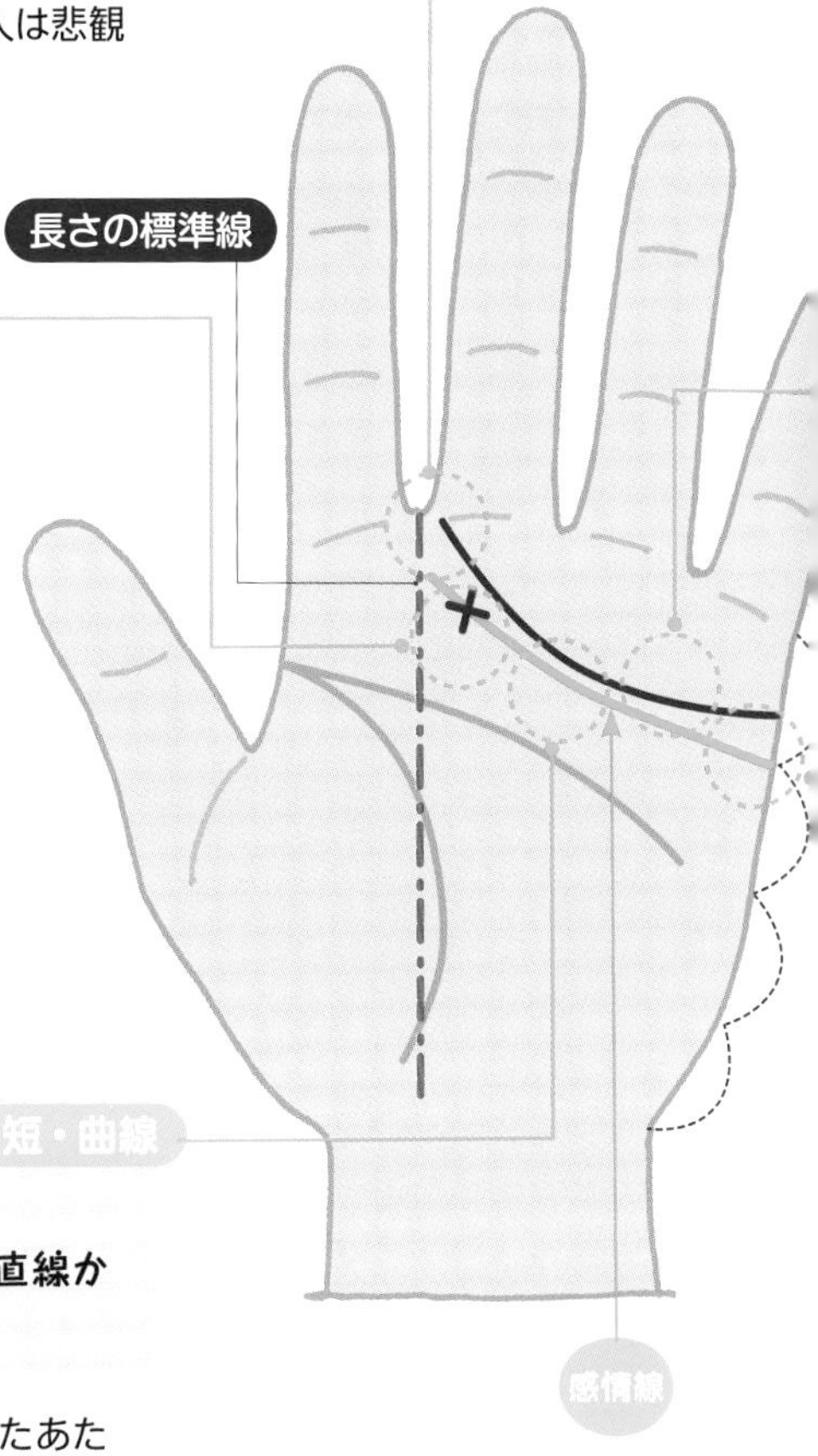

感情の傾向

長短で感情がストレートか照れ屋か、曲線か直線かで感情表現が積極的か消極的かわかります。

標準：人差し指と中指の間から直線に降ろしたあたりの長さが標準。長さの標準線を越えると長く、手前なら短い。

鑑定のコツ：長いほど情が深く、短いほど冷静で冷淡。直線的はストレート、曲線は愛情表現が苦手。

①終点　愛情のタイプ

中指と人差し指の間の終点
愛情溢れる家庭人タイプ

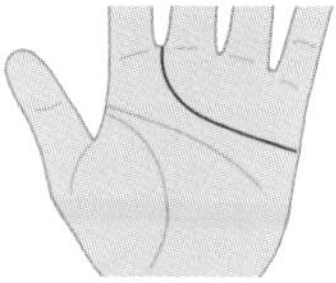

身内への愛情豊かで人の好き嫌いが激しい。短い場合は愛情表現が消極的。

アドバイス・ポイント

女性は良妻賢母。寛容さを身につけて円滑に。

2等分した人差し指への終点
献身的な愛を注ぐタイプ

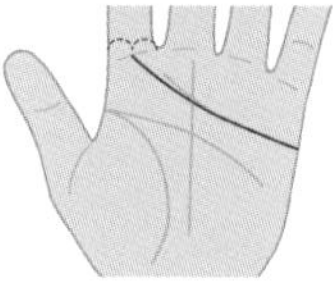

一途な愛情で積極的にひたすら尽くす。短ければ、愛情表現はおだやか。

アドバイス・ポイント

相手の気持ちを考え、聞くことでさらにハッピーに。

手のひらの端までのびる終点
独占欲、支配欲が強いタイプ

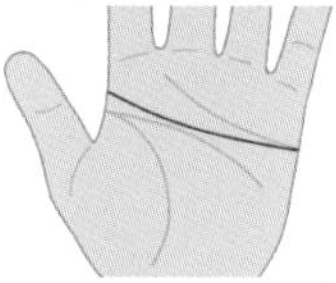

情熱的で嫉妬深いタイプ。線が手前でもほぼ同様。ストーカーになる可能性も。

アドバイス・ポイント

見返りを求めずに、寛容な心でとアドバイスを。

②長短・曲線　感情の傾向

直線で中指までの短い線
冷静沈着、素直で誠実タイプ

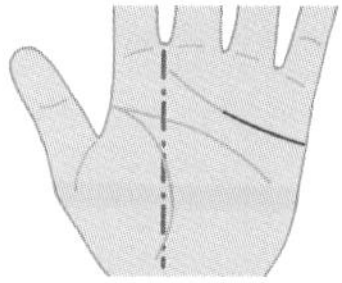

感情表現がストレート。情に流されず独りよがりの面も。恋愛感性は鈍いかも。

アドバイス・ポイント

そっけない人。人の心の感知アンテナが必要かも。

曲線で短い線
内気で純情可憐なタイプ

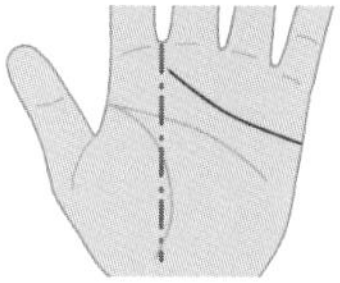

親しみやすく、感情表現は消極的な照れ屋。急な曲線は気性が激しい。

アドバイス・ポイント

気持ちを伝えると、さまざまなことに幅が出るはず。

③本数　愛情と精神力の強さ

2本（二重感情線）
強い精神力を持つタイプ

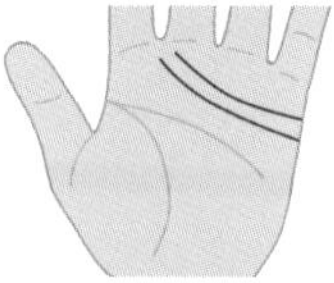

強い精神力で困難な状況でも実力を発揮。女性は男勝り。情愛は2人分の強さ。

アドバイス・ポイント

情熱とバイタリティを多方面に発揮して運気up。

④起点　価値観

4等分した起点
上は打算的、下は人間性重視

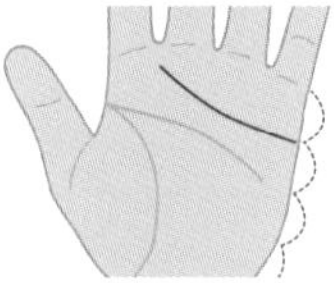

1/4より上の起点は金銭で価値観を測る。下になるほど精神面が大切。

アドバイス・ポイント

上は情緒的な面をプラス。下は金銭に無頓着かも。

プラス1

感情線は知能線と一緒にみる

感情を表す感情線、理性を表す知能線。2つの線のバランスがとれているかでまた違った鑑定結果が出てきます。たとえば…

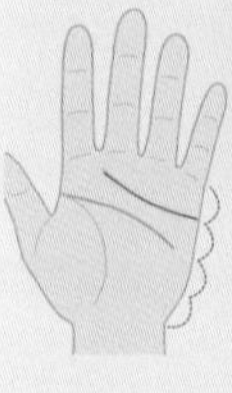

●感情線がはっきりしていて、知能線が薄い場合
感情を抑えることのできない、自己中心的なタイプ。

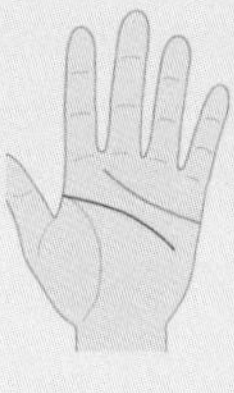

●感情線が薄く、知能線がはっきりしている場合
冷静で理論的で理屈っぽいタイプ。少々堅苦しい面も。

⑥ いろいろな線の表情を読み取るコツ

性格・タイプ

末端の枝線
明るい博愛主義

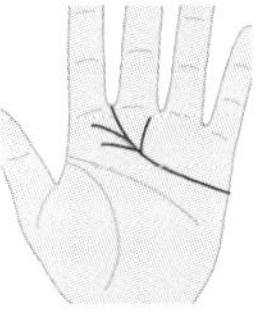

末端が大きく分かれる線は、思いやりがある博愛主義。枝数が多いほどその傾傾向は大。

アドバイス・ポイント

交友関係を広げて、さらに開運。八方美人にならないように注意。

生命線を横切る支線
継続的愛情を持つタイプ

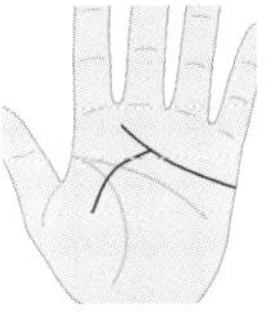

初恋の人を思い続けるのもこの相です。下向きの支線は、一方通行な感情を表します。

アドバイス・ポイント

現実を見据えて、気持ちの切り替えが大切。

末端が下向きのカーブ
猪突猛進タイプ

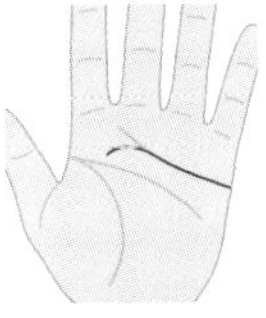

考えずに行動して後悔。カーブが大きい人ほど猛進度が強い。恋愛も盲目的になりがち。

アドバイス・ポイント

日頃から、熟考と人の意見を聞く習慣をつけるように。

上下の支線
感受性豊かなタイプ

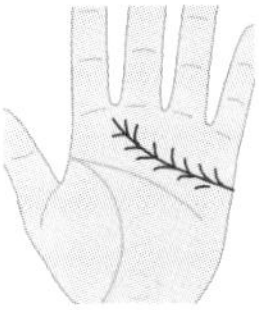

上下は感受性豊かで神経質、上は社交的で思いやりがあり、下は気づかいができ献身的。

アドバイス・ポイント

線が多いほど感性が発達。上下、上向きの人は異性に人気。

くさり状の線
感情が不安定

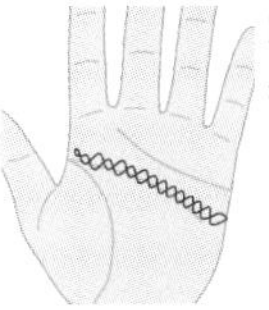

愛情豊かだが、感情に振りまわされやすいタイプ。傷つきやすく、神経過敏でストレスを抱えやすい。

アドバイス・ポイント

クヨクヨせず割り切ること。波形の人も同様の相。

乱れた線
気分屋タイプ

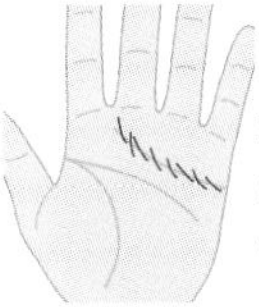

人の影響を受けやすく、感情が不安定で移り気なタイプ。恋愛も行き当たりばったり。

アドバイス・ポイント

熱中できるものを見つけること。集中力upで移り気も改善。

トラブル

障害線・障害マーク

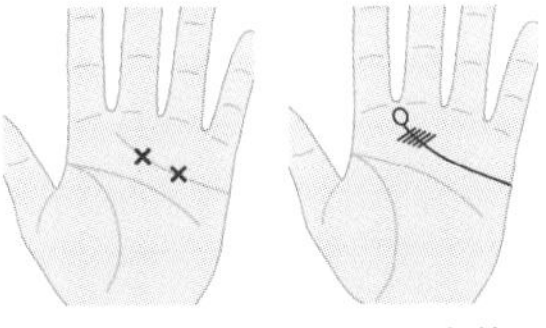

●**十字**　恋人や配偶者の事故や病気などの暗示。
●**先端に島**　人間関係のトラブルの暗示。
●**感情線の中指の下あたりに複数の横切る線**　心臓の病気、循環器系が弱くなっている暗示。

きれぎれの線
人間関係トラブル

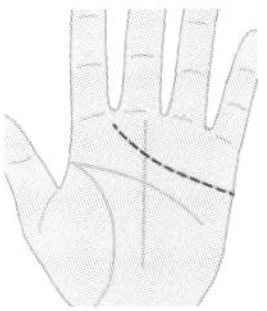

短気で気が変わりやすく人間関係でトラブルが多い。別れと復縁を繰り返すタイプ。

アドバイス・ポイント

感情の不安定さは、短気が原因。辛抱強さも必要。

線上の空白
恋愛のトラブル

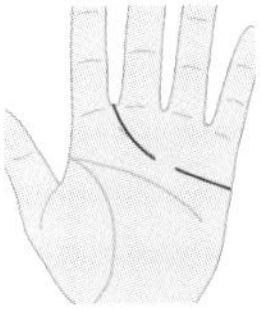

別れの暗示。中指の下は本人以外が原因、薬指の下はわがまま、小指の下は金銭問題。

アドバイス・ポイント

性格と合わせて読み解き、的確なアドバイスを。

過去・現在・未来を表す「運命線」
「運命線」を読み解くポイント

「運命線」は、その人の人生（過去・現在・未来）の運勢、仕事運、人間関係などを示しています。ただ、運命線は環境や感情の変化でとても変わりやすい線なので、運命線がなかったり、起点や長さもさまざまな表情をみせます。こまめにチェックして、ステキな人生へのアドバイスをしてあげましょう。

①起点と終点

開運時期、開運方法

起点からは開運方法が、終点からは運勢が上昇する開運時期がわかります。「年齢の見方」（P45）で時期を確認、アドバイスをしてあげましょう。

鑑定のコツ：起点は地丘、知能線、月丘などさまざま。終点は土星丘にのびる線が多いですが、やはりのびる方向で意味が違ってきます。起点と終点を両方見極めて鑑定しましょう。

②本数

仕事運、成功方法

線の数は仕事の数や才能を表し、二重になっている部分が運気アップの時期を示します。起点で成功の方法がわかります。

鑑定のコツ：複数線の人は、多忙が性に合っている人。現在、線が薄いあるいはない人は、欲がなく努力家であることを示しています。また、運命線は環境の変化などによって現れたり、現れなかったりする線です。

運命線を読み解くポイント

線の「なにをみる」ことで「なにがわかるか」をチェックしましょう。

- ①起点と終点→開運時期、開運方法
- ②本数→仕事運、成功方法
- ③線の表情→運勢の変化、トラブルなど
- ④運命線で見る年齢→開運時期、運勢の停滞時期など

イラストの中は標準的な場合の解説です。バリエーションは、P46～47でチェック！

④運命線で見る年齢

開運時期、運勢の停滞時期など

転職や結婚、環境の変化など人生の大きな転機のある時期がわかる。

年齢の見方

①1歳　手首のつけ根。②35歳　知能線と交わる部分。③40歳　知能線と感情線を4分割した知能線寄りの1／4部分。④45歳　知能線と感情線を2等分した部分。⑤50歳　知能線と感情線を4分割した感情線寄りの1／4部分。⑥55歳　感情線と交わる部分。⑦90歳　中指のつけ根。

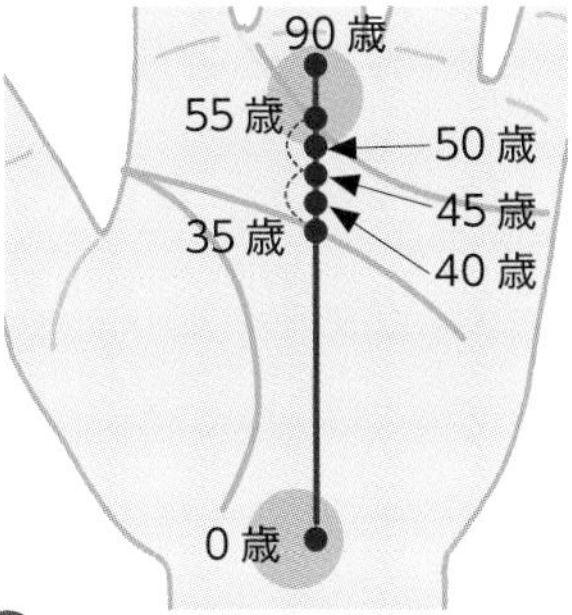

ここチェック！

切れていたり、離れていた場合、手首から中指を4等分して時期をみます（図参照）。

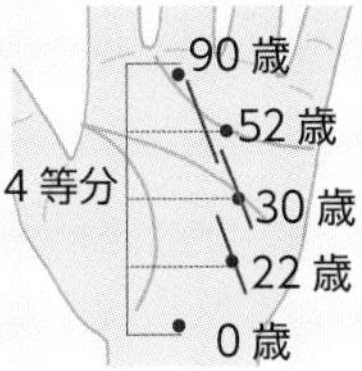

③線の表情

運勢の変化、トラブルなど

運命線のさまざまな表情は、人生のどこに転機があるのかといった運勢の変化、仕事や人間関係などのトラブルを暗示しています（P47「④いろいろな表情を読み取るコツ」参照）。

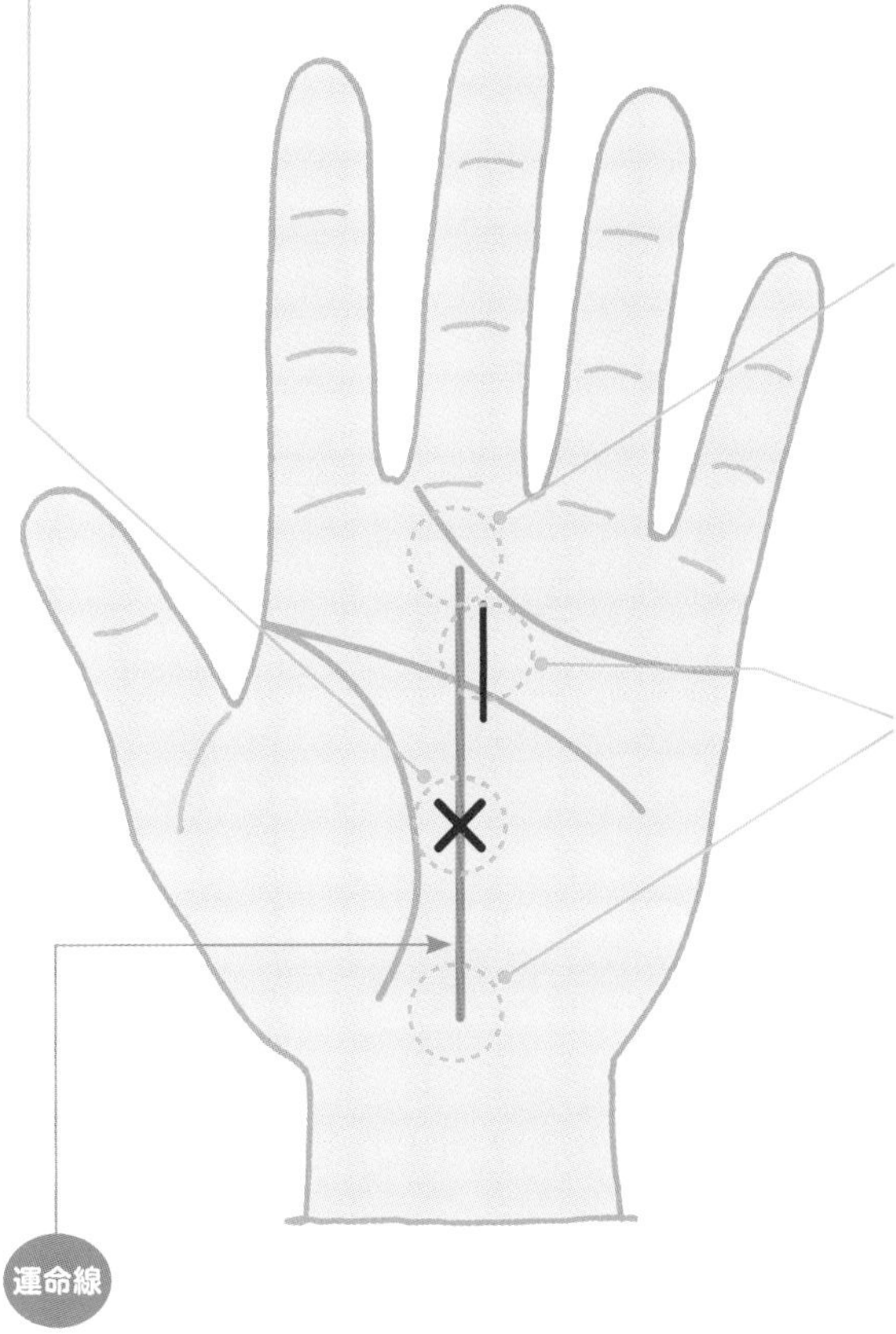

① 起点と終点　開運時期、開運方法

起点が月丘、終点が土星丘
周囲の協力で開運

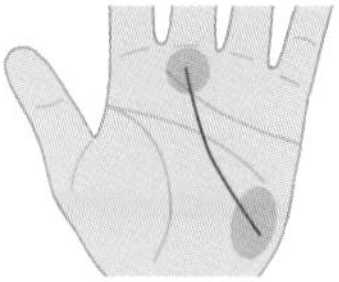

人間的に魅力があり、身内以外の周囲が協力や援助をしてくれて開運。

アドバイス・ポイント

出会いが幸運を運びます。親元を離れて独立は吉。

起点が生命線上で、終点が土星丘
自立心で開運

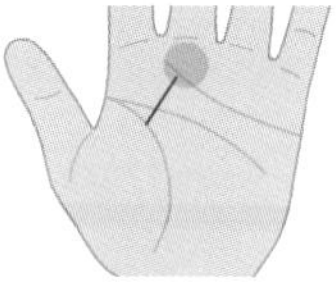

上昇志向で負けず嫌い、自立心旺盛で開運。仕事人間でガンコな面も。

アドバイス・ポイント

土星丘に届かない線は、目標やライバルを持つと吉。

起点が地丘、終点が知能線
早期に開運

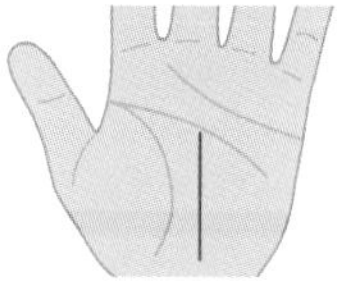

35歳まで順調な運勢。気力、体力が低下する35歳以降はサポート役に。

アドバイス・ポイント

努力で困難を克服する人。上昇期に余力を蓄えて。

起点が生命線の内側、終点が土星丘
さまざまな人の支援で開運

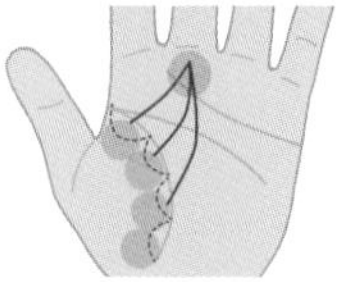

上から1/4は年上の異性、2/4は有力者、3/4は配偶者が支援、4/4は親や親族からの支援で開運。

アドバイス・ポイント

出会いに感謝が大切。言葉にすると運気up。

起点が地丘、終点が土星丘
先祖の加護で開運

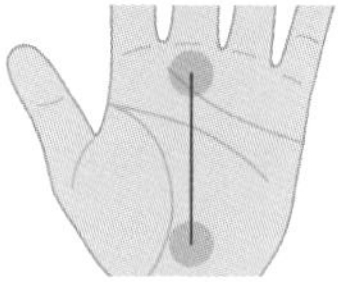

トラブルが知らないうちに解決している人。精神力が強く霊感があることも。

アドバイス・ポイント

先祖に感謝を忘れずに。直線なら「天下筋」の強運相。

起点が知能線、終点が中指のつけ根
中年期に開運

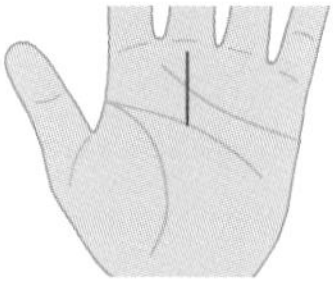

35歳ごろから才能発揮で開運。生涯現役で仕事に生きる人も。

アドバイス・ポイント

専業主婦でも仕事を始めて吉。複数のことに挑戦を。

起点が感情線からのびる
大器晩成タイプ

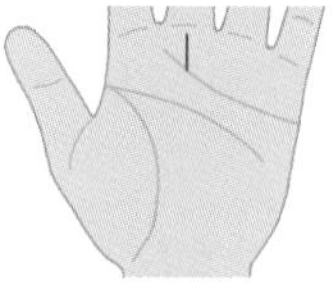

55歳ごろから開運。中年期までは苦労もしますが､晩年は思い通りの人生。

アドバイス・ポイント

女性に多い相。目標を決め準備するとさらに吉。

②本数　仕事運、成功方法

起点の違う強い線が2本以上
最強の仕事運を持つタイプ

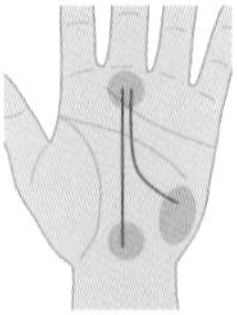

月丘は人の引き立て、生命線は努力、地丘は先祖の加護です。

アドバイス・ポイント

仕事をし続けて運勢開花。女性は家庭と仕事を両立。

運命線が2本以上
複数のわらじをはいて開運

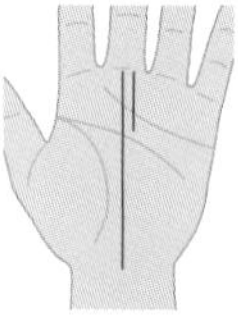

線の数だけ才能や能力がある人。複数のことを同時にこなします。

アドバイス・ポイント

あきっぽいので軌道に乗ったら次の準備！が開運の鍵。

③いろいろな線の表情を読み取るコツ

運勢の変化

波状の線
運勢の浮き沈み

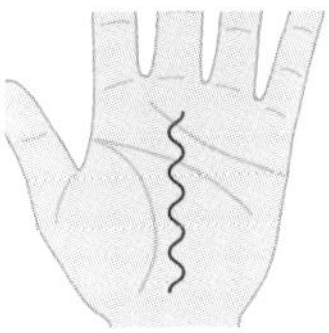

信念が薄れ、働く意欲や根気がなくなると現れる線です。地に足がつかず、成功と失敗を交互に経験します。

アドバイス・ポイント

波状の時期は、人をサポートして自分磨きを（「年齢の見方」参照）。

線上の空白
運気弱まる暗示

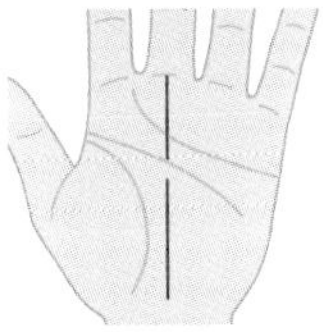

一時運勢が停滞。空白が大きいほど、その時期は長く…。理由には子育てや介護なども含まれ、仕事に復帰します。

アドバイス・ポイント

心の準備ができるよう、停滞の時期を教えてあげて（「年齢の見方」参照）。

切れ切れの線
波乱万丈を暗示

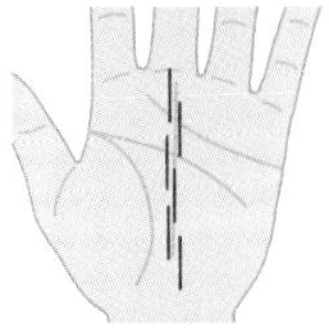

仕事や生活が安定しない、不安定で継続性がない、仕事が軌道に乗っていないときに現れます。

アドバイス・ポイント

継続の努力が運勢をアップさせます。「石の上にも三年」で開運を。

トラブル

障害線・障害マーク

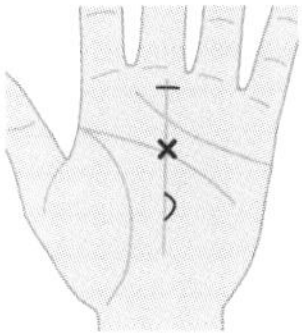

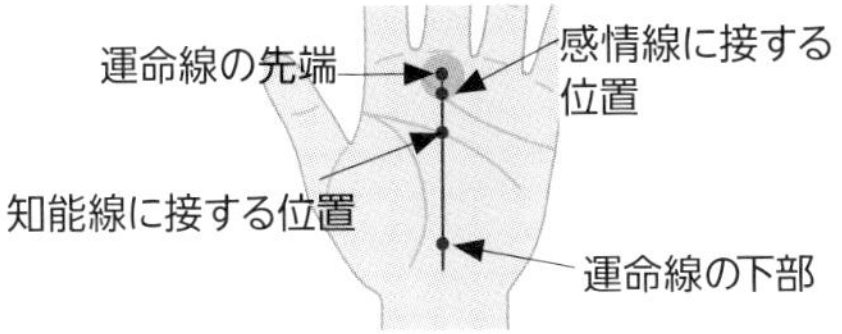

- **十字**　対人関係や仕事関係のトラブル。
- **島**　2、3年の運勢の停滞。順調だったことが急に悪化する暗示。
- **障害線**　線の先端は、家族間のトラブル、目標などが達成できない暗示。
- **運命線の先端にあると**　突然の事故や災難。
- **感情線に接する位置にあると**　恋愛、対人など人間関係のトラブル。
- **知能線に接する位置にあると**　仕事、経済的なトラブル。
- **運命線の下部位置にあると**　若いころに不運な経験がある。

ズレた線
人生の転機を暗示

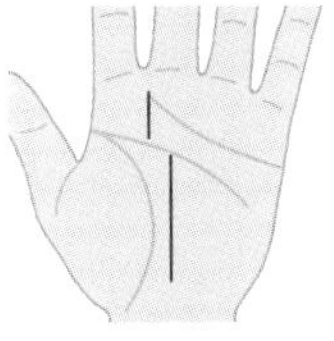

線が途中で切れて別の起点がある場合は、人生の転機を暗示。線が離れるほど変化は大きく、近ければ小さな変化に。

アドバイス・ポイント

チャンスととらえて運気をアップ。時期の確認を！（「年齢の見方」参照）。

プラス1

生命線、知能線、感情線と一緒にみる

運命線をさらに詳しくみるために生命線で健康やバイタリティを、知能線で知的能力を、感情線で性格や心理を総合的にみて鑑定することが大切です。たとえば…

●生命線が弱い場合　体調不良や体力不足で運を逃す可能性も。

●知能線が弱い場合　熟考が苦手であれば、目的を達成できない可能性も。

●感情線が弱い場合　感情線が起点の場合は、開運の時期が違ってくる（P46「起点　中年期に開運」参照）。

手相鑑定は、「手の形」と「手の線」をみる

「手そのものの形」と、「手のひらに現れる線」をみる

手相は、「手の形」と「手のひらの線」を鑑定します。

「手の形」では、手そのものの形や指、ツメなどから情報を得ることができます。また、「手のひらの線」では、手のひらに現れる主要線・四大基本線や補助線、丘や平原などからさまざまな情報を読み解いていきます。

一般的に手相占いといえば、手のひらに現れる線を読み解くことを指しますが、本来は「手の形」「手のひらの線」の両方をみて占うのです。

人生の道しるべ、手相は変わる

双方で手相を鑑定するのは、手相が変わるものだからです。

手相は生活習慣や物ごとへの取り組む姿勢など、いろいろな要因を反映して変化します。四大基本線ですら、微妙に変化します。

手相鑑定を行うときには、まず手のひらに現れる『よい変化』を見つけてあげましょう。そして、積極的に行動してチャンスをゲットできるようアドバイスをしてあげましょう。逆に『悪い変化』は回避する方法を一緒に考えてあげましょう。

人の手相を鑑定することで、あなたの人生も経験豊かなものになり、運気もup！するはずです。

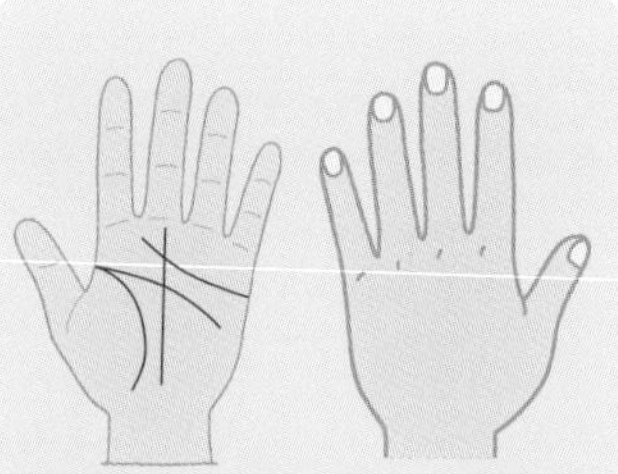

手相は、「手の形」と「手のひらに現れる線」の両方でみるんだね。

第3章

さぁ、手相鑑定をはじめましょう！

STEP1
「線」を見る前に、手をチェック！

手相鑑定は、占う相手が
手を差し出した段階からスタートします。
「手の出し方」や「手の形」、
「指の長さ」、「ツメ」などから
たくさんの情報がわかります。

STEP 1 「線」を見る前に、手をチェック

「手の出し方」を鑑定するポイント

手相鑑定は、手を出されたときからスタートします。手の出し方で今の心理状態や性格がわかり、その人本来の性格や気質などと比較する重要な手がかりになります。同時に指のそり方もチェックしましょう。

① 5本指を開いた状態

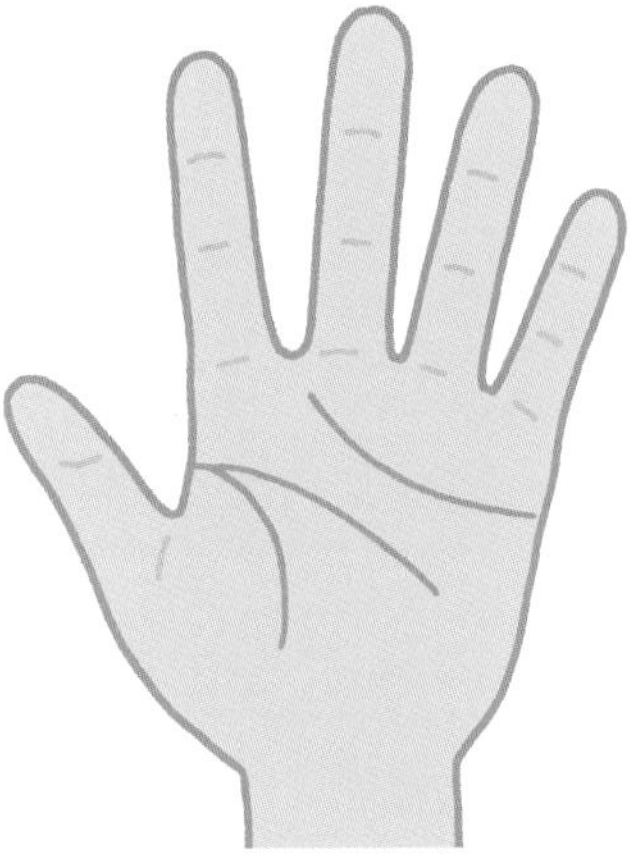

今の心理状態：元気で積極的な状態。本来の自分より大きく見せたいという願望がチラホラ。
表に出ている性格：物事にこだわらず、好奇心旺盛でざっくばらんな性格。

アドバイス・ポイント

少々肩の力が入っているよう。時には力を抜いて、無理をしない時間を持つことを助言してみて。

② 5本指を閉じた状態

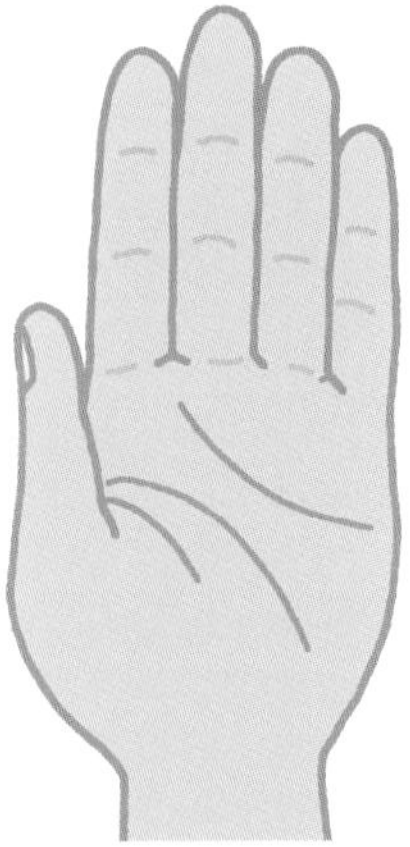

今の心理状態：失敗や変化を恐れて慎重になっている状態。
表に出ている性格：冷静沈着、几帳面でおとなしく、冒険を好まない性格。

アドバイス・ポイント

人とのつきあいにも消極的。指先に力を入れてよくのばすことで自信も出て前向きに。

「手の出し方」でわかる、心理状態と性格

無意識に差し出した手からは、今の心理状態や表に出ている性格がわかります。指を大きく開く人は、明るく積極的な反面浪費癖のあるタイプ。女性は自由奔放な生き方をする人が多いようです。指を閉じている人は、几帳面でおとなしく用心深いタイプ。代表的な手の出し方から、今の心理状態や性格を見極めましょう。

指のそり方でわかる、適応性

指がしなやかにそる人は環境に適応しやすく、指がそらない人は融通の利かないまじめなタイプ。タイプによってアドバイス方法を変えてみるといいでしょう。

③ 親指だけ離れている状態

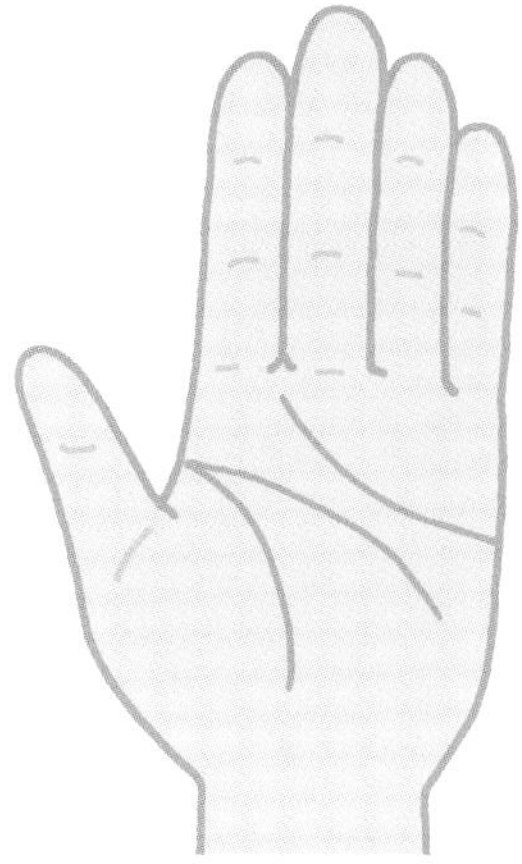

今の心理状態：落ち着いて公私ともに安定し、元気な状態。

表に出ている性格：行動的な面と冷静さを兼ね備えた、常識人で円満な性格。

アドバイス・ポイント

どの分野でも成功する確率が高く、着実に前進しているハッピーな状態。

④ 指をすぼめた状態

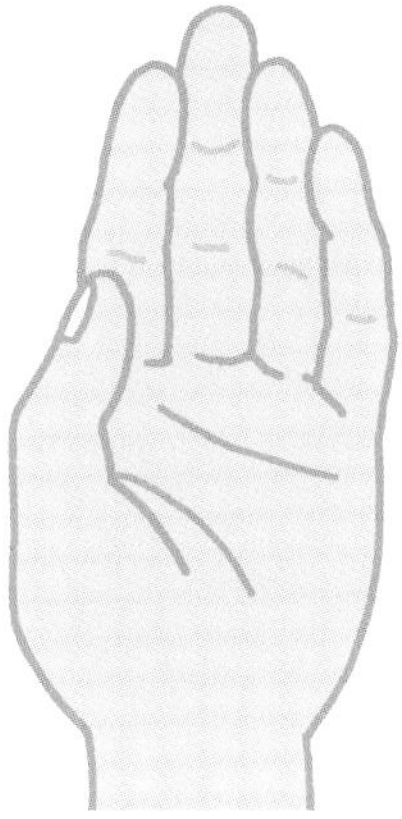

今の心理状態：臆病になっているか、自信をなくして慎重になっている状態。

表に出ている性格：手の内を明かさず、強情で注意深く金銭面はしっかりした性格。

アドバイス・ポイント

忍耐力があり、話を聞き出すのが上手。時には、自分の話をすることで人間関係が円滑に。

STEP 1 「線」を見る前に、手をチェック

「手の形」を鑑定するポイント

手の大きさや形、指、ツメなど、手のあらゆる特徴が鑑定の重要な要素になります。まずは、性格や精神的傾向などがわかる手の大きさや形、幅、厚みの特徴を知りましょう。

大きさと幅、厚みでわかる精神的傾向や行動パターン

手の大小は、体の大きさと比較してみます。手の大きさでは、精神的傾向や行動パターンがわかります。

手の幅の広い人は体力があり活動的。肉付きもよい場合は気力も充実しています。狭い人は、体力的には劣るものの、頭の回転がよく優れた感性の持ち主といえます。また、手の厚みから、性格や体力、適職を知ることができます。

手の形でわかる、本来の気質

手の形は、大まかに6種類に分けられます。2種類以上の特徴が混じっている人は、何事もそつなくこなすタイプが多いようです。その人の手の形の特徴によって、基本的な気質を知ることができます。

小さい手

精神的傾向：大ざっぱで外向的、頭の回転は速いが少々せっかちなタイプ。

行動パターン：好奇心旺盛で、思い立ったらすぐ実行。人生をドラマ化して自己演出する傾向あり。

普通の大きさの手

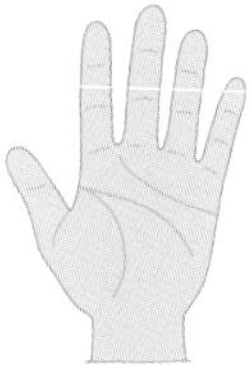

精神的傾向：常識的で協調性があり、適応能力に富み、人並みであることに安心感を持つタイプ。

行動パターン：細かい作業が得意。与えられた仕事はきっちりとこなすが、クヨクヨ悩みがち。

大きい手

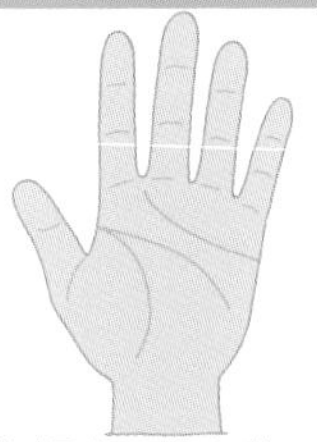

精神的傾向：内向的で落ち着きがあり、堅実さと緻密さを持つ。根気があり器用。

行動パターン：人の上に立つのは苦手で、与えられた役割をきっちりこなすタイプ。細かい作業も得意。

「手の厚み」でわかる性格・体力・仕事

肉薄で手のひらが扁平な手

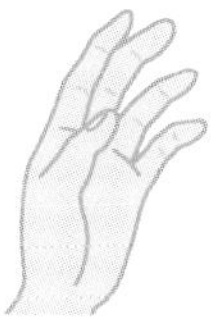

性格：消極的で自分の殻に閉じこもりがちな性格。
体力：体力、気力とも乏しいので、体力アップを。
適職：企画や事務など、頭脳労働に向くタイプ。

肉厚で弾力のない手

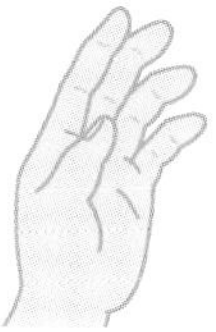

性格：太っている人に多く、おおらかで、明るい性格。
体力：体力や気力が欠如しやすいので、意識して気力をアップ。
適職：人を楽しませる芸能関係、サービス業関係。

肉厚で弾力のある手

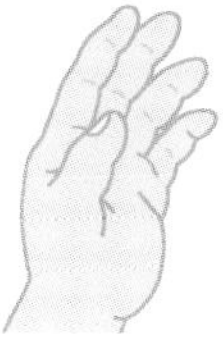

性格：くよくよしないエネルギッシュな性格。
体力：体力、気力とも充実。
適職：ハードな仕事もらくらくこなせるタイプ。接客、芸能、スポーツ関係。

「6つの手の形」でわかる本来の気質

③ 結節型

冷静な知性派

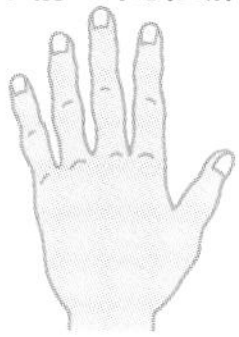

形：指や手が大きく、関節がしっかりとした手。
本来の気質：別名・哲学思想型と呼ばれ、真面目に人生を追求する無口で知的雰囲気が漂うタイプ。

② 円錐型

円満な社交家

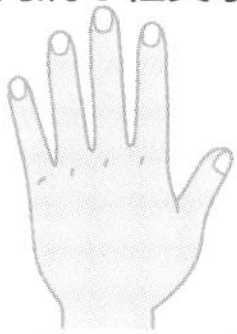

形：指先が丸みをおび、指先が細いふっくらした手。
本来の気質：感受性や芸術性に優れ、社交的で好奇心旺盛。自由を好み、ルールに縛られるのは苦手。

① 尖頭型

繊細なロマンティスト

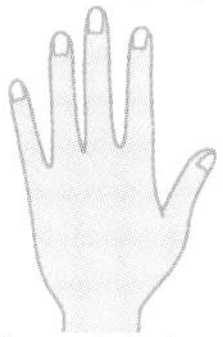

形：指先がスッとした、白魚のような手。
本来の気質：ロマンティストで繊細。やや依存心が強く、わがままになりやすい傾向も。

⑥ 素朴型

楽天的な努力家

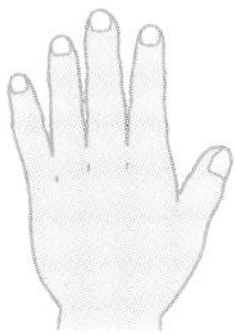

形：指が太く、肉付きがよくずんぐりとした印象の手。
本来の気質：楽天的で細かいことは気にしないが粘り強く、やりとげる努力家の面も。

⑤ 四角型

頼りになる常識派

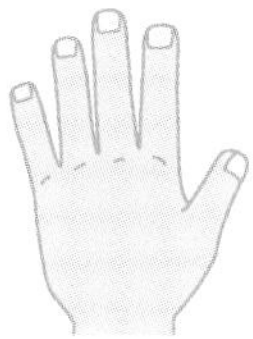

形：指が短く、指先や手全体が四角ばった手。
本来の気質：常識的、意志も強く、頼りになるタイプ。保守的すぎて面白みに欠ける面も。

④ へら型

独立心旺盛な個性派

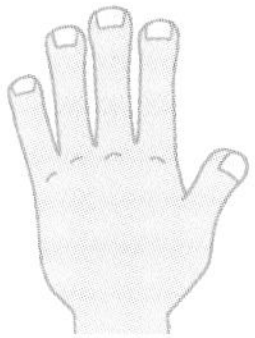

形：指先が「へら」のように四角く少し広がっている手。
本来の気質：働き者で個性が強く、創造性豊かなタイプ。独立心も旺盛。

STEP 1 「線」をみる前に、手をチェック

「指」を鑑定するポイント

指は思った以上に、明確にその人の性格を表しています。指の長さでは性格や才能が、5本の指それぞれからは才能や可能性がわかります。

指の長さでわかる、性格

指が長いか短いかを判断するには、①中指の長さを測り、②手のひらの縦の長さを測ります。手のひらの長さを10として中指の長さが何割になるかをみましょう。

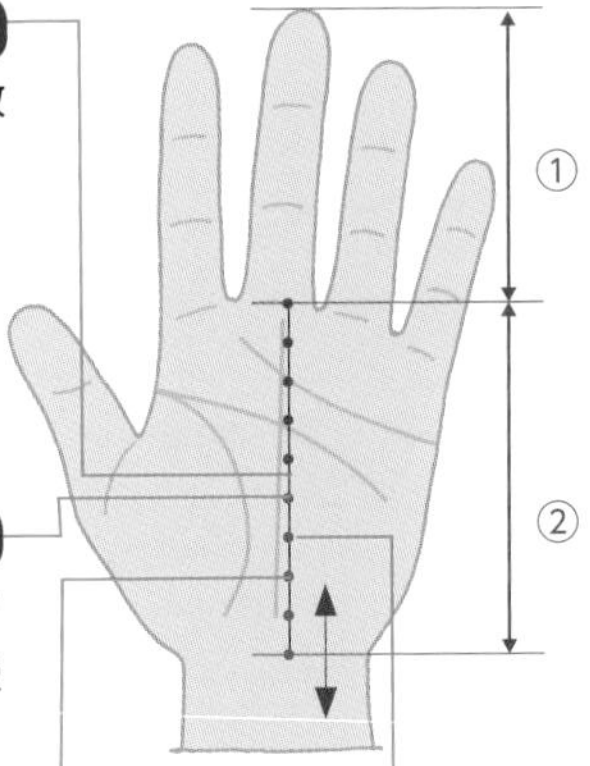

①「中指の長さ」を測る
②「手のひらの長さ」を測る。
③①と②の長さを比較する

6割未満の長さ…「とくに短い」

性格：粗野な部分があり、奔放さと個性的な才能を持つタイプ。

アドバイス

考えずに即実行することが多いはず。考えて行動することで、才能が開花！とアドバイスを。

約6割の長さ…「短い」

性格：自由奔放で束縛を嫌うタイプ。いくつになっても天真爛漫で若く見られる人。

アドバイス

才能を伸ばすには、計画性を人生に取り入れることを助言してあげて。

8割弱の長さ…「長い」

性格：繊細で想像力がとても豊かなタイプ。頭のよさで、周囲から一目置かれる存在。

アドバイス

優雅さはその人の最大の魅力！　複雑なことも避けずチャレンジするとさらに魅力的に。

約7割の長さ…「標準」

性格：粗野な部分があり、奔放さと個性的な才能を持つタイプ。

アドバイス

物事に優先順位を決めると、さらに運気アップ。

指の長さ、5本の指が示す性格や能力etc.

指の全体の長短を見る場合は、中指の長さが手のひらの縦の長さの何割くらいなのかを基準とします。

それぞれの指は頭脳、気性、行動性、品性、表現力などの意味があり、その長短を見ることで詳細を知ることができます

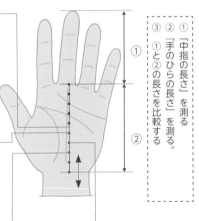

それぞれの指の長さが暗示する意味

各指にはそれぞれ意味があって、長短によってその人の情報を知ることができます。5本の指の意味を読み解いて鑑定してみましょう。

人差し指（気性）

標準の長さ
中指の第一関節の1/2の長さ

標準＝常識的で堅実に自分の人生を開く能力を持つ。
長い＝自信家で意欲的で目的意識が高い。
とくに長い＝強烈な自我を持ち、傲慢な気性。
短い＝消極的で気弱な気性。

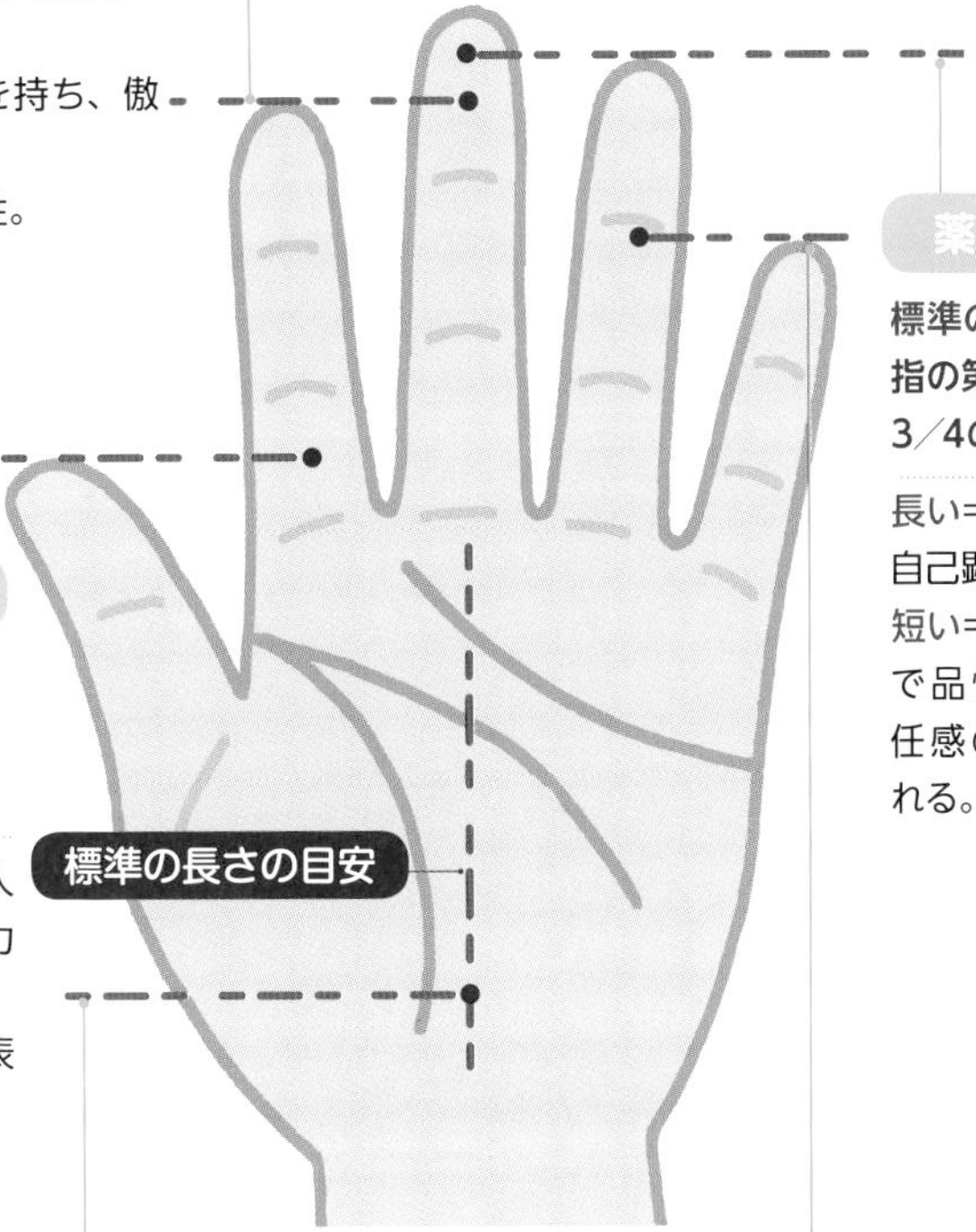

薬指（品性）

標準の長さ
指の第一関節の3／4の長さ

長い＝見栄っ張りで自己顕示欲が強い。
短い＝ルーズな性格で品性に欠け、責任感の欠如も見られる。

親指（頭脳）

標準の長さ
人差し指の第二関節よりやや下の長さ

長い＝頭の回転が速く、人の上に立って活躍する能力を持つ。
短い＝知性に欠け、愛情表現も乏しいタイプ

中指（行動性）

標準の長さ　手のひらの縦の長さの約8割

長い＝冷静で落ち着いて行動するタイプ。
短い＝物事を深く考えずに行動を起こし、性愛におぼれる可能性の高いタイプ。

● 小指（表現力）

標準の長さ　薬指の第一関節とほぼ同じ長さ

長い＝表現力に富み、人心をつかむ能力がある。
短い＝表現力が乏しいので、人との間でトラブルが起きやすい。

STEP 1 「線」をみる前に、手をチェック

「ツメ」を鑑定するポイント

ツメの形で今の性格や健康状態、色で健康状態がわかるだけでなく、これから起こることの暗示を知ることもできます。切りそろえた状態で、人差し指の形を中心に①ツメの形　②ツメの形状　③ツメの色　④ツメの斑点の順で鑑定してあげましょう。

ツメの形でわかる性格

① 長い

穏やかで情緒的なタイプ

順応性があってだれとでも親しくなれるけれど、自分のラクな道ばかりを選ばないようアドバイスを。

② 長方形

几帳面でもの静かなタイプ

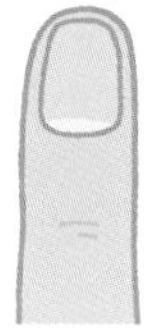

しっかり者で人からの信頼も厚いはず。気をつけたいのは、ちょっと理屈っぽくて皮肉屋なところ。

③ 四角形

真面目で忍耐強いタイプ

落ち着きがあり、男性に多い。ただ、我慢強い分だけ怒ると大爆発。日々できるガス抜きをすすめてあげて。

約半年から1年かけて生えかわるツメの形からは、その人の今の性格がわかるんだよ！

④ 小さくて四角形

感情の起伏が激しいタイプ

心が狭く、感情の起伏が激しいタイプ。恋愛中なら、ヤキモチのやきすぎは禁物。

⑤ 幅が広い

あっさりした、口が達者なタイプ

少々せっかちで短気な面も。思っていることをすぐ口に出さないようにアドバイスしてあげて。

⑥ アーモンド型

穏やかで上品なタイプ

素直で誠実、センスや趣味もよい。ただ、我慢するのは苦手。カチンときたらひと呼吸！とアドバイスを。

⑦ 剣型

自分が決めたことは貫くタイプ

努力を惜しまず。協調性が少ないので、とらぶるを避けるためにも人と足並みを揃えると運気アップ。

ツメ状態でわかる健康状態

健康状態がわかるツメの形状 *「病院を受診するきっかけ」というアドバイスを忘れずに

①そっている

貧血、とくに鉄分の不足が原因。中年期の女性に多いので注意。このサインは警告！と教えてあげて。

② スプーン型

呼吸器や心臓の機能が低下している可能性が。指先を包み込むようなら、病院への受診をすすめて。

③ 逆三角形

神経が極めて敏感で、気管支炎、呼吸器系疾患、中風などにかかりやすいといわれているタイプ。おおらかな気分で毎日を送るようアドバイスを。

④ 断層

大きな病気や手術後など、健康に異常が生じた時、一時的に爪の成長が止まったときに現れる。静養が必要。

⑤ 縦に筋がある

乾燥や加齢が原因。もし、ツメが折れやすいようなら、胃腸病の心配も。食生活の見直しと自覚があれば診療を。

健康なツメは、やわらかくて光沢がある透明なピンク。色は、体調の変化を教えてあげる手がかりになるよ。

健康状態がわかるツメの色 *「病院を受診するきっかけ」というアドバイスを忘れずに

① 白っぽい

最も多いのがツメの水虫、その他貧血や肝臓病の疑いがあり。

② 紫(青)っぽい

唇にも現れるチアノーゼ状態。貧血症や心臓疾患の可能性も。要注意で病院へ。

③ 赤っぽい

太った人に多く、心臓病などの疾患に注意。

④ 黄色っぽい

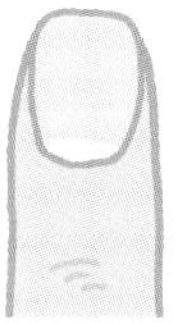

原因は深爪が多い。手足に出る場合は、ツメの下で血流が悪く、心臓や肺の疾患の疑いあり。

⑤ 黒っぽい

ツメ全体がほぼ黒っぽい場合、色や幅が変化する場合は皮膚科を受診することをすすめて。

ツメの斑点でわかる予兆

小さなラッキーサインも見逃さないようにね。

① 丸く鮮明な白い斑点

近い将来幸運なことがある暗示。

② 形がくずれた白い斑点

幸運が遠のいていく暗示。

③ 黒く汚れた斑

身内やごく親しい人に不幸が訪れる暗示。

運勢がわかるツメの斑点

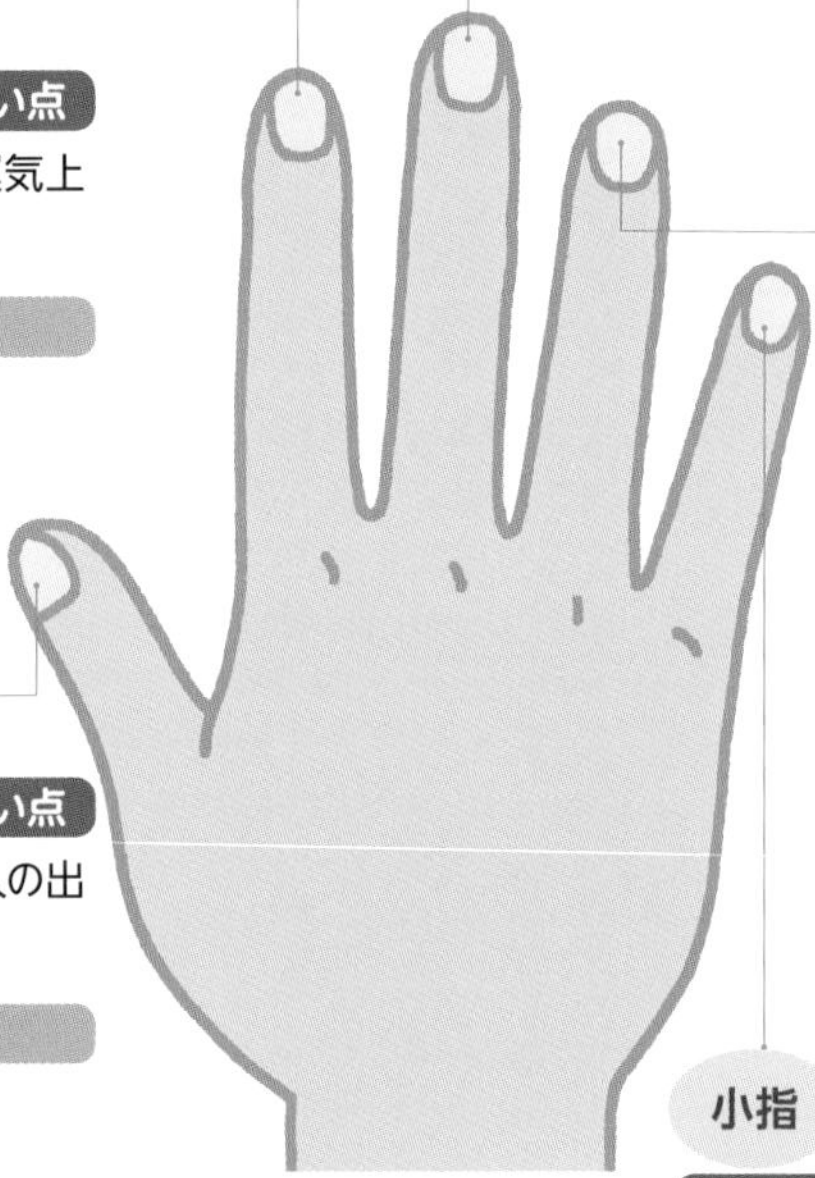

人差し指

●吉兆の知らせ、白い点

金運上昇、仕事上の運気上昇など

● 要注意!　黒い点

金運を逃す兆し

親指

●吉兆の知らせ、白い点

対人関係が好転、恋人の出現の暗示

● 要注意!　黒い点

対人関係の悪化など

中指

●吉兆の知らせ、白い点

現状の環境が好転、不動産運アップなど

● 要注意!　黒い点

現状の環境が悪化など

薬指

●吉兆の知らせ、白い点

愛情関係が好転、結婚運アップ、パートナーの運気アップ、金運上昇など

● 要注意!　黒い点

愛情関係のトラブルなど

小指

●吉兆の知らせ、白い点

家族に幸運、不動産・金銭運アップ、子ども運アップなど

● 要注意!　黒い点

家族に悪いお知らせ。病気に注意！

吉兆はもちろんだけど、黒い点の暗示を見つけてあげることで、嫌なことを回避するきっかけになるはずだよ。

第4章

本来の
パーソナリティを
鑑定しましょう

STEP 2
27のタイプから
パーソナリティを見極めよう

手相鑑定では、占う相手の
パーソナリティが鑑定する決め手になります。
けれど、複雑に入り組んだ線から見極めるのは大変。
そこでパーソナリティを 27 タイプに分けました。
まず、占う相手がどのタイプなのかを見極めましょう。

STEP2 27のタイプからパーソナリティを見極めよう

パーソナリティを診断するポイント

手相鑑定を行うときに、まずみるのがその人のパーソナリティ。パーソナリティを知って占うことで、手相鑑定の内容が正確になり、的確なアドバイスを行うことができるようになります。

本来の気質や才能などがわかる、パーソナリティをチェック！

パーソナリティとは、その人の「本来の気質・才能・考え方の傾向・感情や愛情の傾向」などのこと。

手相鑑定は、起点や終点になる丘や平原で手のひらに現れる線を見極め、見極めた複数の線の意味を読み解いていきます。占ってあげる人のパーソナリティを知っておくことは、占った内容を総合的に読み解くためのベースになるのです。

27タイプから、パーソナリティを見極める

ただ、初心者が正確にパーソナリティを診断するのは難しいといえます。そこで、四大基本線の知能線と感情線で分類した27タイプのパーソナリティを用意しました。

知能線の起点と終点、感情線の終点の3つを順番に選んで、占う相手のパーソナリティを見極めましょう。

パーソナリティのチェック手順

❶知能線の起点をチェック（本質的な性格）→P 61

❷知能線の終点をチェック（才能・考え方の傾向）→P 62

❸感情線の終点をチェック（感情や愛情の傾向）→P 63

❹選んだ３つの組み合わせを「パーソナリティタイプ・バリエーション」でチェック→P 64～

パーソナリティを診断する

①知能線の起点をチェックする（本質的な性格）

まず、知能線の始まり＝起点をチェックします。親指のつけ根と人差し指の間からスタートする知能線の起点は、その人の性格を表します。知能線が生命線よりどれくらい離れているかで、思い切った行動をとる大胆なタイプか、なかなか行動を起こさない消極的なタイプかなど、本質的な性格がわかります。

生命線から離れれば離れるほど、大胆な性格だよ

Ⅰ 生命線の起点と同じタイプ

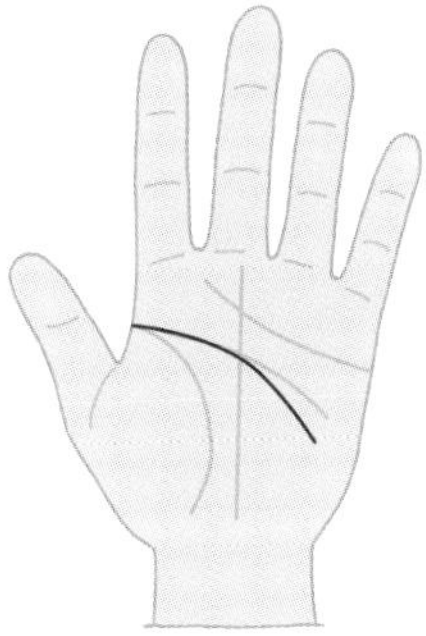

●**本質的な性格**：プラス思考で積極的。大胆な発想と行動だけでなく慎重さも兼ねそなえる。

Ⅱ 生命線から離れているタイプ

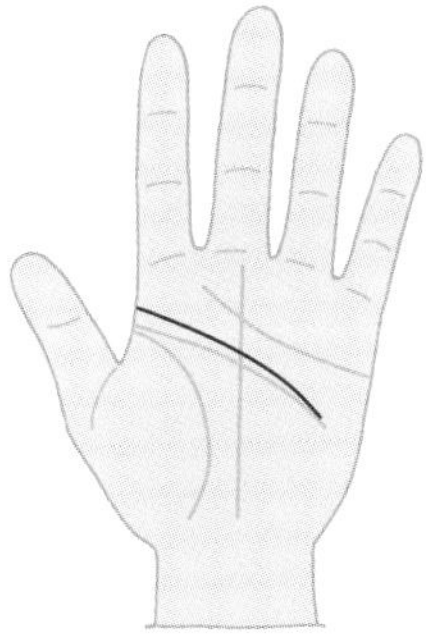

●**本質的な性格**：人の先を行く開拓者。自信家で勇気があり、大胆な行動をとるチャレンジャー。

Ⅲ 生命線の途中からはじまるタイプ

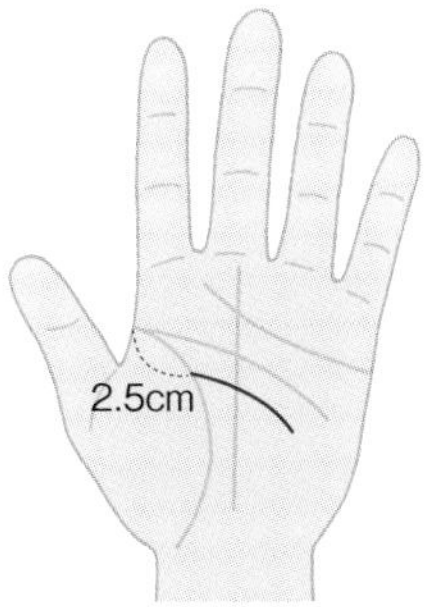

●**本質的な性格**：非常に用心深く、保守的で着実に前進しようとする慎重派。日本人に多い手相。

② 知能線の終点をチェック（才能・考え方の傾向）

つぎに、知能線の終わり＝終点をチェックします。月丘や第二火星丘にのびる知能線の終点は、その人の才能や能力を表しています。経済観念の発達した事業家タイプなのか、調整能力に優れた管理者タイプなのか、技術者や専門家タイプ、美的センスのある芸術家タイプなのかなど、才能や考え方の傾向がわかります。

それぞれの丘に届かなくても、線の伸びている方向でチェックしてね

A 月丘上部にのびるタイプ

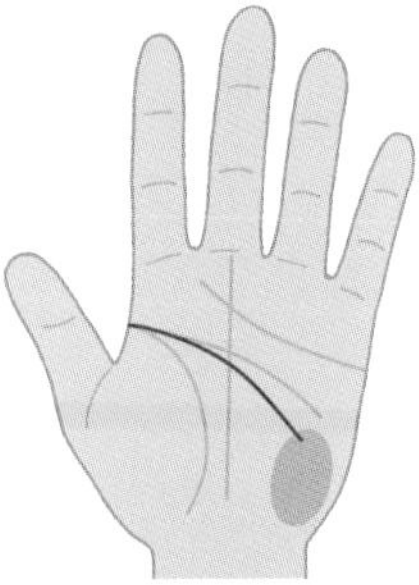

●才能・考え方の傾向：とても常識的な考え方を持ち、成功していく人。調整能力や管理能力に長け、リーダーに向く。

B 第二火星丘にのびるタイプ

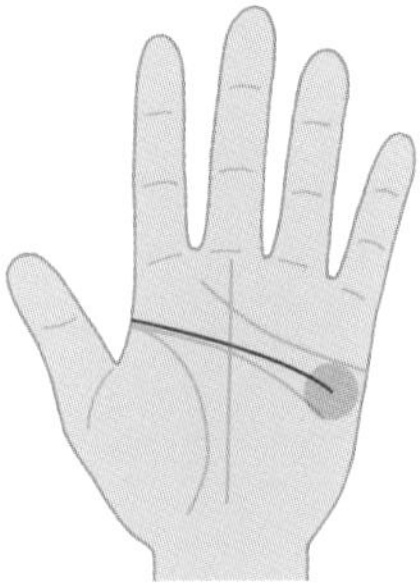

●才能・考え方の傾向：現実主義者でリアリスト。実務能力に優れ、論理的な思考傾向にあるので弁護士、医者、営業など実務に向く。

C 下部（手首近く）にのびるタイプ

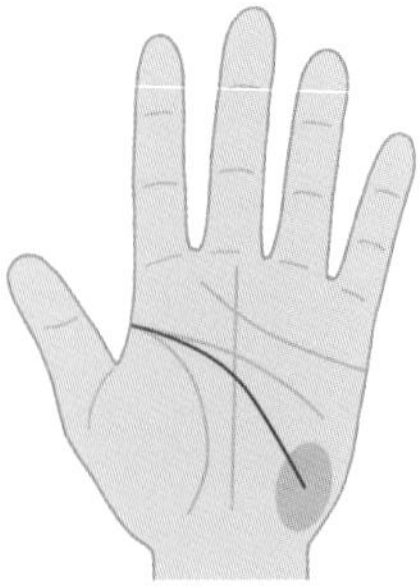

●才能・考え方の傾向：非常にロマンティックな理想主義者。美的センス、想像力、独創性に恵まれ、デザイナー、芸術家などに向く。

③ 感情線の終点をチェック（感情や愛情の傾向）

最後に、感情線の終わり＝終点をチェックします。感情線の終点は、人差し指と中指の間、人差し指のつけ根あたりの中指寄りにのびています。情熱的なのか、クールなのかなど、その人が本来持っている感情や愛情の傾向がわかります。

a 人差し指と中指の間にのびているタイプ

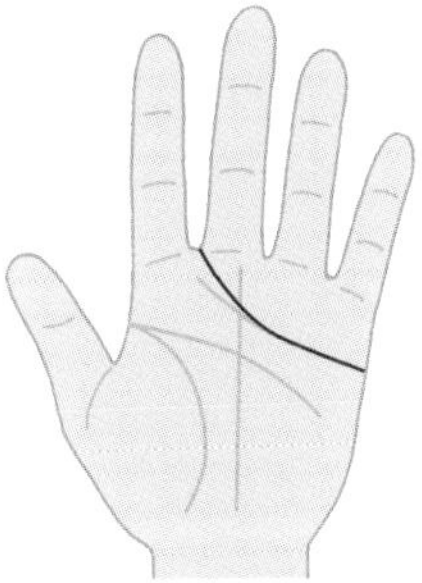

●感情・愛情の傾向は：愛情深く、思いやりもあるあたたかい人。女性なら良妻賢母、男性なら良き家庭人。

b 人差し指のつけ根あたりの中指寄りにのびているタイプ

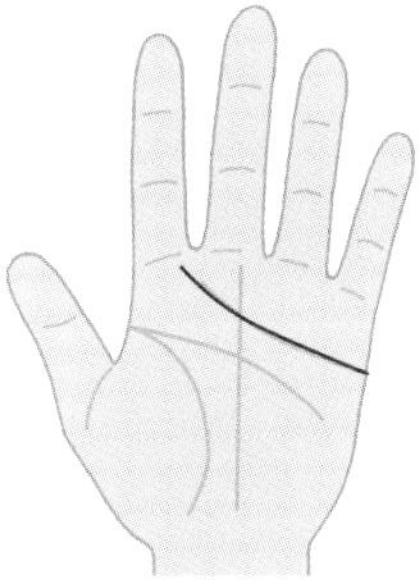

●感情・愛情の傾向は：献身的な愛情を持ち、尽くす人。愛情・感情表現は、線の長さによって豊かかシャイかにわかれる。

c 人差し指のつけ根の木星丘を突ききって手のひらの端へのびるタイプ

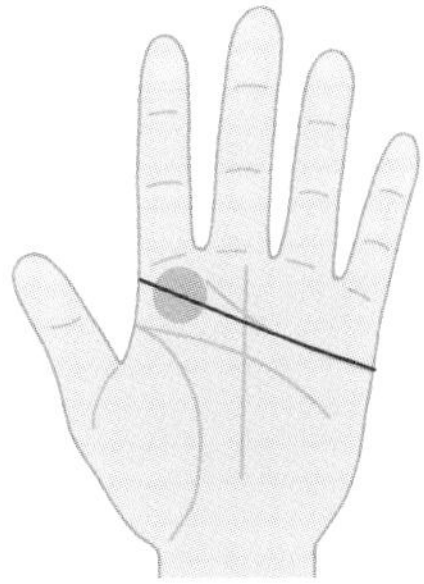

●感情・愛情の傾向は：愛情深いが独占欲の強い人。愛情・感情表現は、線の長さによって行動か、言葉で表現できるかにわかれる。

それぞれの丘に届かなくても、終点の方向でチェック。短い人ほど、感情表現や愛情表現をひと工夫。

パーソナリティタイプ

① I + A + a

人に安心感を与える、愛情深い常識的なタイプ

広〜い心の持ち主だけど、気持ちを伝えるのがやや苦手

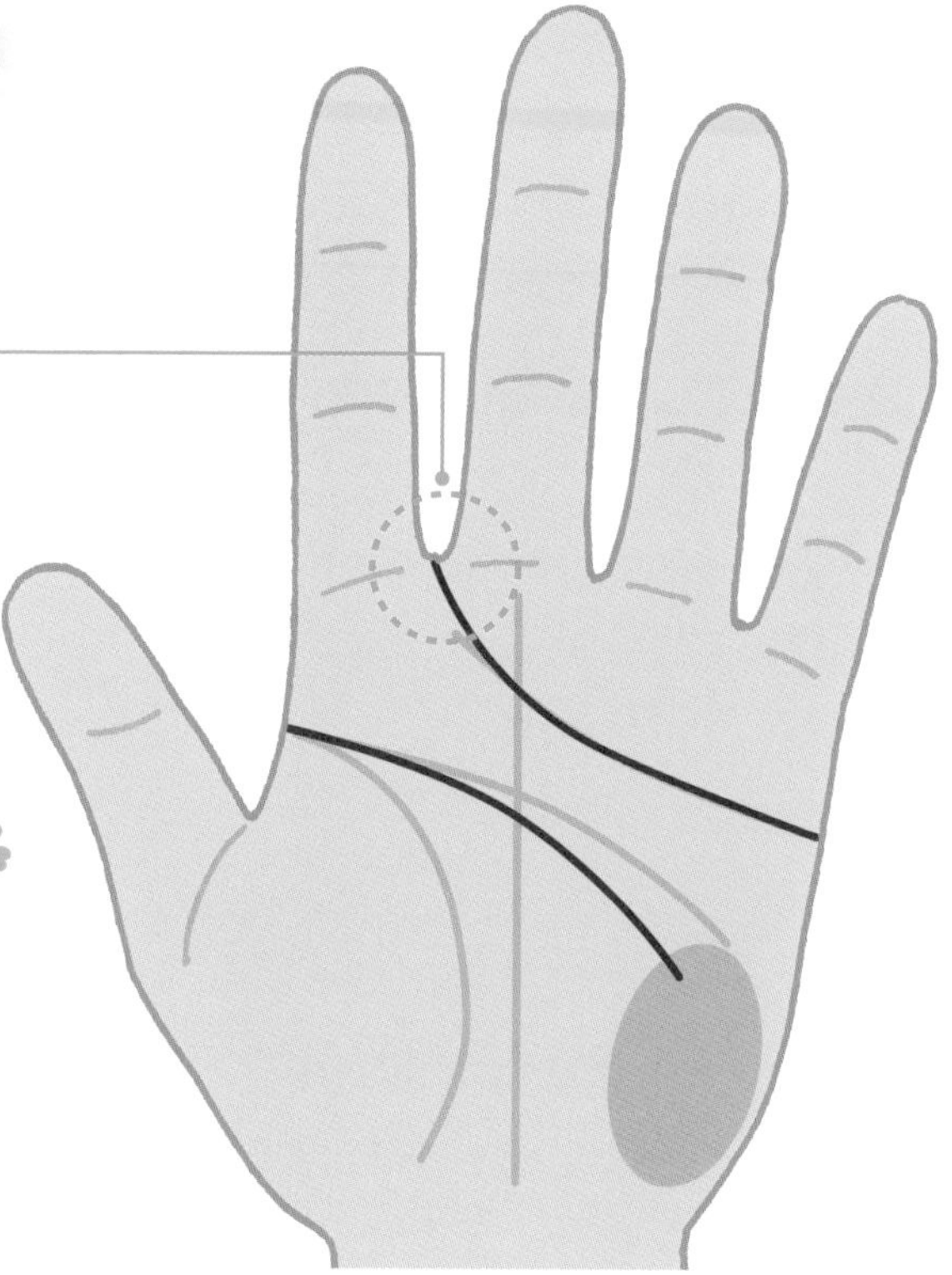

ここチェック！

感情線が人差し指と中指の間に届かない場合

相手を包み込むような心の広さを持っています。ただ、少々愛情表現が消極的。気持ちを伝える努力が必要かもしれません。

運気UPのアドバイス

初対面の印象で好き嫌いを決めてしまわず、本来の愛情深さとバランスの良い判断力で相手を見てあげられるよう努力をしてみることをすすめてあげて。

✣本質的な性格

プラス思考でバランス感覚に優れた、とても常識的な人です。年齢や男女を問わず信頼され、人に安心感を与えます。また、行動を起こす前に慎重に考え、全体を把握・判断します。ただ、少々妥協的で優柔不断な面もあります。

✣才能・能力

忍耐力、調整力を持ち、バランスよく全体を把握できる能力の持ち主です。夢や理想を追いながらも利益を上げられます。管理職になれば、能力を発揮するタイプです。技術者にも向いています。

✣感情・愛情のタイプ

愛情深く、尽くすタイプ。女性なら典型的な良妻賢母タイプです。独身なら両親や家族などをとても大切にします。ただ、潔癖な面があり、好き嫌いが激しく、嫌いな人はとことん嫌いになる少しわがままな面もあります。

パーソナリティタイプ

②Ⅰ＋A＋b

忍耐力、調整能力のある堅実的なリーダータイプ

献身的な愛情を持つリーダー的存在、優柔不断なのがたまにキズ

ここチェック！

感情線がこの線より短い場合

冷静さ、客観性があり、自分を捨ててまで相手には尽くさないけれど、おだやかな愛情の持ち主です。

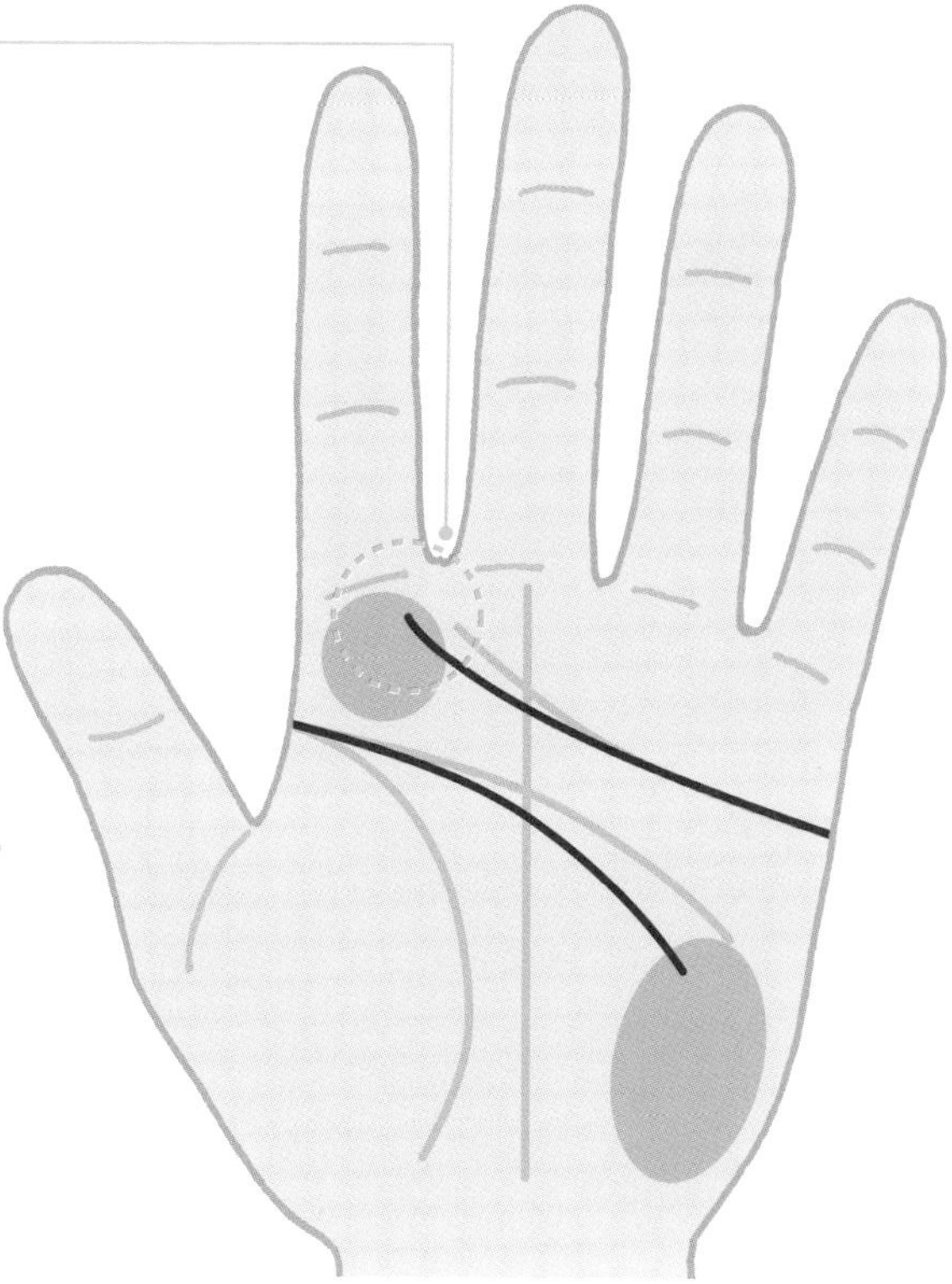

運気UPのアドバイス

もともとおだやかな人なので、人間関係では相手の気持ちを察する心の余裕を持つようアドバイスを。恋人の気持ちを考えると恋も長続きしてハッピー。

❖本質的な性格

柔軟に物事を考え、細部への気配りもあって夢や理想を追いながらも現実を見据えて生活する人。一度決めたら、やり通す強さと忍耐力を持っています。ただ、少々柔らかい思考が行きすぎて優柔不断な面も。

❖才能・能力

理想を掲げながらも現実を見すえる能力を持つので、公私ともに年齢・性別を問わず人から信頼されます。忍耐力や調整能力もあり、人の上に立って能力を発揮し、利益を上げることができます。

❖感情・愛情のタイプ

好きになったら、とことん尽くす献身的な愛情の持ち主。もともと優しい性格なので、尽くしたことに感謝してくれる人を選ぶとベストかも。ただ、献身的な愛情に自己陶酔する面もあり、「裏切られた！」と感じたら愛情が憎悪に変わる怖い面もあります。

パーソナリティタイプ

③ I + A + c

夢に生きながら、現実を見据えられる頼りがいのあるタイプ

才能と能力に恵まれた人。ただ、負けん気が強すぎてのトラブルに注意

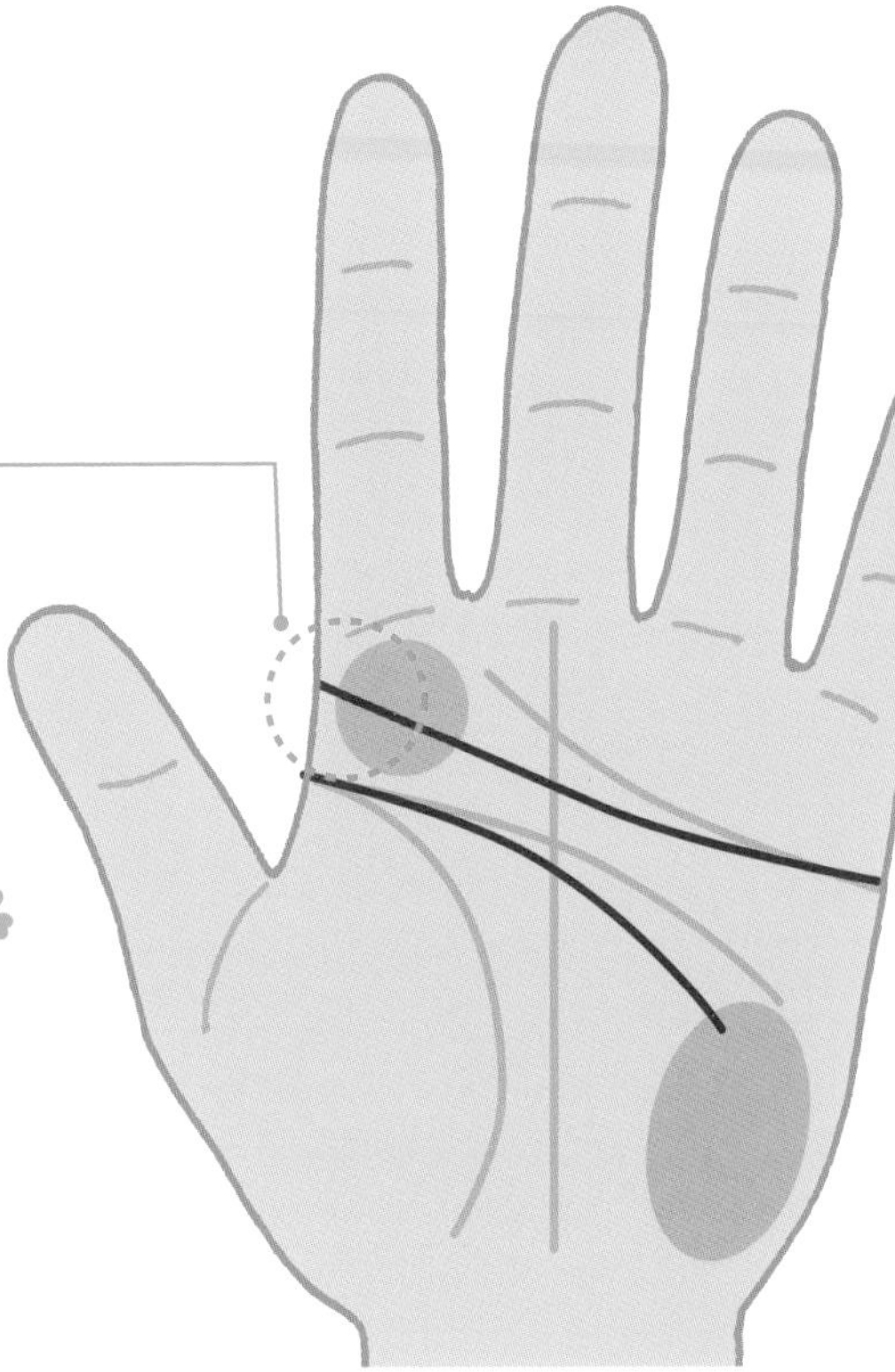

ここチェック！

感情線が手のひらの端の手前でとまる場合

一途に物ごとや人を思える人。手のひらまで行く場合は「度を超す一途さ」が問題に。

運気UPのアドバイス

一途すぎて、仕事でも恋愛でも相手を思いやることを忘れないように。「やり過ぎ～！」と自覚したら、それ以外のことに興味を持って、気をそらせるようアドバイスを。

✣本質的な性格

行動を起こす前に考える慎重派。攻めと守りのバランス感覚のよい現実主義者といえるでしょう。とても情熱的で頼りがいのある人ですが、情熱が固執に変わらないように注意が必要です。

✣才能・能力

「ロマン」と「想像」、「忍耐」と「改革」といったパワーを持っていて、夢や理想を持ちながらも足元を見据えたバランスのよい生き方ができる人です。男女を問わず信頼され、人に安心感を与えるので管理職などのリーダーに向くタイプ。

✣感情・愛情のタイプ

感情線が木星丘を突き抜けて手のひらの端までのびているので、負けん気や独占欲が強い面もあり、自分が一番でないと気がすまないタイプ。嫉妬深さがトラブルの原因にもなるかも。愛情面でも愛した分の見返りを考えすぎないように注意。

パーソナリティタイプ

④ I＋B＋a

優れた頭脳を持つ、愛情あふれる家庭人タイプ

男女とも理想的な家庭人に。潔癖症、理屈っぽくならないよう注意

ここチェック！

人差し指と中指の間に届かない場合

愛情表現は控えめながら、相手を包み込むような広い心を持つ心やすらぐ人です。

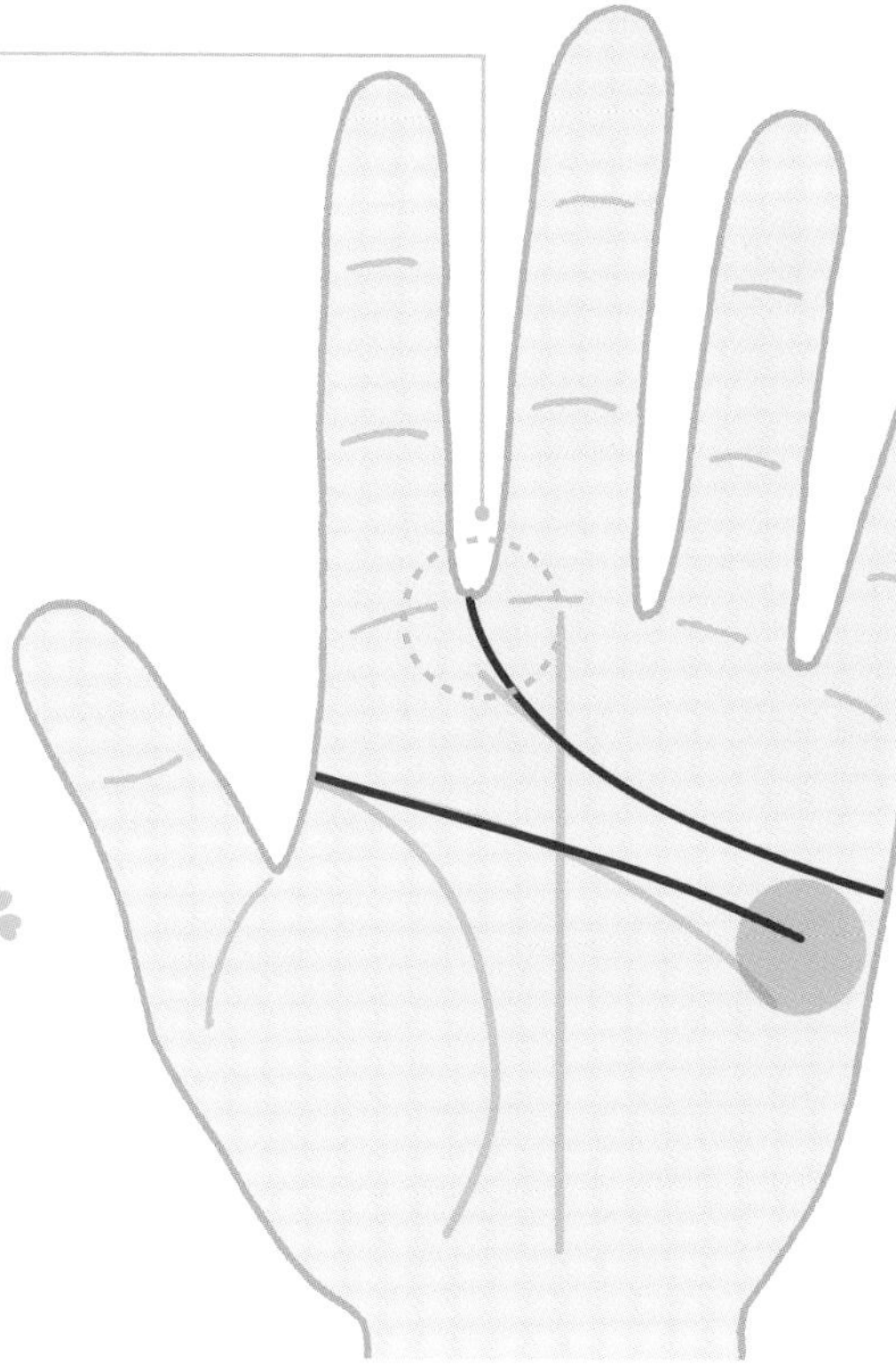

運気UPのアドバイス

愛情表現は上手ですが、やや理屈っぽい表現が多いのが難。ロマンチックな部分を少し取り入れることも大切。家庭や身内を大切にするので、仕事人間との恋愛は不向きかも。

❖本質的な性格

知的でなにごとも理論的に考え、積極的で行動力もあります。さっぱりとした性格で、愛情いっぱいのあたたかな人です。ただ、夢よりも現実を重視する面があり、物ごとを割り切って考える傾向もあります。

❖才能・能力

与えられた仕事は、テキパキと着実にこなします。優れた論理的思考と冷静さを持っていて、頭脳明晰。高度な知識や技術が要求される医者や弁護士などの専門的で、実務的な能力を要する現場で活躍します。

❖感情・愛情のタイプ

身内にとても優しく、言葉でも行動でも愛情を上手に表現する人。女性は、明るくあたたかな家庭をつくる良妻賢母タイプ。男性もよき家庭人になります。運命線が濃く長ければ、男女とも家庭と仕事の両立ができる人です。ただ、潔癖症の部分があり、人の好き嫌いが激しいかも。

パーソナリティタイプ

⑤ I＋B＋b

上昇志向で理想を追い求める、努力家タイプ

バランスよく理想と現実を考えられるようになれば、対人関係もUP

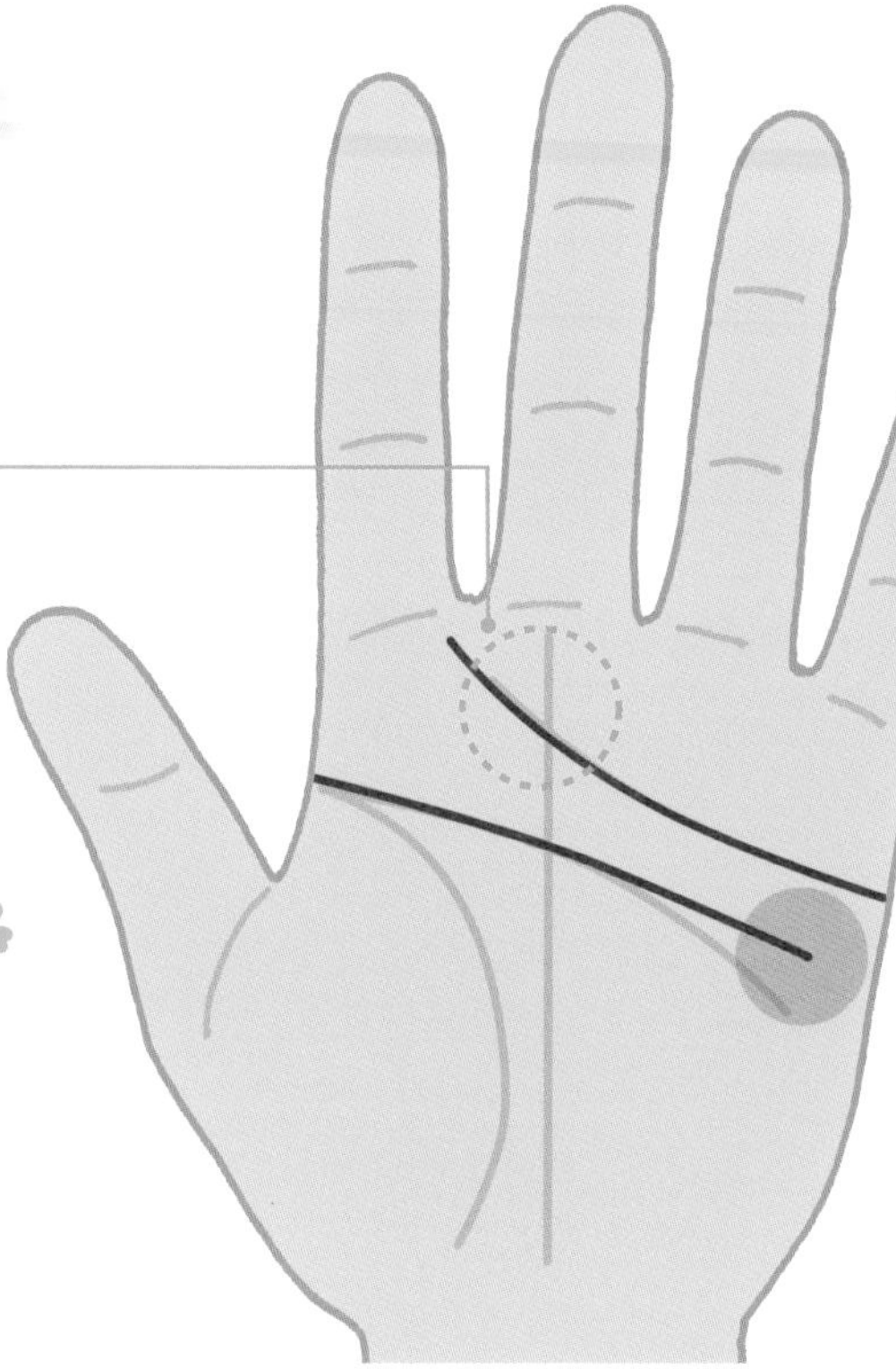

ここチェック！

感情線が薄い場合

本質的な性格は変わりませんが、寛容な心を持っています。恋愛でも、相手と一緒に自分を高めていくことができる人です。

運気UPのアドバイス

理想と現実を見極めて、バランスよく考えることをアドバイスしてあげましょう。人に対しては「ほどほど」という言葉を心がけると対人関係が上手くいくはず。

本質的な性格

向上心があり、理想に近づくために自分磨きを怠らない努力家タイプ。感性よりも理論を重視し、合理的に物ごとをすすめていきます。ただ、知能線の起点が生命線と同じなので、ふだんは常識的で慎重に行動するのに、時折大胆な行動力を発揮することがあります。女性はクールな印象を与えるかも。

才能・能力

明晰な頭脳の持ち主で、理論的で説得力に優れ、数字に強く、判断力、計画性や実務能力に長けています。経理や総務、技術者といった専門職や高い向上心を生かして起業家や教職なども適職といえます。

感情・愛情のタイプ

理想を掲げ、努力を惜しまない分、自分の意に介するように相手を強引に説き伏せるようなところもあります。恋愛でも妥協せず、理想の相手を求めて婚期が遅れることも。

パーソナリティタイプ

⑥ I＋B＋c

冷静沈着で、的確に状況を判断できる仕事人間タイプ

一途さをコントロールすることで、仕事もプライベートも楽しいものに

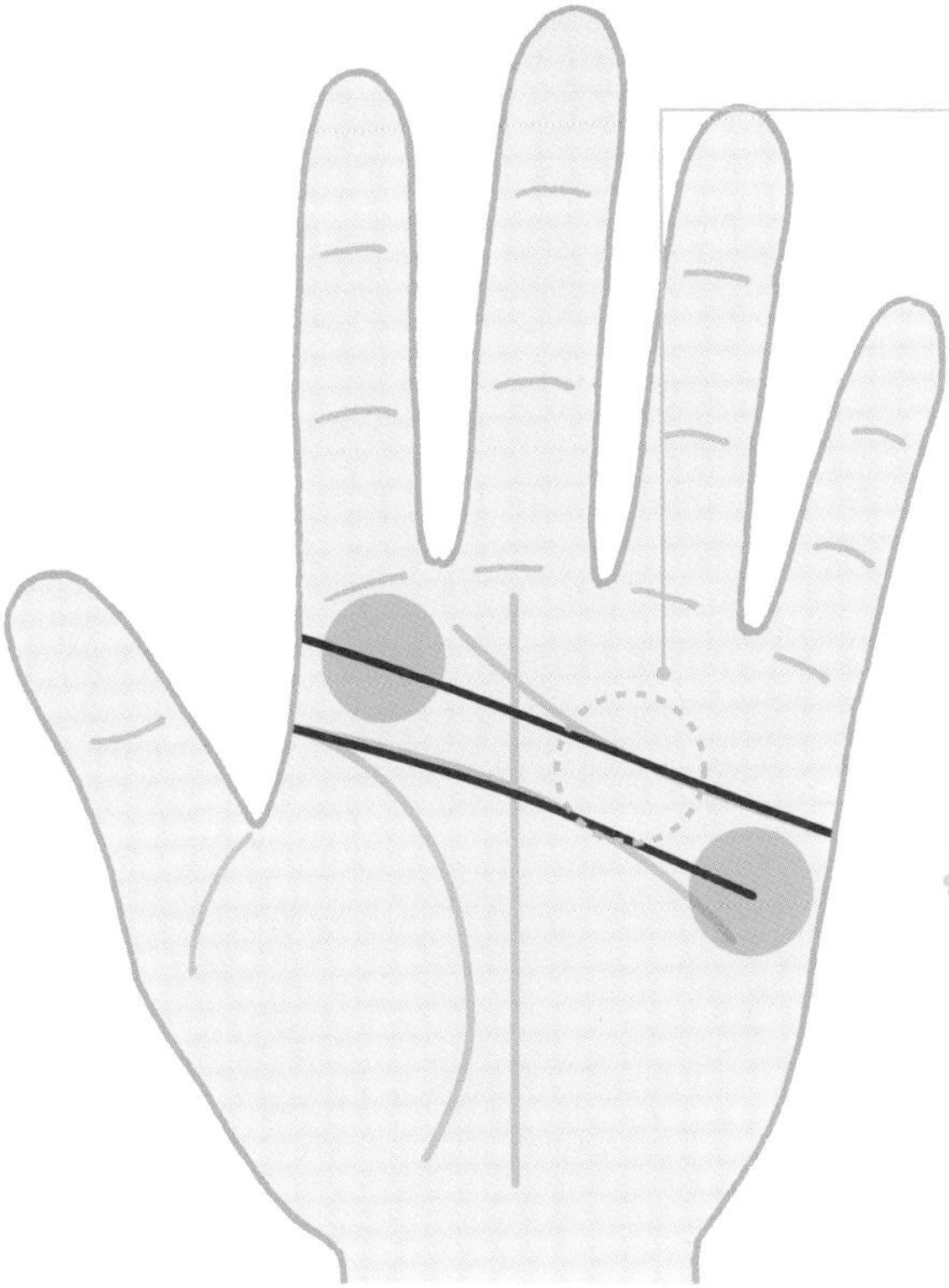

ここチェック！

感情線が濃い場合

濃いほど、独占欲、支配欲、嫉妬心が大きくなります。線の薄い人や短い人は、人知れず抱いてストレスがたまるタイプ。

運気UPのアドバイス

一途さは、裏返せば強い情愛の証し。部下や同僚、恋人から信頼されていることを認識することをアドバイス。気心の知れた友人とのおしゃべりで、ガス抜きするのもおすすめです。

✣本質的な性格

現実主義で冷静沈着、情に流されることなく的確な判断ができる人です。自分の意志を貫く強さは天下一品で、結果を出すことを重視します。けれど、独占欲が強く嫉妬深い傾向も。

✣才能・能力

第一線でバリバリと働く、仕事人間タイプです。合理的で実務主義なので創造性のある仕事ではなく、綿密な計算によって結果の得られる仕事で才能や能力が開花、成功するでしょう。

✣感情・愛情のタイプ

一途に考え、計画的にすすめていくのが得意なのですが、その一途さが執着心に変わってしまうことも。仕事の面においても注目を集める、あるいは一番になることに固執します。恋愛も然り。最終的に嫉妬心に変わって失恋やトラブルに発展するかも。

パーソナリティタイプ

⑦ I＋C＋a

想像力豊かで、人に信頼される愛情豊かなタイプ

クリエイティブな才能を発揮するために自分の世界を大切にする人

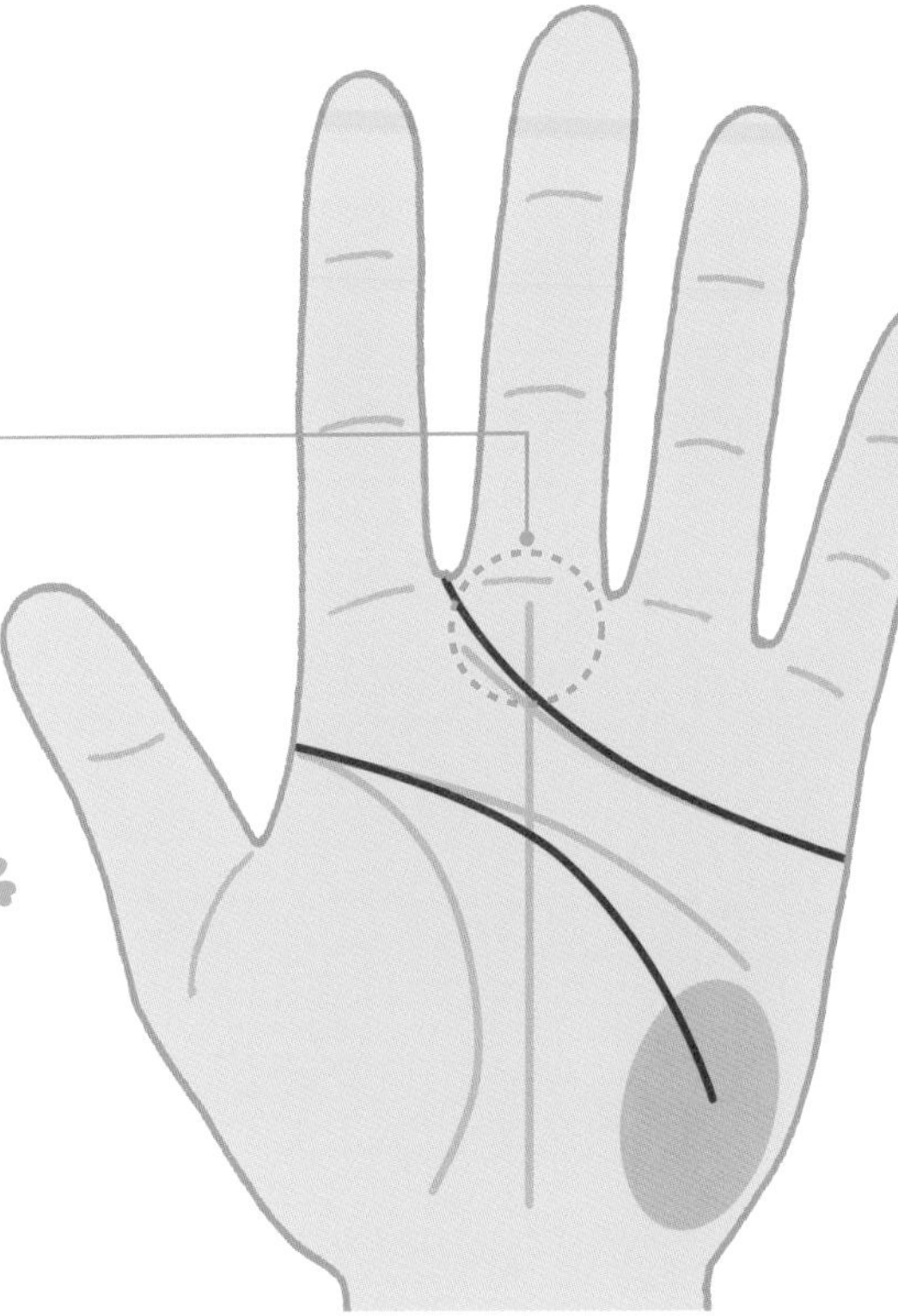

ここチェック！

感情線が直線的な場合

感受性が強く、直感的に相手の心を察する優しい人。芸術的な表現の仕事で才能を発揮します。

運気UPのアドバイス

才能を提供した分の報酬はしっかりと受け取るといった、ある程度の金銭欲や物欲は大切。理想を追って現実離れしないようにアドバイスを。

❖本質的な性格

人に優しく接することのできる愛情豊かな性格。感受性も豊かでデリケートな人です。想像力豊かなロマンチストで、カンが鋭く神秘的な雰囲気のある人。ただ、ナイーブでささいなことを気にしすぎる傾向も。

❖才能・能力

美的センスに恵まれ、想像力、表現力、独創性を兼ねそなえた夢に生きるクリエイティブなタイプ。音楽家やファッション関係、文学的な仕事などが向いています。鋭い感性の持ち主なので、相手の本性を直感で見抜くこともあります。

❖感情・愛情のタイプ

相手を大きな心で包み込む、懐の深い愛情を持つ人です。愛情表現もとても上手で、一緒にいると心がなごみます。利益のための争いごとは嫌いですが、潔癖症な部分があって好き嫌いがはっきりしています。

パーソナリティタイプ

⑧ I + C + b

精神面を大切にしながら、理想や信念を貫く指導者タイプ

理想だけでなく、欲を少しプラスするとさらに運気アップ

ここチェック！

感情線が人差し指の真ん中にのびる場合

理想に近づくために自分を磨く努力家。「理想が高い人」とみられがちです。人にも自分と同じ努力を強いる傾向があり、寛容を身につけることが大切。

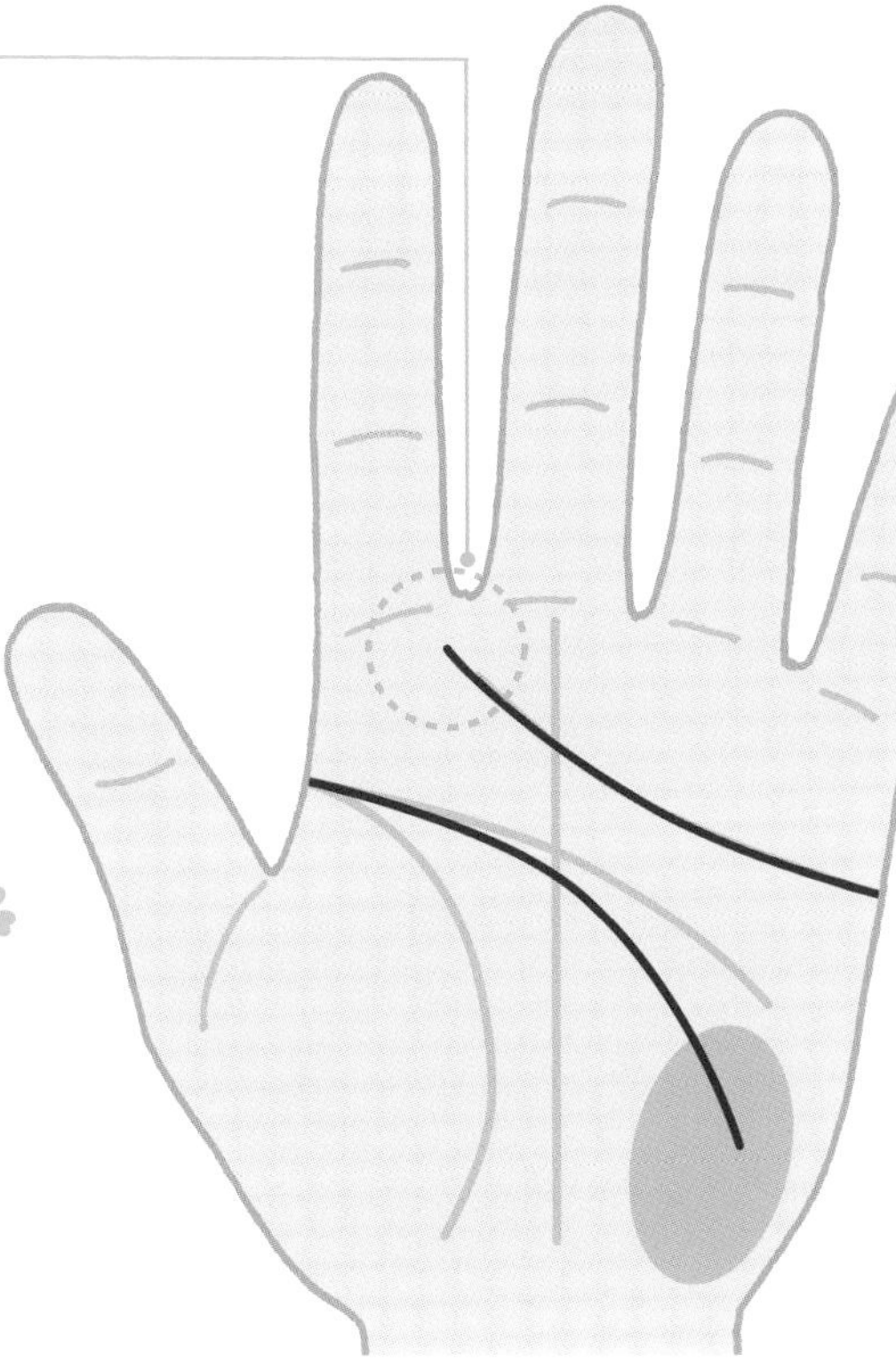

運気UPのアドバイス

金銭感覚を磨くとさらに信頼が増し、仕事運がアップするはず。現実的な思考を取り入れる努力を。

本質的な性格

お金や物にあまり興味がなく、どちらかといえば理想に生きるタイプ。まじめで感情を上手にコントロールでき、冷静な判断をくだせるのでリーダーに向く人です。ただ、理想を貫こうとするあまり、筋の通らないことは受け入れないガンコな面もあります。

才能・能力

豊かな感受性と美的センスを生かしたクリエイティブな仕事や、献身的に社会に貢献したいという思いも強いので社会活動や政治関係、宗教関係の仕事も向きます。どちらの方向でも、理想や信念に基づいて一心に取り組むことで成功します。

感情・愛情のタイプ

これと決めたら追求し続けるため、少し現実離れした面もあります。愛情の面では、非常に愛情深いロマンチスト。一途に愛することでイキイキと輝くタイプです。

パーソナリティタイプ

⑨ I + C + c

理想に向かって邁進する、猪突猛進タイプ

理想に向かってまっしぐら。人と足並みを揃えられれば、さらに開運

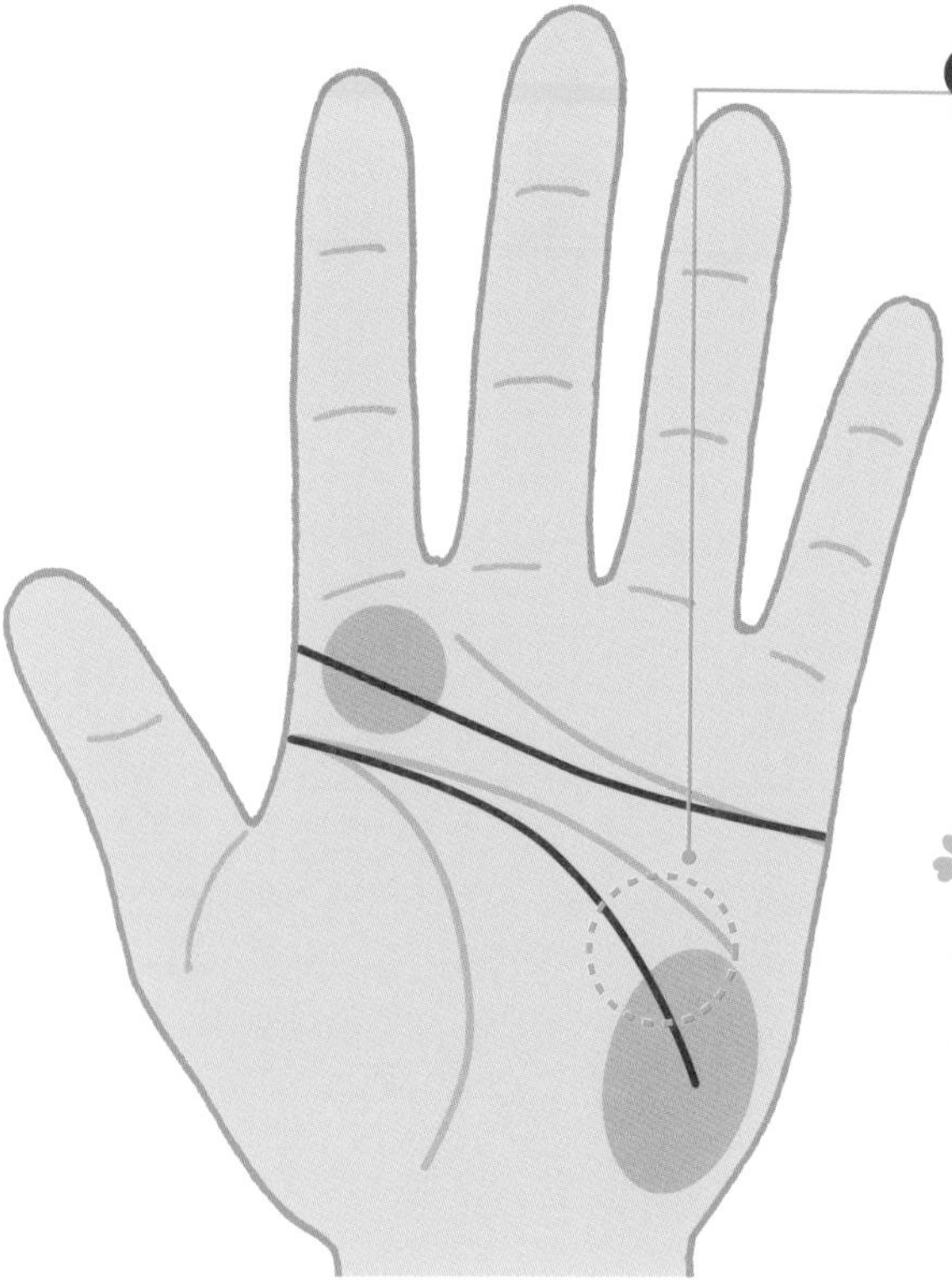

ここチェック!

知能線が長い場合

感情線が手のひらの端まである場合、本来は独占欲、執着心、支配欲などが強いのですが、知能線が長いと感情に走らずトラブルを回避できます。

運気UPのアドバイス

潔癖症のところがあり、いい加減なことは許せない部分があります。頑張りすぎないことも大切。陽気な友人と過ごすようアドバイスを。

✣本質的な性格

常識的できちんとした判断ができ、情熱的ですが自分の感情を抑制することができる人です。多少理屈っぽいところもありますが、綿密な計算に基づいた慎重さと大胆さを持ち合わせています。

✣才能・能力

精神面を大切に、理想に向かって邁進するタイプ。持久力があり、粘り強く物ごとをやり遂げます。創造性や感性が豊かで、独特の雰囲気を持っており、人をひきつける魅力もあり、人から信頼されます。クリエイティブな仕事や芸能関係などで成功するタイプです。

✣感情・愛情のタイプ

「これだ!」と定めた目標がすべてになってしまう、猪突猛進タイプ。いい加減な部分は徹底的に追求してしまい、周囲に敬遠されることも。恋愛も「恋は盲目」になりがちで、相手にとって重い存在になることも。

パーソナリティタイプ

⑩ Ⅱ＋A＋a

大胆な発想と思いやりのある、行動派タイプ

信頼を持続するには、協調性と寛容さを身につけること

ここチェック！

生命線から離れている距離

2〜3㎜の場合は、積極的でなにごとにも前向きに行動していきます。10㎜以上離れている場合は、独立心が強く自信家。当たれば大きいが、失敗もするタイプ。

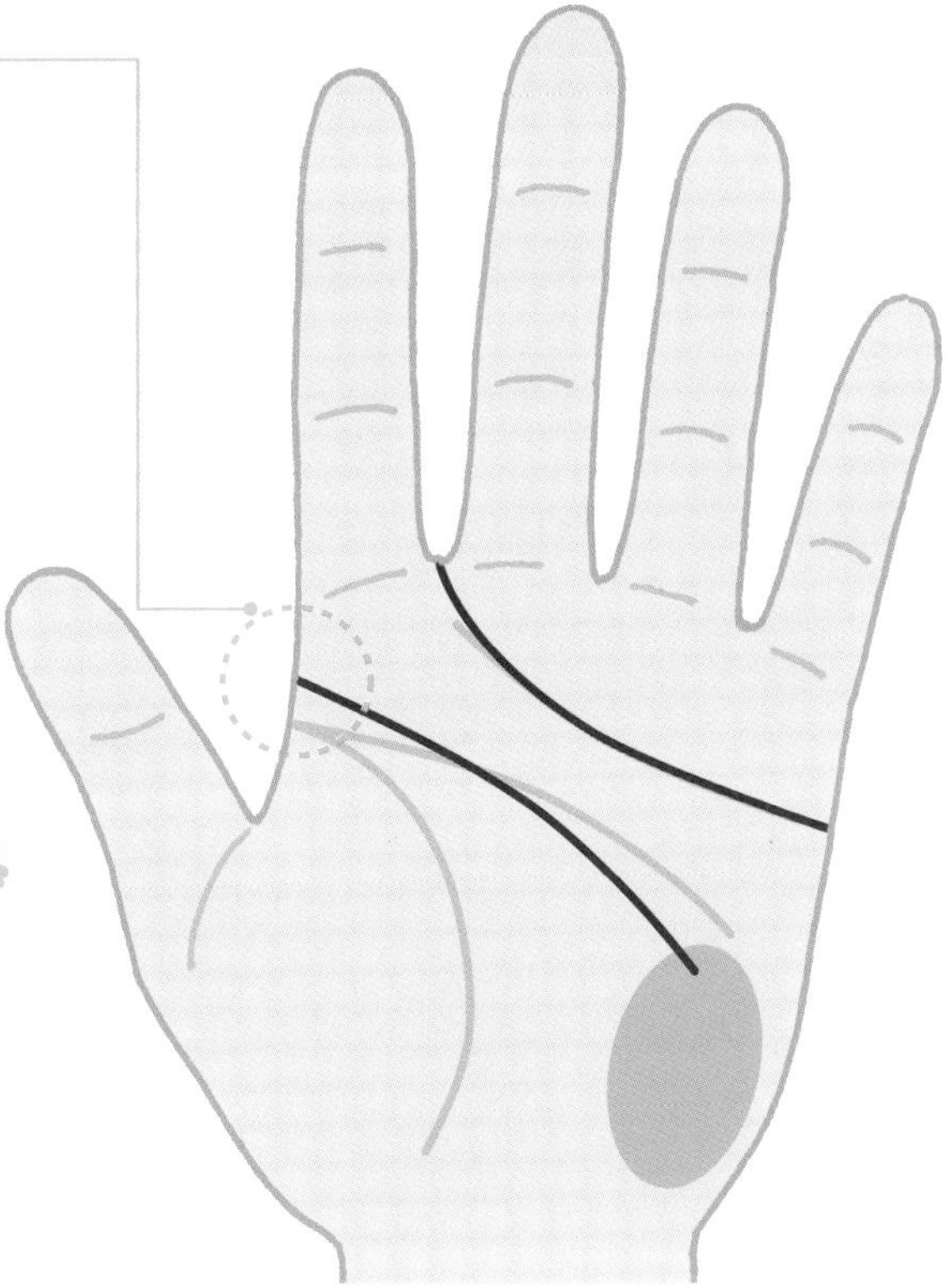

運気UPのアドバイス

一時的な感情だけで行動してしまうと、途中で投げ出してしまうことも。大切な決断は信頼できる人に相談してから。

❖本質的な性格

行動力があり、明るく朗らかなタイプ。相手を思いやり、とても親切に接することができるので人に好かれます。負けず嫌いで好き嫌いがはっきりしていて、情に流されやすい面もあります。自分の意見を曲げないガンコさもあります。また、自分にあまく人に厳しいところも。

❖才能・能力

理想と現実のバランスを上手にとれる人ですが、自信家で支配欲や権力欲も強く、人に使われるのは苦手。新しい分野の開拓や新規事業へのチャレンジが開運の鍵に。自ら行動する営業や独自の発想を活かせる企画などが向きます。

❖感情・愛情のタイプ

ひと言でいえば、情熱的。好き嫌いがはっきりしているため、一度嫌いになると口もきかないことがあります。恋愛は、相手を包み込みやすらぎを与えるタイプ。

パーソナリティタイプ

⑪ Ⅱ＋A＋b

人と競いながら成長する、ファイトマン・タイプ

ガンコさと強引さを押さえて、協調性を身につけて

ここチェック！

感情線が直線的な場合

自信家で独立心が旺盛な人。周囲に認められることによって、どんどん才能をのばすタイプです。女性は、恋愛よりも仕事を優先しそう。

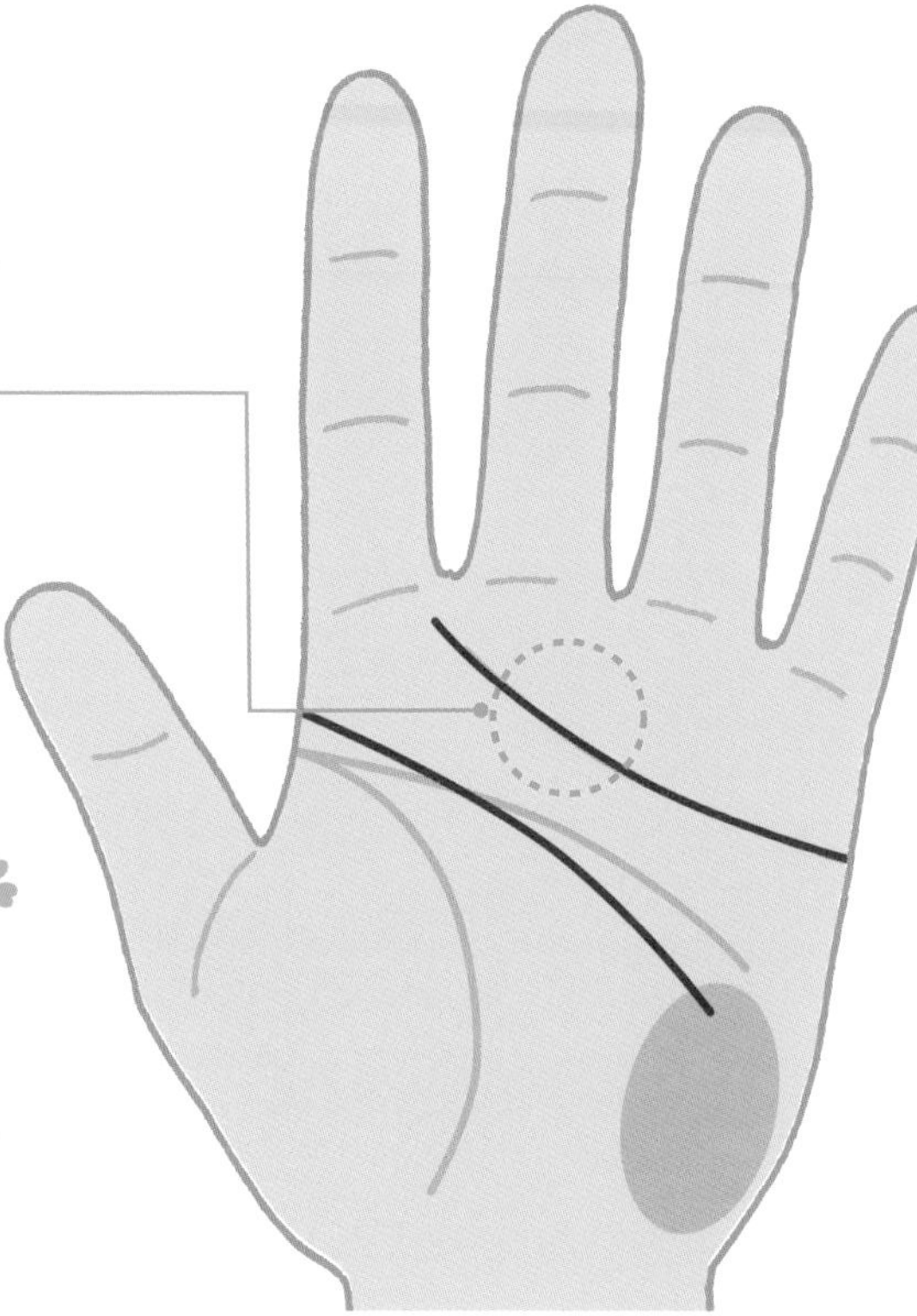

運気UPのアドバイス

感情表現があまり上手ではないので、無意識に相手を傷つけることも。コミュニケーションをはかったり、相手を思いやる思慮深さを身につけることで人間関係も円滑に。

本質的な性格

冷静沈着に判断力、順応性のあるタイプ。チャレンジ精神や好奇心をいだき、目標や希望を持って努力を惜しみません。かなり大胆な行動で周囲を驚かせることも。女性は、結婚後も社会で活躍する人が多いようです。

才能・能力

意志の強さと行動力が備わっています。競いながら自分を高めていくことを好み、そのため社内の派閥争いなどに巻き込まれても勝ち上がっていくタフさがあります。攻めが得意な頼りになるタイプです。

感情・愛情のタイプ

感情や愛情を表現することは、あまり得意ではありません。ガンコなまでに強固な意志がトラブルの原因になることもあります。けれど、本来愛情深い人で、意外なまでにロマンチックな面を持っています。尽くしてくれる人を無意識に求める傾向があります。

パーソナリティタイプ

⑫Ⅱ＋A＋c

自分の力で人生を切り開く、独立心旺盛なタイプ

優秀なリーダーの素質があるけれど、思いやりに欠けるのが難点

ここチェック！

手のひらの端に届かない場合
独占欲や支配欲はあるけれど、言葉や行動にまでは移しません。

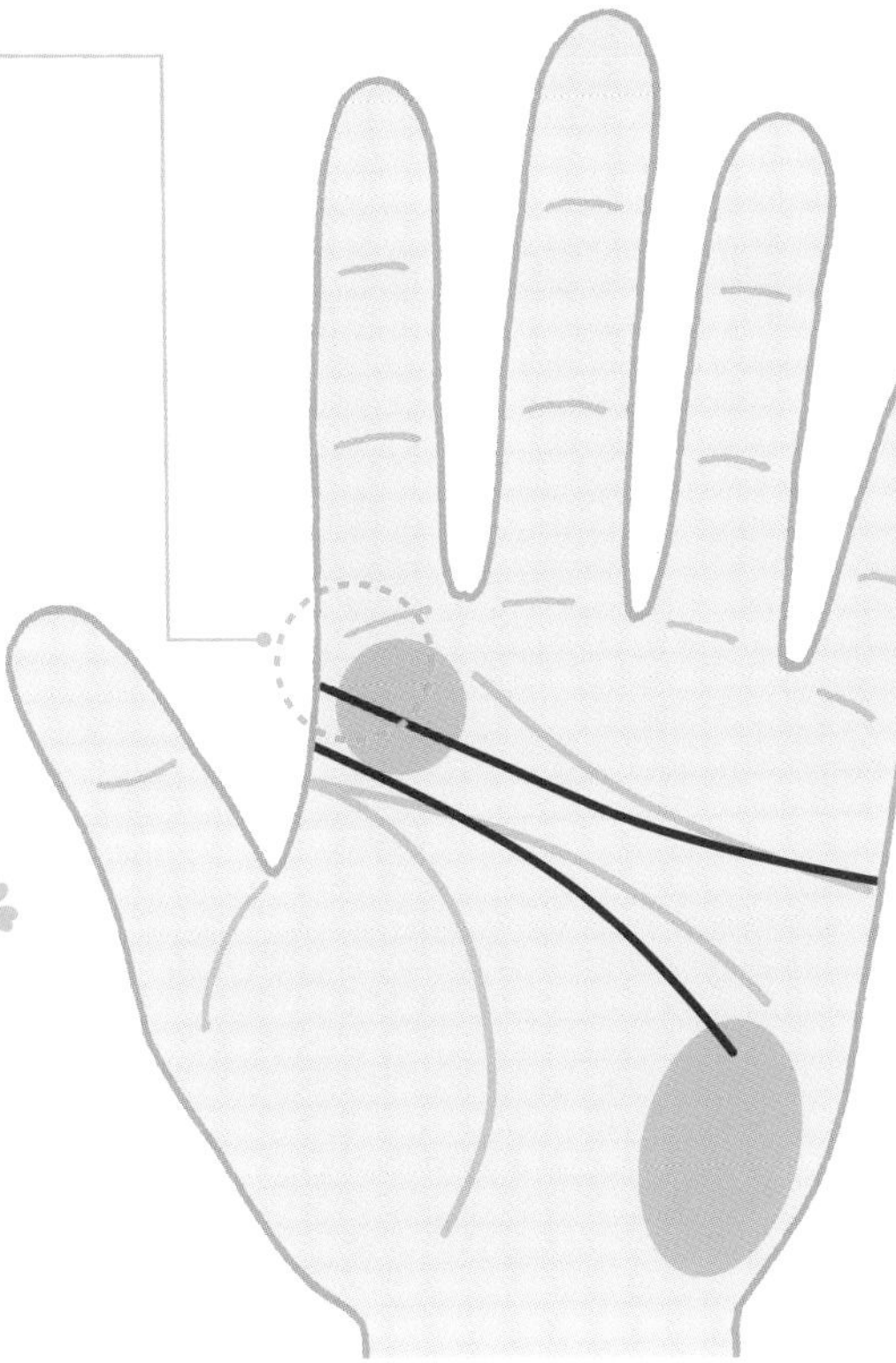

運気UPのアドバイス

「自分が！」と我を出す前に、相手に対して思いやりを持つ努力をするようアドバイスを。また、恋人や仕事仲間を信頼することが開運の鍵。

❖本質的な性格

自分の思い通りに物ごとを動かすことに固執する自信家。自分の力で人生を切り開く、独立心旺盛な人です。ただ、あまりにも自己の考え方にとらわれすぎるため、周囲が敬遠してしまうことも。

❖才能・能力

自分で計画を立て実行する仕事に向いています。調整能力や統率力、理解力、商才があるので優秀なリーダーになれる素質がありますが、計算高くワンマンで少し強引な面もあるため人に使われるのは苦手。実業家、起業家、感性が豊かな場合は芸術家などに向いています。

❖感情・愛情のタイプ

愛情深い反面、非常に独占欲の強い人です。恋愛相手のすべてを支配、独占したいと思う度を超した愛情の持ち主。思いが募りすぎると行動力があるだけにストーカーぽい行動に出ることも。

パーソナリティタイプ

⑬ Ⅱ＋B＋a

パワフルに動きまわる、積極的で社交的なタイプ

社会の動きや流行に敏感で変化を好む人。人間関係が運気アップの鍵

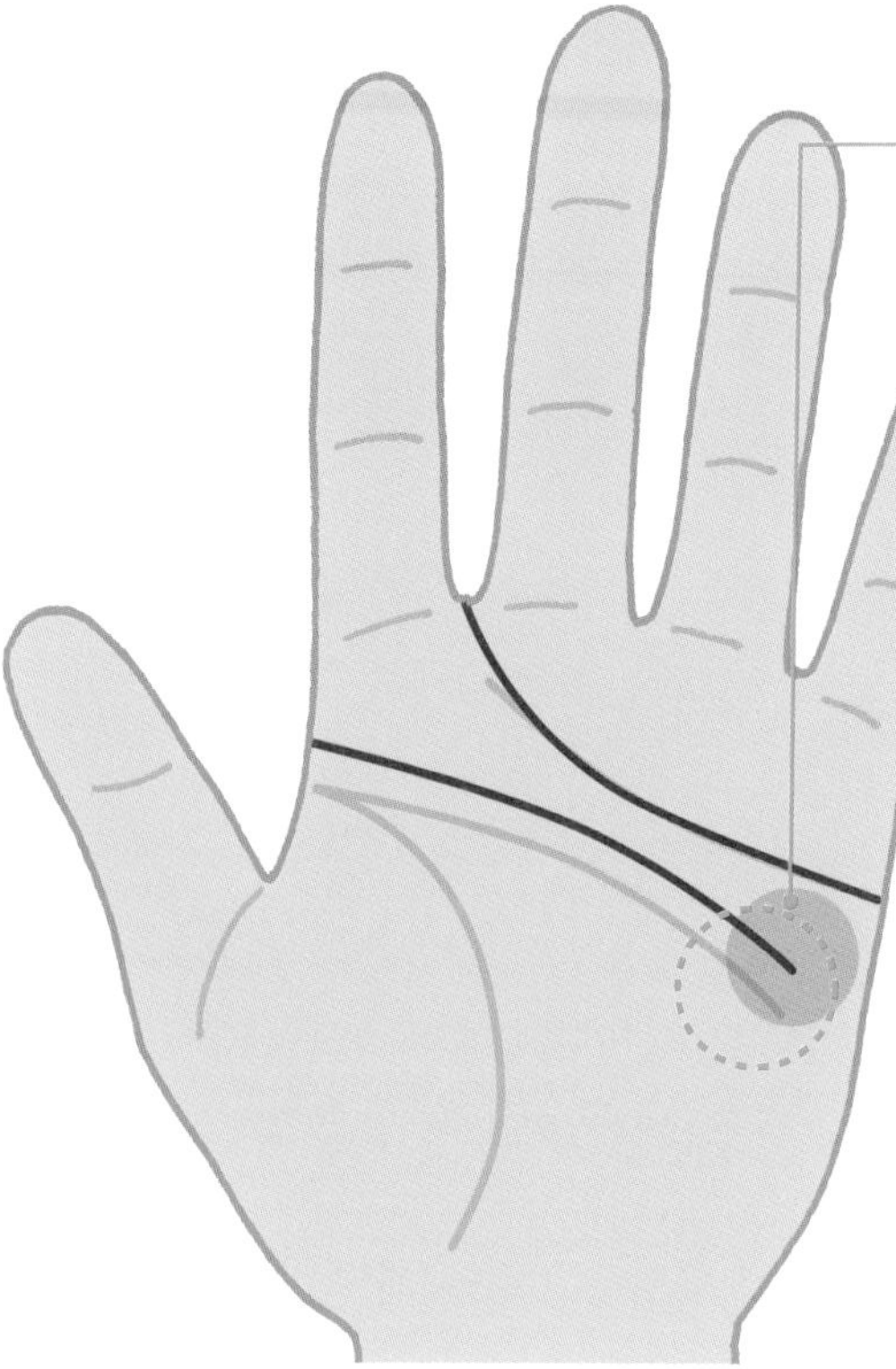

ここチェック！

感情線が直線的な場合

サバサバした性格で行動派。正義感が強く、現実的な考え方の持ち主で問題が起きても平然と冷静に対処できる人です。

運気UPのアドバイス

独断的な決断をしたり、繊細さに欠ける面があります。合理的にすすめるだけでなく、人間関係を重視することも必要なことです。

本質的な性格

積極的で社交的な性格の持ち主です。理解力や決断力もあり、パワフルに動きまわるタイプ。社会の動きや流行にも敏感です。変化を好むため、集中してひとつのことを継続していくのは不得手。反面、リアリストな部分もあり、理論的に物ごとを考えます。そのため、少々利害的な面を重んじる場合もあります。

才能・能力

実務能力に長け、有能な人といえます。人と上手にコミュニケーションをとりながら、必要な物ごとを展開させるのが得意です。金銭感覚に優れ、商才もあります。変化を好むので営業やサービス業に向き、独立開業も夢ではありません。

感情・愛情のタイプ

愛情豊かで世話好きで周囲の人によく尽くすタイプ。男女とも恋愛には積極的です。プライベートも大事にする人を選ぶとよいでしょう。

パーソナリティタイプ

⑭ Ⅱ＋B＋b

責任感と行動力を持つ、頼りがいのある人気者タイプ

理論的思考と冷静さ、愛情深さを生かして活躍する人

ここチェック!

感情線が直線的な場合
表現がストレート。責任感が強く、ものおじせずに大胆な行動力を発揮する人です。

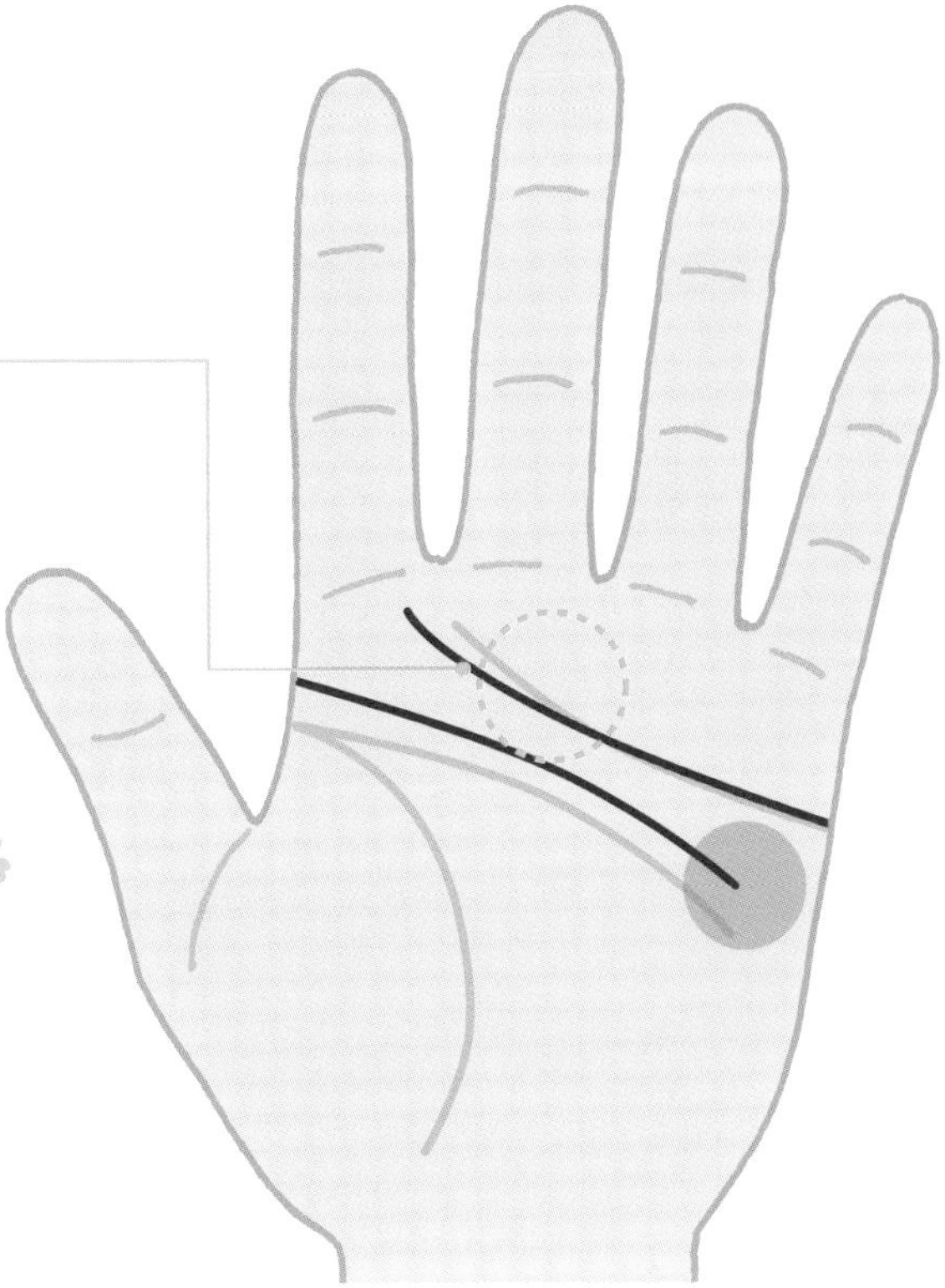

運気UPのアドバイス

気に入ってしまうと愛情も行動も行き過ぎの傾向あり。時々立ち止まって、相手や周囲の状況をみて行動することで運気もアップ。

❖本質的な性格

男女とも責任感や行動力があり、頼りがいのあるタイプです。理想に向かって、どんなことにも前向きに挑戦するチャレンジャー。部下や後輩の面倒もよくみて慕われますが、煮え切らない態度の人は嫌う傾向があります。女性は、キャリアウーマン・タイプです。

❖才能・能力

頭脳明晰で決断力があり、計画性や実務能力もあります。利益を上げることに関してはとてもシビアな仕事をしますが、情が深く周囲からの信頼は厚いでしょう。理論的思考と冷静さ、愛情深さを生かして医者などの高度な専門職で能力を発揮します。

❖感情・愛情のタイプ

異性にはもてるのですが、恋愛にあまり関心がないタイプが多く、どちらかといえば、平等に愛情を示す博愛主義者に近いかも。気に入ればとことん尽くして愛情を注ぐ人です。

パーソナリティタイプ

⑮ Ⅱ＋B＋c

理論的で冷静なエグゼクティブ型の現実主義タイプ

少々自己中心的な面があるので、思い込みが激しくならないように

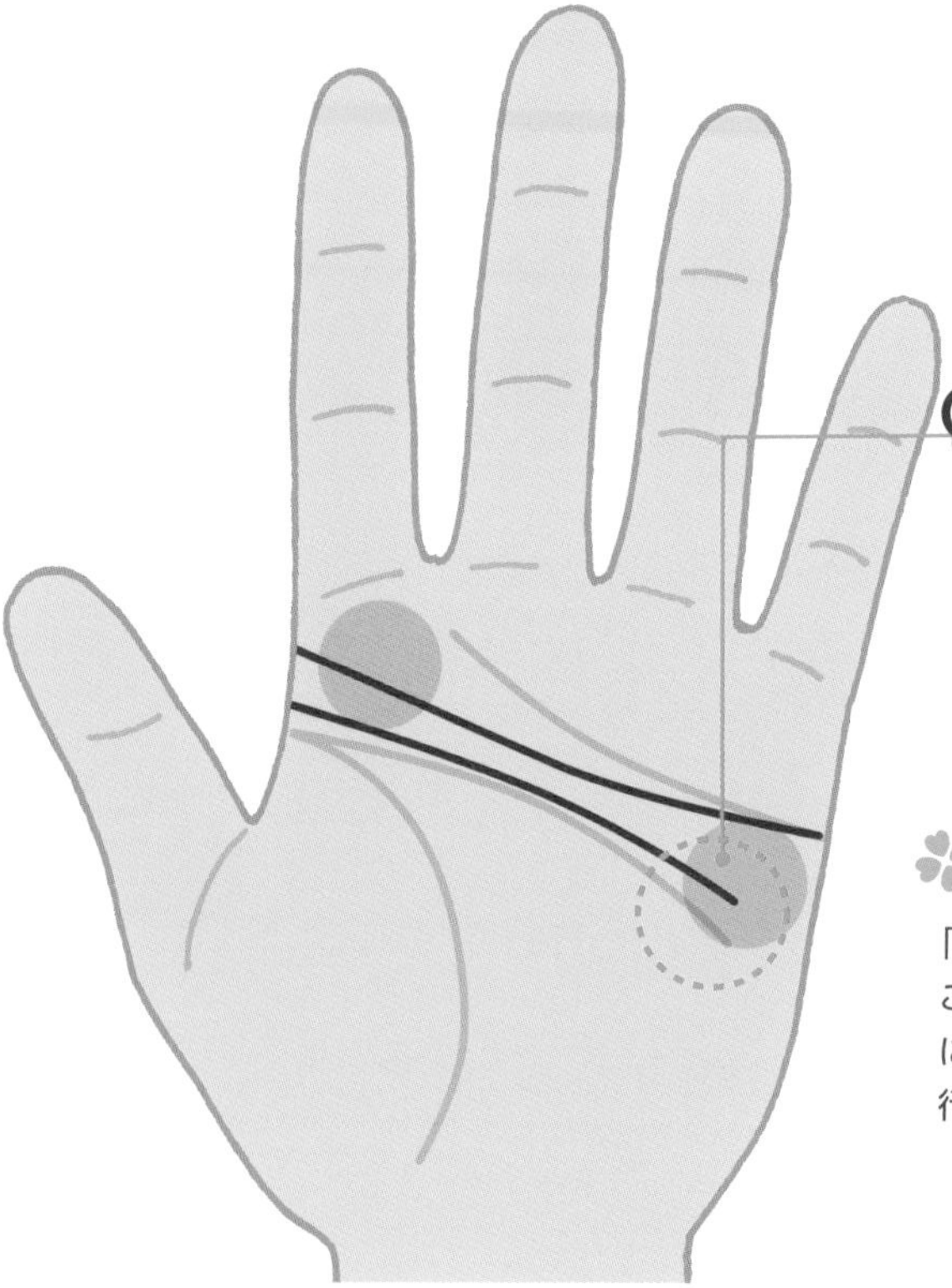

ここチェック！

知能線の長さと濃さ

強く長いほど、クールなリアリスト。線が薄い場合は、才能を発揮するのにはちょっと力不足の暗示。

運気UPのアドバイス

「自分が！」といった我を抑制することもできるはず。行動に移す前にひと呼吸置いて再考してから実行を。

❖本質的な性格

非常に理論的、合理的に物ごとを考えながら、先頭になって進めていく現実主義者です。思い込みが激しく、自分の考えを押し通そうとする面もありますが、現実的な選択ができる頭のよい人です。ただ、思い通りにならないと仕事もプライベートでも独占欲や支配欲が強くなり、非常に嫉妬深くなる傾向も。

❖才能・能力

本人の経験や知識を最大限生かし、物ごとをやり遂げます。深い知識や綿密な計算が要求される医師、弁護士、計理士などの専門職や実務に向きます。

❖感情・愛情のタイプ

とても愛情深い人です。相手が喜びそうなことを一生懸命考えて尽くすタイプです。が、自分の考えに固執してしまうあまり相手の気持ちを無視した行動になることもしばしば…。

パーソナリティタイプ

⑯ Ⅱ＋C＋a

夢や刺激を求めて生きる、ロマンチックなタイプ

大胆で個性的な才能のある人。少し気分屋でわがままなところも

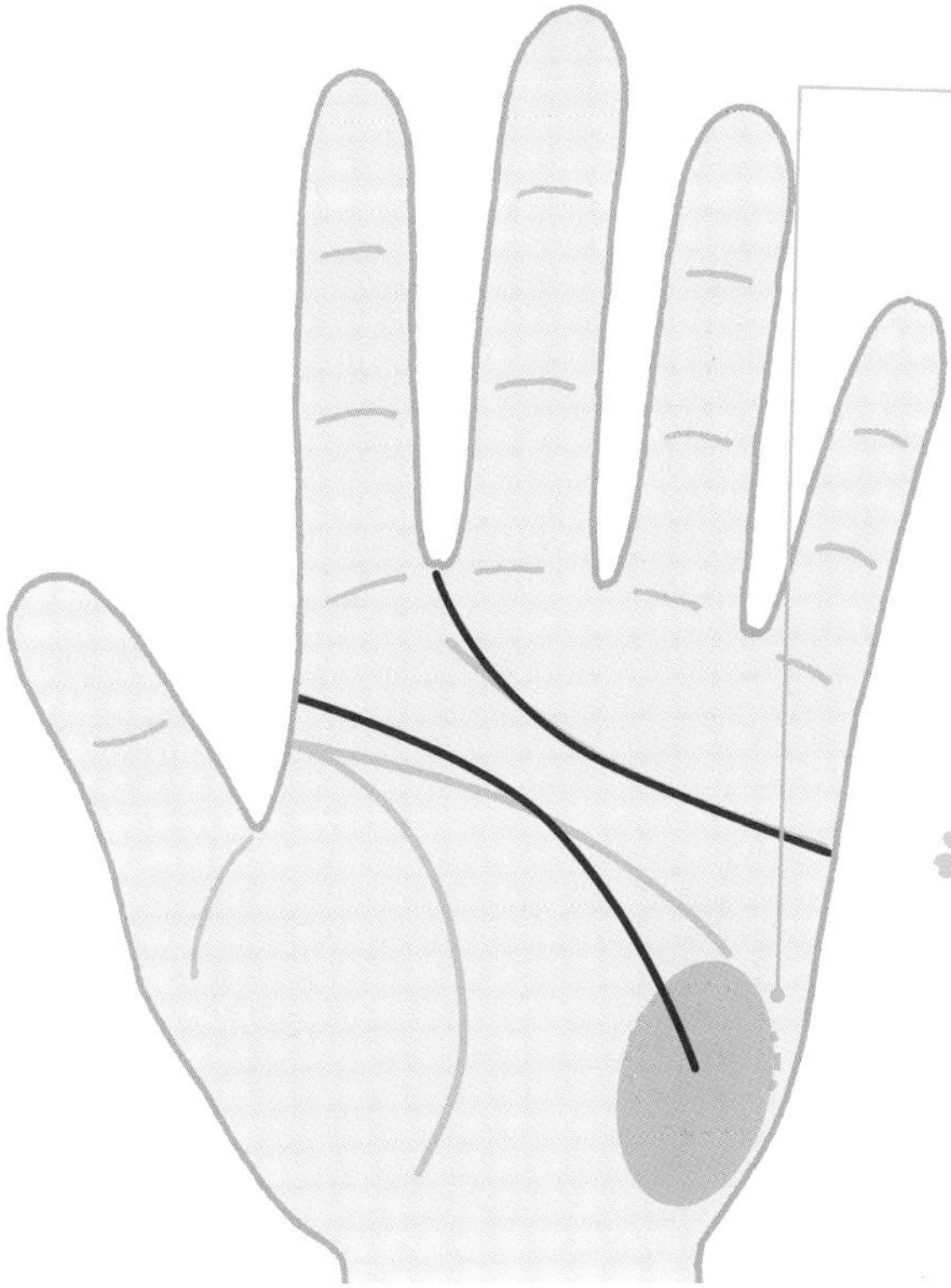

ここチェック！

知能線の長さ

終点が長ければ長いほど、創造力が豊かになり、自分の世界にこだわり少々現実離れしたタイプに。

運気UPのアドバイス

リアリストな友人を持つと、現実にも目を向ける機会になるはず。現実社会の知識を得ることで能力、才能も開花するかも。

❖本質的な性格

感受性が豊かで、思いやりのある明るい性格の人。一見、常識的に見えますが、実は独創的な個性派で、夢や理想を求めて生きるロマンチックなタイプ。現実世界のできごとに対しては関心が薄いかも。また、束縛やルールに縛られるようなことは不向きでストレスを感じてしまいます。

❖才能・能力

大胆で個性的な才能のある人です。美的センスにも恵まれており、斬新な技法や発想で周囲を驚かせることも。独自の世界観を表現できる芸術、芸能、クリエイティブな仕事に向いています。女性は結婚後も、この才能を生かして独自の家事法や育児法をあみだすことも。

❖感情・愛情のタイプ

愛情いっぱいなので、女性は良妻賢母、男性はよき家庭人になります。ただ、自由奔放なので少し気分屋でわがままなところも。

パーソナリティタイプ

⑰Ⅱ＋C＋b

感性で理想を追い続ける、芸術家タイプ

向上心を持ち、自分を磨く努力家。寛容さを持続して運気アップに

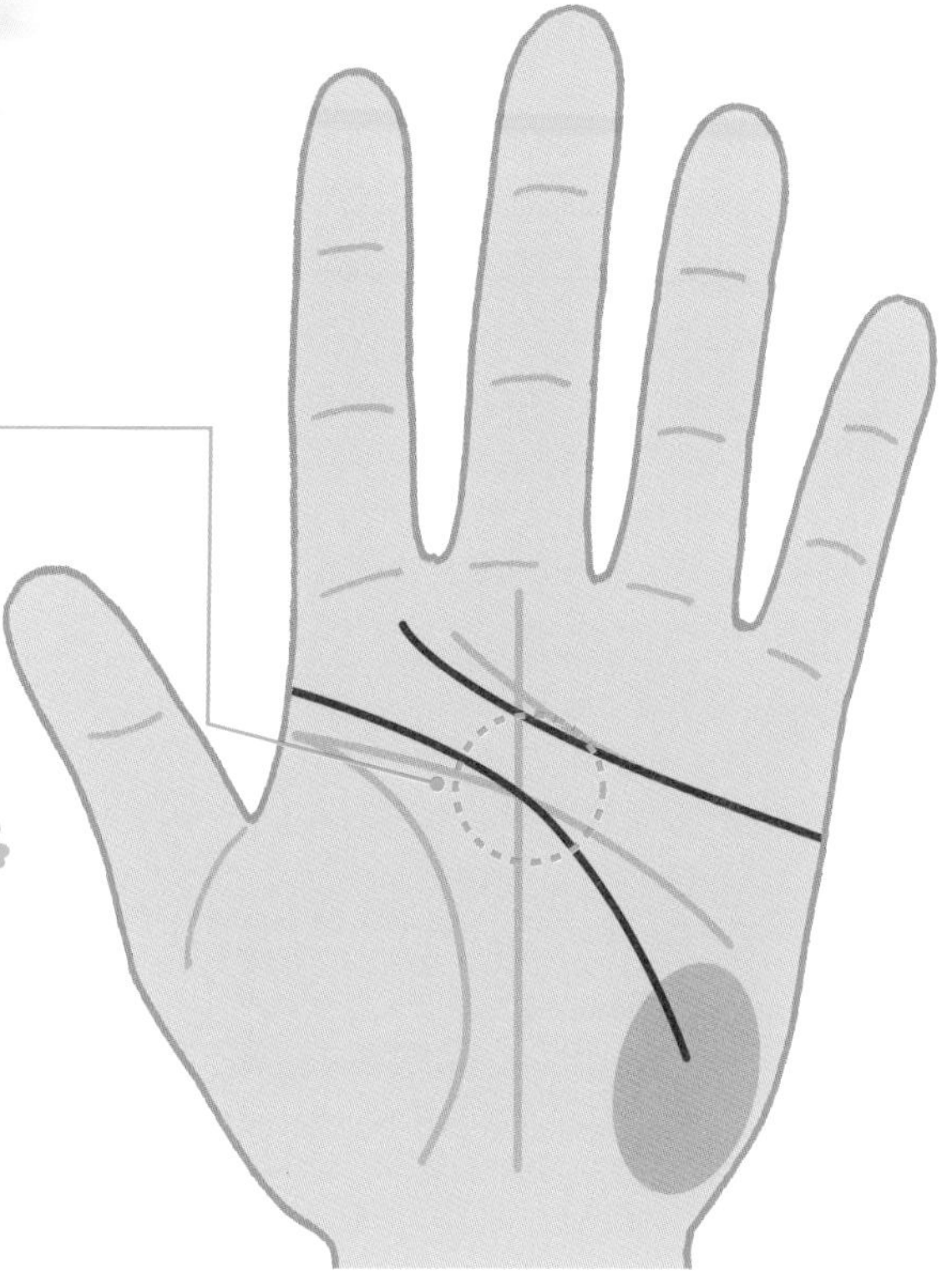

ここチェック！

知能線が直線的な場合

好奇心旺盛で理想や目標を定めますが、熱しやすく冷めやすいのでやり遂げることができないことも。

運気UPのアドバイス

気分屋で自己中心的な面もあり、独りよがりが強くなると人の意見に耳を傾けなくなるので注意してあげて。

❖本質的な性格

好奇心が強く、考えて物ごとを進めるより感性で内容や時期をとらえて行動するタイプ。大胆で個性的。少々気分屋ではありますが、自由奔放な生き方をし、クヨクヨしません。人の意見に耳を傾け、行動することができる人です。また、向上心を持ち、自分を磨く努力家です

❖才能・能力

向上心があり、理想をもってやり遂げようと努力し、自分をステップアップさせるタイプです。芸術センスに恵まれている人が多いでしょう。実務的な仕事よりも、自己の感性を生かす芸術分野の仕事、人を育てる教師、インストラクターなどの仕事に向いています。

❖感情・愛情のタイプ

現実よりも夢や理想に生きるロマンチストで、理想の人を追い求める傾向があります。女性は少々独占欲が強いかもしれません。

パーソナリティタイプ

⑱ Ⅱ＋C＋c

冷静な判断力、責任感を持つ、優秀な管理職タイプ

強い独占欲や支配欲が原因のトラブルに注意

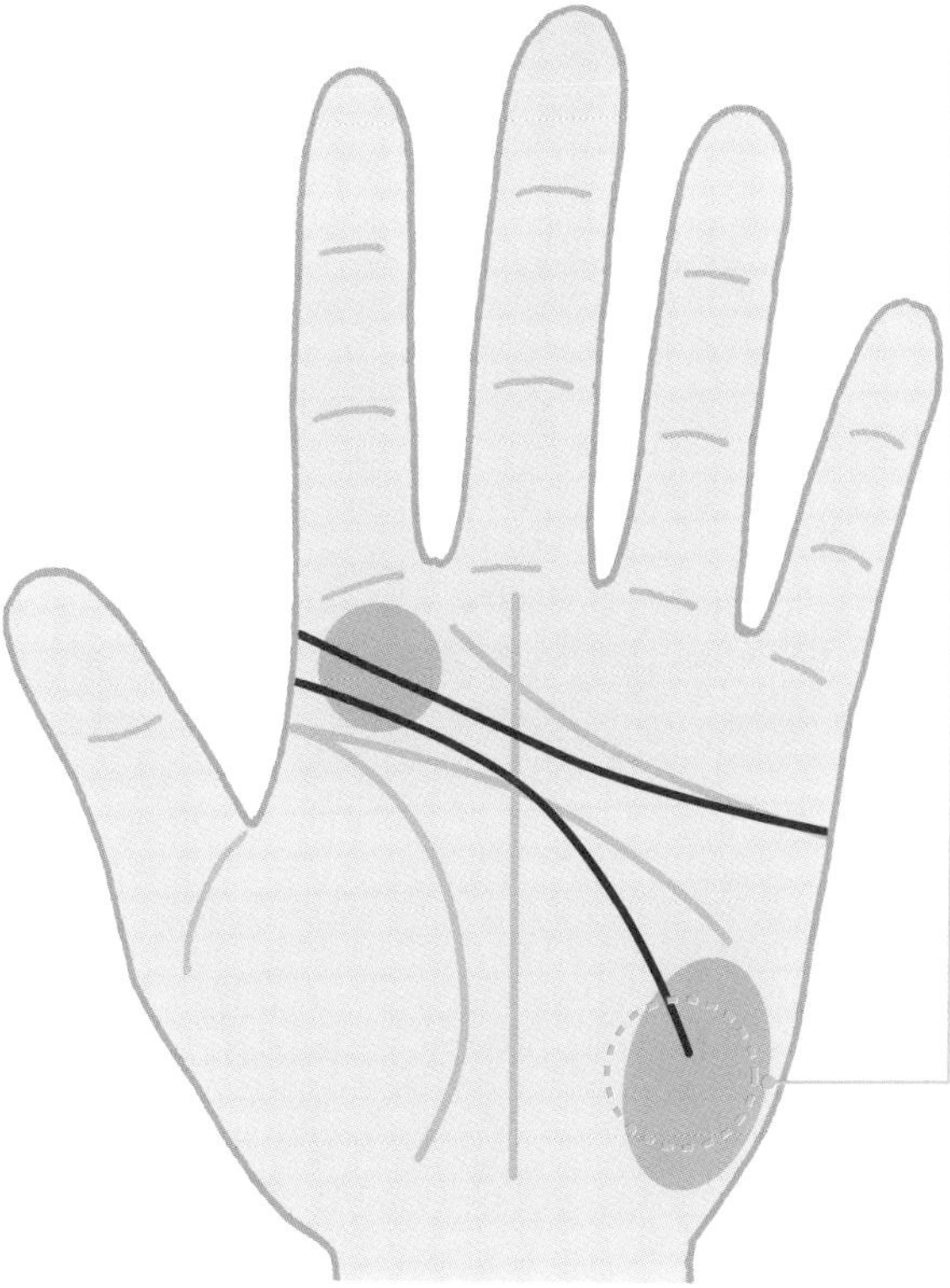

ここチェック！

生命線に平行に伸びて手首に向かう場合

非常に個性的で、他の追随を許さない独創性、斬新性を持つ人。特殊な仕事やマニアックな仕事で才能が開花します。

運気UPのアドバイス

物ごとに固執しすぎると、信頼も失われることに。寛容さはその人を成長させるとアドバイスして。

❖本質的な性格

直感で物ごとをすすめていく、自由奔放なタイプ。好きなことに関しては、一途で粘り強く成し遂げるところがあります。白黒はっきりさせないと気がすまない部分もあり、そのため対人関係で気まずい思いをすることも。ただ、本人は周囲の批判や評判はあまり気にしないので、クヨクヨすることはほとんどありません。

❖才能・能力

大胆なアイデアや発想、研ぎ澄まされた感性の持ち主です。流行に敏感で、衣装や装飾などのデザイン関連の仕事に向きます。

❖感情・愛情のタイプ

愛情豊かな人で利害がからまない関係であれば、人の面倒をよく見ます。ただ、物ごとや恋人などに固執しすぎると独占欲が出てきます。気分屋で少々わがままな面もあり、共同作業などは不得意だといえるかもしれません。

パーソナリティタイプ

⑲Ⅲ＋A＋a

用心深く、常識的で誠実な人望のあるタイプ

温かに人を包む優秀な管理職。でも、恋愛では押しや粘りが必要かも

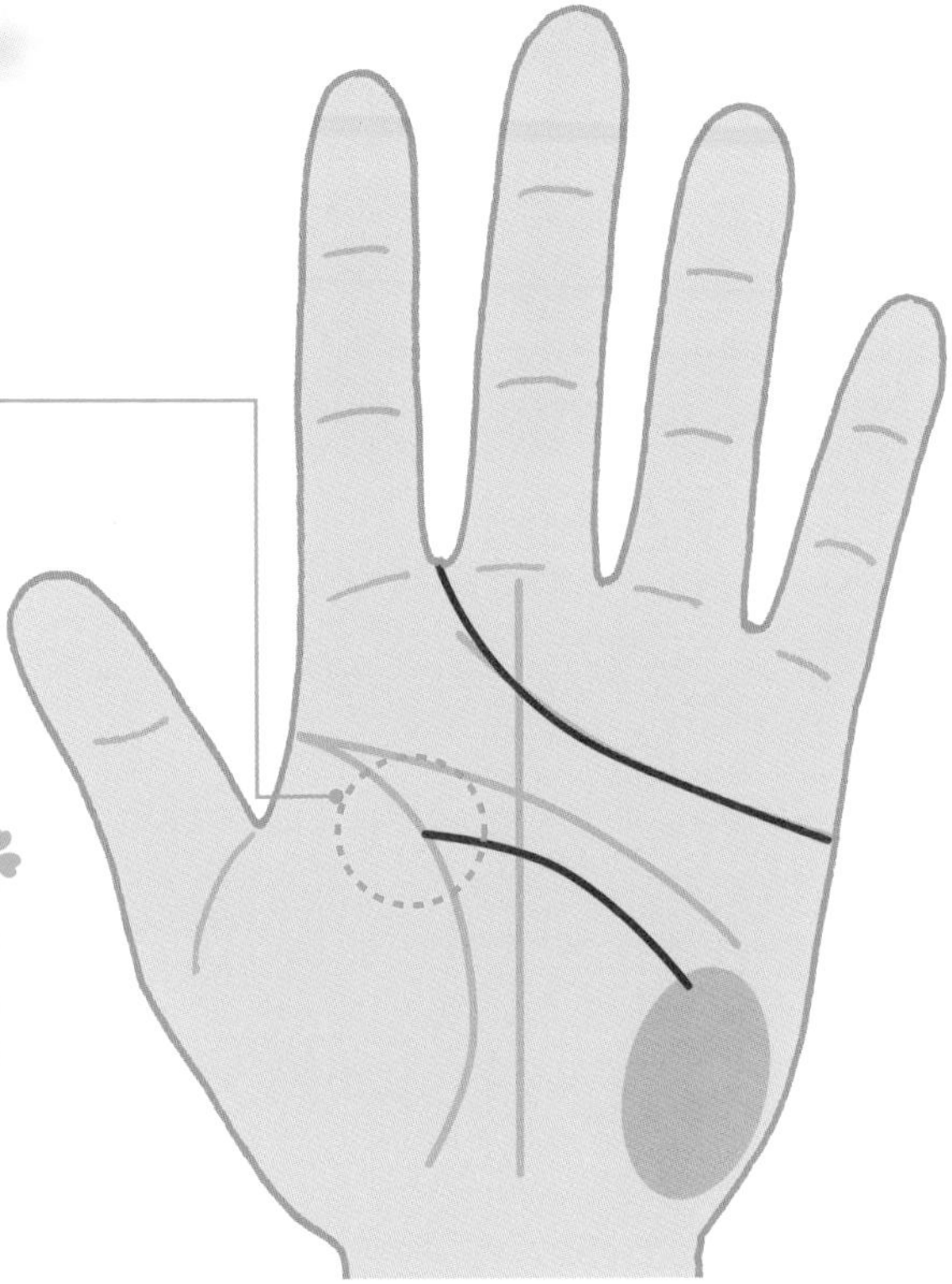

ここチェック！

起点が生命線から3㎝以上離れる場合

慎重さも度が過ぎて、行動に移さない人です。保守的すぎて管理職には不向き。警備、職人などの守りに徹する職業に向いています。

運気UPのアドバイス

慎重になりすぎて機を逸することもあります。石橋をたたくのも、状況をよく見て判断して行動するように。

本質的な性格

常識的な考えで行動し、非常に用心深く慎重なタイプ。どちらかといえば消極的ですが、思いやりのある人です。決して無理はせず、時間をかけておだやかに物ごとを進めていきます。やや優柔不断で八方美人の面もありますが、周囲からの人望を得られます。

才能・能力

組織の中で、物ごとを調整する能力や優れた管理能力、統率力を発揮できる人です。慎重な性格なので決して無理をせず、人の意見を聞きながら組織を上手にまとめていきます。理知的で誠実な慎重派管理職として、組織の中で成功する人です。

感情・愛情のタイプ

おだやかで誠実な愛情の持ち主です。一緒にいる人に、温かで安らかな居場所を与えてくれます。ただ、慎重すぎて押しが弱いゆえに失恋することも。

パーソナリティタイプ

⑳ Ⅲ＋A＋b

優れた頭脳を持つ、愛情あふれる家庭人タイプ

しなやかに組織をまとめるけれど、ガンコな面も

ここチェック！

人差し指の真ん中にのびる場合
理想に向かってまっしぐら。仕事も恋愛も、すべてに関して妥協しない人です。また、そのための努力は人一倍します。

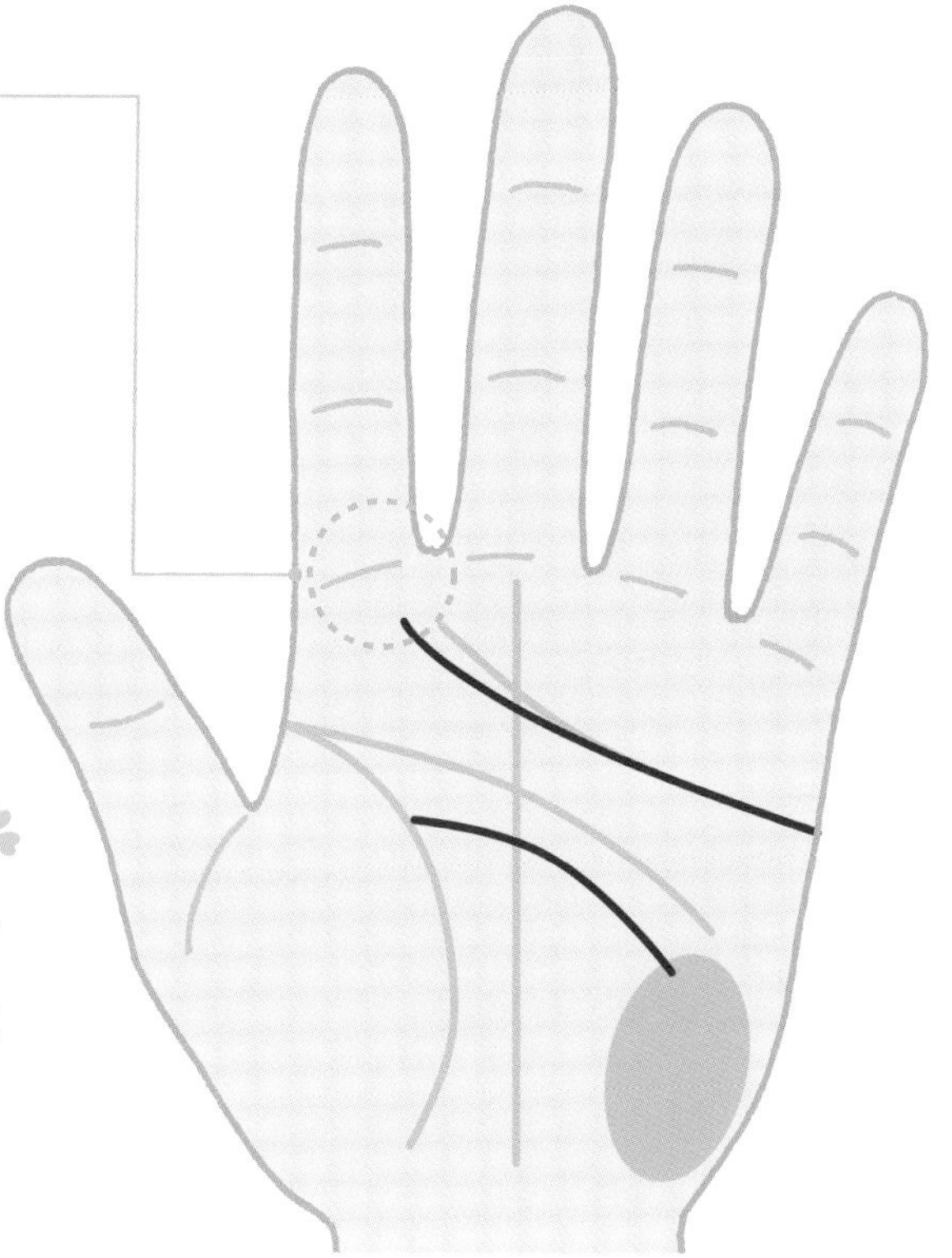

運気UPのアドバイス

仕事に関しては、資格などを身につけるとスキルアップにつながります。好きな人にはたまには素直になってみては。

❖本質的な性格

いつも冷静な判断を行い、責任感も強い頼りがいのあるタイプです。また、順応性があって常識的。論理的な考えと創造的な考えをバランスよく持ち、目標や理想を掲げて慎重に努力を重ねていきます。周囲の人とのコミュニケーションも非常に良好な人ですが、責任感が強いためにガンコな面が出ることもあります。

❖才能・能力

正確さが必要な仕事、地道にすすめていくプロジェクトなど、最後まで責任を持ってやり遂げます。統率力、管理能力があるので、指導者や経営者、リーダーなどで優れた才能を発揮するタイプです。

❖感情・愛情のタイプ

「これ！」と決めたことは、全身全霊で取り組む一途さのある人。ただ、恋愛は消極的。自分の気持ちを表現するのは苦手かも。とくに好きな人に対しては素直になれない面も。

パーソナリティタイプ

㉑Ⅲ＋A＋c

マイペースで堅実に進んでいく、慎重な保守派タイプ

執着心がトラブルの原因にならないように注意

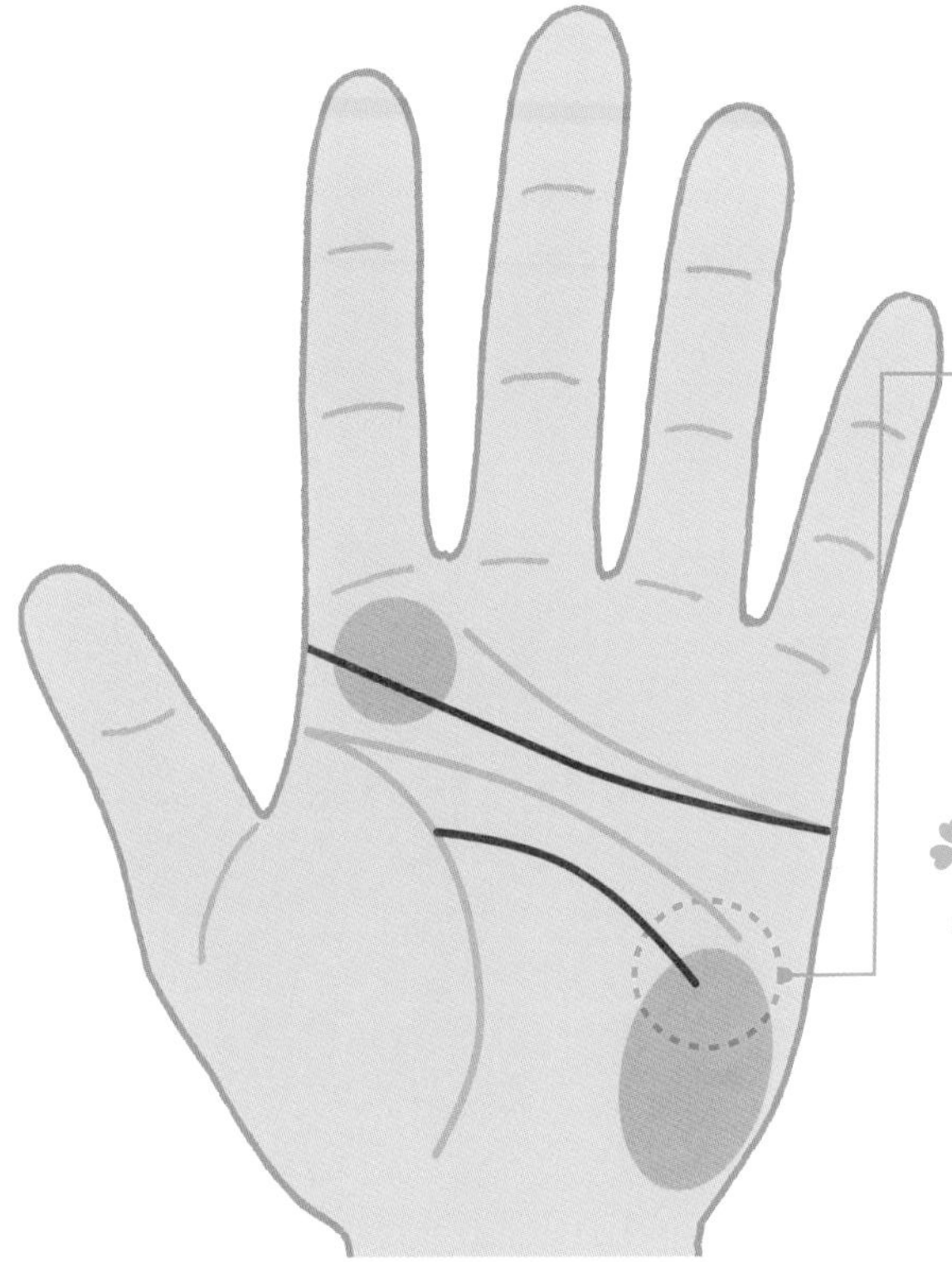

ここチェック！

月丘に届かない場合

性格も慎重でやり遂げる粘り強さがあり、一業専念の職人、技術者に向いています。恋愛では極度なヤキモチやきになることも。注意して！

運気UPのアドバイス

慎重な性格を生かして、感情をコントロールするタイミングを見定めながら、自分のペースを崩さずに前進して吉。

❖本質的な性格

理想と現実的な考え方をバランスよく持つ、とても常識的な人で周囲から信頼され、慕われるタイプです。統率・調整する能力があります。少し神経質で消極的ですが、行動は慎重な保守派。自分のペースで堅実に一歩一歩すすんでいきます。

❖才能・能力

地道で着実にすすんでいく仕事に向くタイプ。用心深いので、ほとんど失敗しません。独創性や積極性には欠けるものの、芸術的なセンスにも優れているので古い文化や伝統を継承するような仕事に向いています。

❖感情・愛情のタイプ

人の気持ちを上手に察することができるのですが、執着心が頭を持ち上げてくると支配欲、独占欲が出てきます。恋愛では、愛情が強すぎて失恋の原因になるかも。知能線が長い人は、感情をコントロールできるので、トラブルにも対処できそう。

パーソナリティタイプ

㉒Ⅲ＋B＋a

合理的に物ごとを考える、明るい性格の現実主義者タイプ

明晰な頭脳を生かす仕事がおすすめ。人間関係は寛容さを身につけて

ここチェック！

感情線が短い場合
実務に強い現場タイプ。感情に流されることなく、慎重に計画を進めていきます。

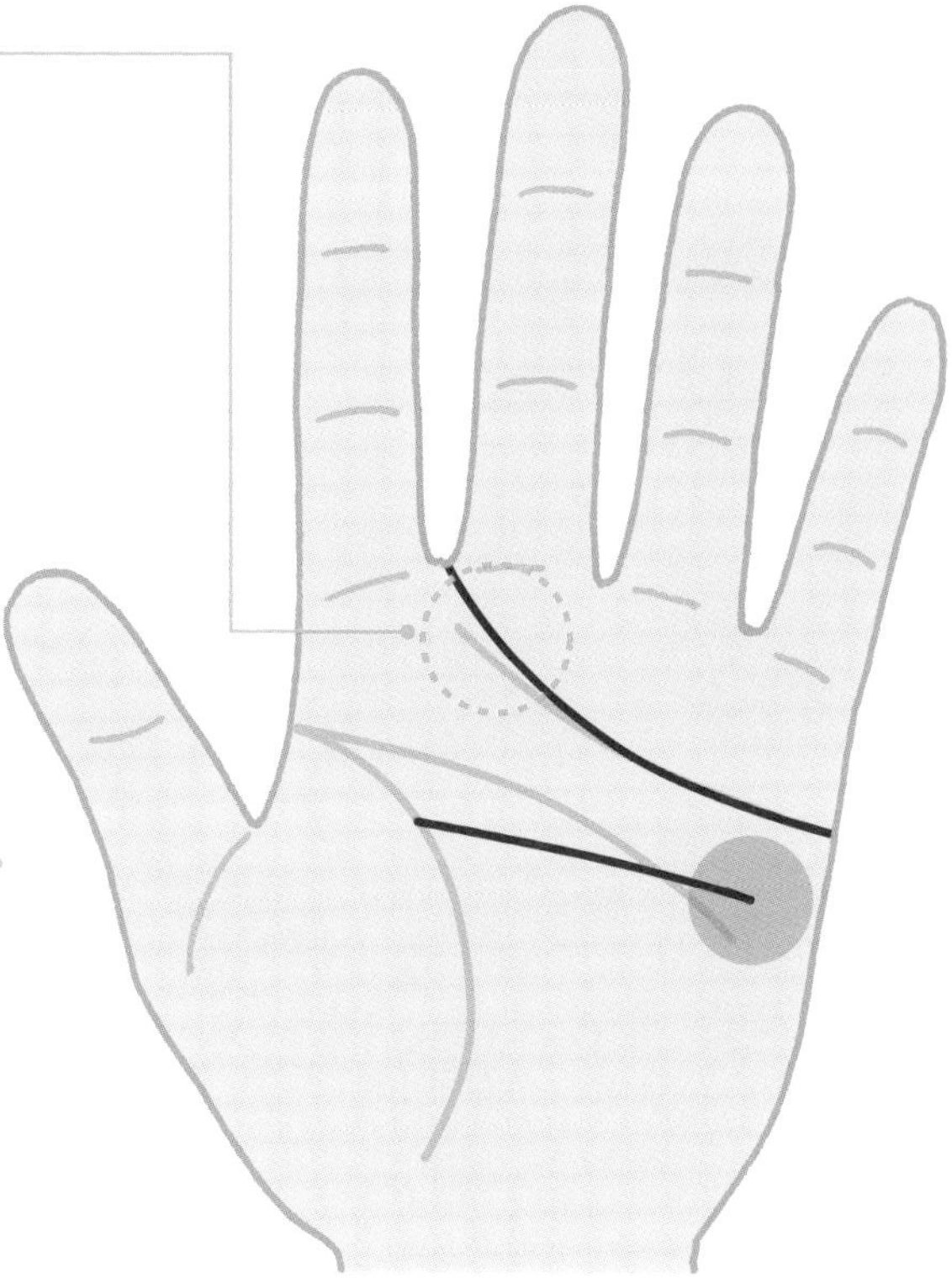

運気UPのアドバイス

自分に甘く人に厳しいといった面があり、人に接するときは相手のよい点に目を向けるようアドバイスを。

❖本質的な性格

明るくクヨクヨしないさっぱりとした性格の人です。知性があり、現実的に物ごとを考えるリアリスト。少し理屈っぽいところもあり、美的センスやロマンチックな思考に欠けるかも。じっくりと考えてから行動に移しますが、方向性が決まって準備が整えばテキパキと動き出します。

❖才能・能力

高度な技術や専門的な知識を必要とする仕事に向いています。明晰な頭脳を生かす仕事であれば、手堅く着実にこなすことができる人です。法律家や医師、弁護士などに向いています。

❖感情・愛情のタイプ

現実的で合理的ではあるけれど、本来身内への愛情に溢れた人。気に入った相手に対しては、愛情深く接します。ただ、人の好き嫌いが激しい面も。恋愛は、本人と同じような性格の相手をすすめてあげましょう。

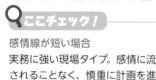

パーソナリティタイプ

㉓ Ⅲ＋B＋b

目標に向かって全力で取り組む、粘り強いタイプ

合理的な思考と経験を生かし、頭角を現す人

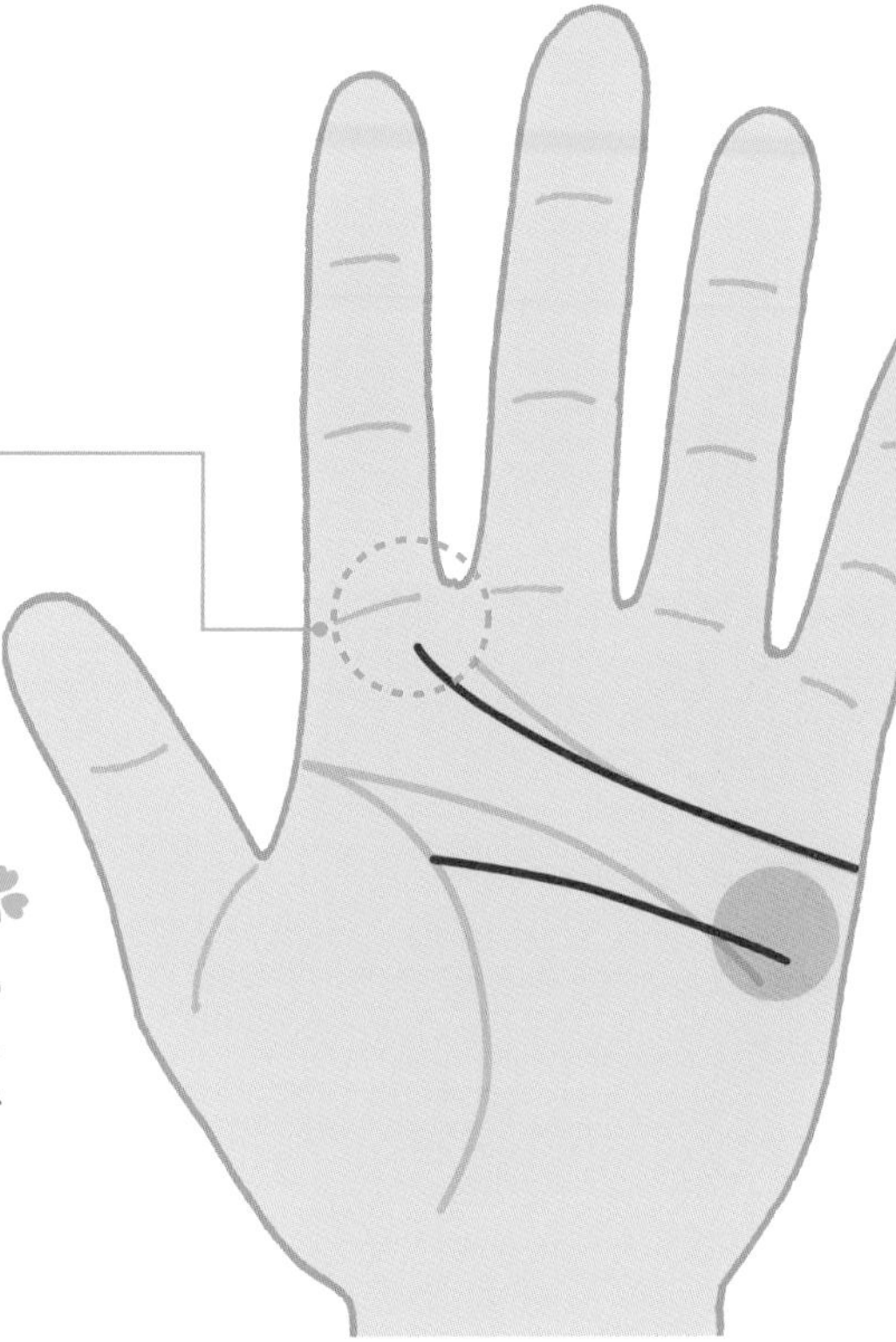

ここチェック！

感情線が人差し指と中指の間の下あたりまでしかない場合
自分を客観的に見ることができ、冷静に周囲の状況を判断しながら物ごとをすすめていくタイプ。

運気UPのアドバイス

仕事面でも、プライベートでもちょっとした気遣いをすることで、人間関係が広がり、人間性に深みが出てくるはずとアドバイスを。

❖本質的な性格

見栄を張らずに、自分のできる範囲の中で物ごとを処理する人です。おとなしい性格ですが、一度目標を定めたら全力でやり遂げる粘り強さがあります。頭もよく熟考して行動するので大きな失敗はありませんが、失敗してもめげません。

❖才能・能力

慎重に手堅く、着実に少しずつ前進していきます。若い頃は経験したことを確実に自分のものにしていくタイプ。その経験と合理的な思考で、年齢を重ねるごとに頭角を現します。実業家や高度な専門職、芸能関係の仕事などに向きます。男女とも有能な人が多いといえます。

❖感情・愛情のタイプ

リアリストな面があり、細かい心づかいや温かさに欠けるところがあります。恋愛ではこの人と決めたら一途ですが、臆病で慎重なので愛情表現は下手。

パーソナリティタイプ

㉔Ⅲ＋B＋c

物ごとを地道に進める、慎重で用心深いタイプ

人間性の幅を広げるためにも、周囲の気持ちや空気を読もう

ここチェック！

感情線が人差し指の下あたりまでの短い場合

秀才型で、やわらかな思考を持っています。企画力と行動力があり、決めたことは最後までやり通すタイプ。恋愛は情熱的でストレート。

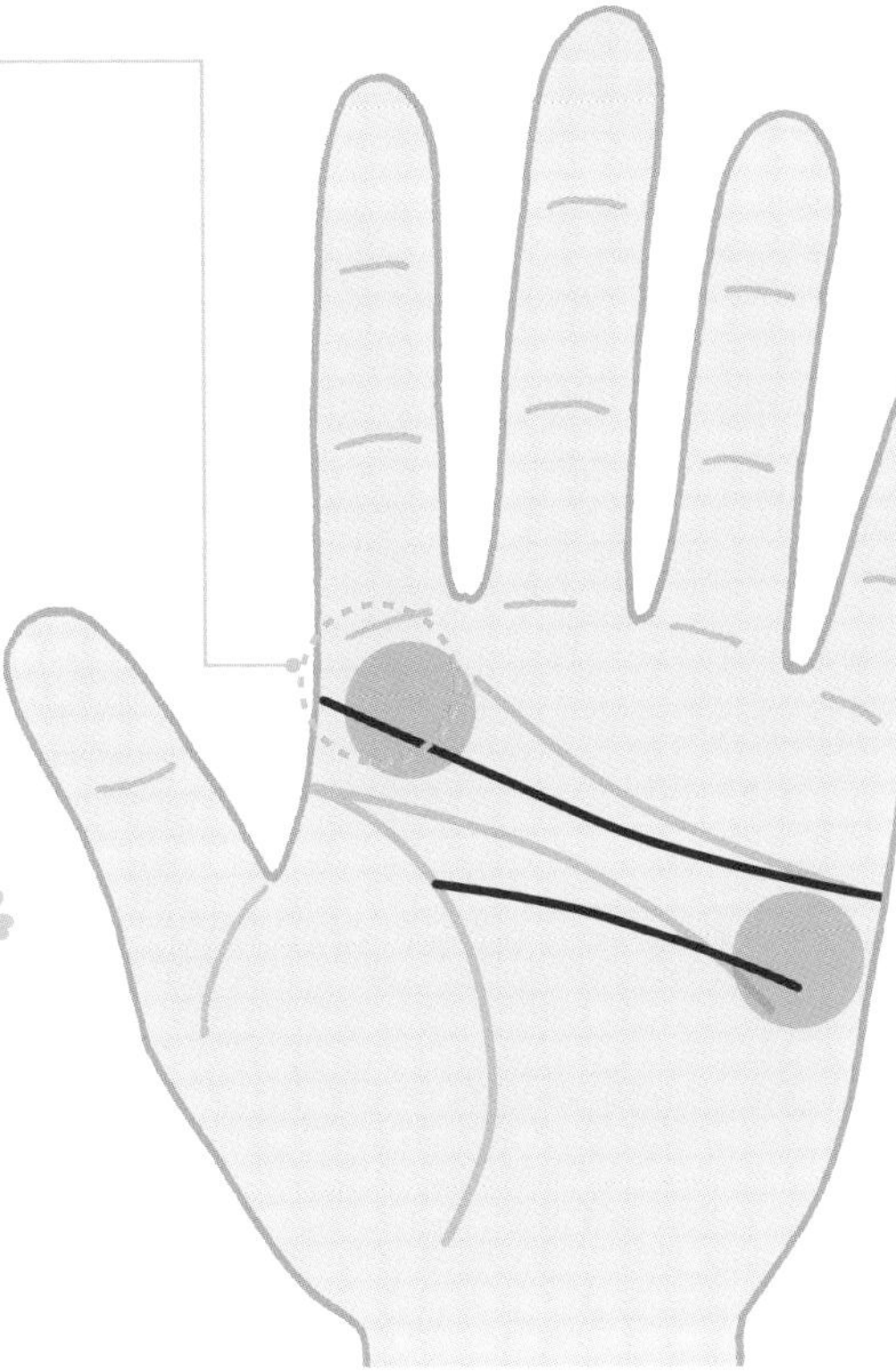

運気UPのアドバイス

とにかく熱くなりそうになったら、ひと呼吸してクールダウンを。おまじないに「考え方は人それぞれ」という言葉を教えてあげましょう。

❖本質的な性格

性格は慎重で用心深いタイプで、どちらかといえば消極的といえるかも。現実主義者なので、合理的に考えてリスクの少ない行動をとります。人と深い結びつきを大切にする人ですが、周囲の空気が読めない面も。熱心すぎて支配的あるいは独占的になることもあります。

❖才能・能力

責任感が強く、仕事熱心で地道にコツコツと仕事をすすめていく人です。人をじっくりと観察し、その人の能力を引き出すのが上手。リーダー的なポジションで実力を発揮するタイプで人の指示で動くのは好まない人です。

❖感情・愛情のタイプ

情が深いので、仕事でもプライベートでも濃い人間関係を望みます。力が入りすぎて、感情的になること多いようです。恋愛面も、独占欲や嫉妬心が仇になって失恋することも。

パーソナリティタイプ

㉕Ⅲ＋C＋a

論理的、創造的な考え方をバランスよく持つ、ロマンティスト派

たまには積極的に才能を表現することにも挑戦を

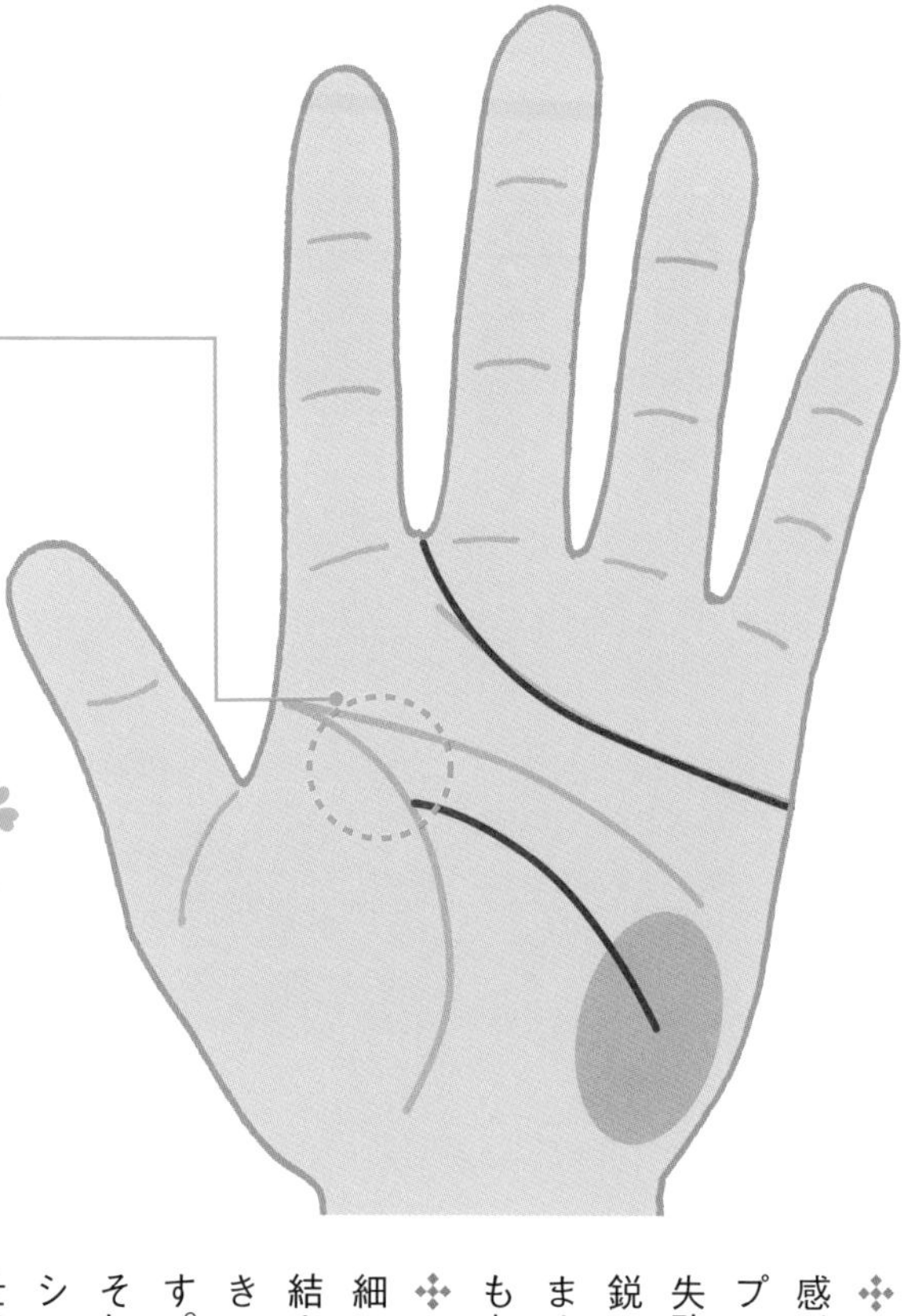

ここチェック！

起点が3㎝以上も下にある場合

とても臆病で用心深いため、新しいことや斬新的な世界には不向き。伝統文化など、守りに徹する仕事に向いています。

運気UPのアドバイス

せっかくの豊かな感性を発揮しないのはもったいないこと。たまには、勇気を出して積極的に行動を。

❖本質的な性格

感受性が豊かで、デリケートなタイプです。少し臆病なところがあり、失敗や人の評価をとても気にします。鋭いインスピレーションを持っていますが、やや消極的で優柔不断な面もあります。

❖才能・能力

細かい部分までこだわって仕事を完結させる、完璧主義。着実に前進できる地道で堅実な仕事に向いています。慎重さ堅実さを生かした管理職、そして独創性や企画力、インスピレーションを生かしたクリエイティブな仕事やカウンセラーなどに向いています。

❖感情・愛情のタイプ

純情で愛情豊か、家庭を大事にするロマンティストです。恋愛には消極的だけれど、愛情表現は豊か。けれど、人の好き嫌いがはっきりしていて印象が悪いととことん嫌う気性の激しい面もあります。

パーソナリティタイプ

㉖Ⅲ＋C＋b

慎重でおだやかな、完璧主義者タイプ

慎重でおだやかだけれど、気持ちを表に出さず誤解されることも

ここチェック！

人差し指の真ん中にのびる場合

自分に厳しい人です。理想や目標に向かって努力を惜しまず、超上昇志向で自分を磨いていきます。

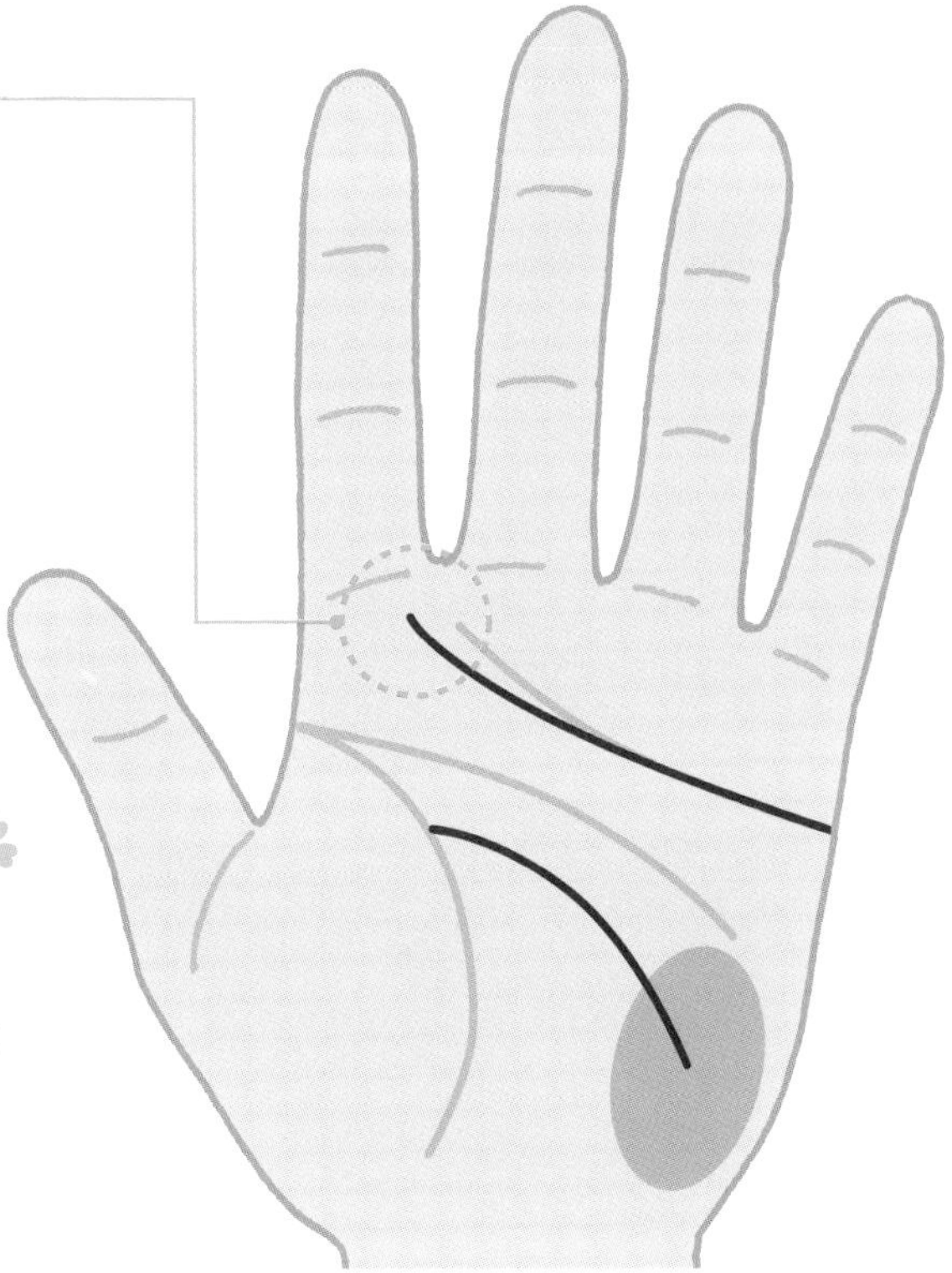

運気UPのアドバイス

少々用心深すぎて、神経質になってチャンスを逃すことも。場合によっては、自分の才能を信じて大胆な行動を。

❖本質的な性格

じっくりと物ごとを考える頭のいい人です。責任感が強く、自分の主張をゆずらない頑固なところももっています。感性も豊かで夢のあることが大好きです。が、人の意見や評価を気にする、とってもシャイな部分があります。

❖才能・能力

慎重でおだやかに仕事をするタイプ。細かい部分にも目を光らせ、完璧にやり遂げる人です。優れた美的センスを生かし、インテリアやファッション、芸術などの仕事に向いています。

❖感情・愛情のタイプ

思いやりが深く、誠実に人と接します。ただ、自分の気持ちを表に出さないので、相手に誤解されることも。また、無意識に自分の考えを相手に押しつける傾向があります。恋愛では一途な愛情を相手に注ぐ人ですが、内気なので愛情表現はあまり上手ではないでしょう。

パーソナリティタイプ

㉗Ⅲ＋C＋c

マイペースで理想を現実に変える、芸術家タイプ

臆病で消極的。心の奥に強い執着心や独占欲、支配欲を持つ人

ここチェック！

知能線が生命線と平行にのびる場合

自分の世界観に磨きがかかって、マニアックなタイプです。個性的な趣向で自分を表現して成功する人です

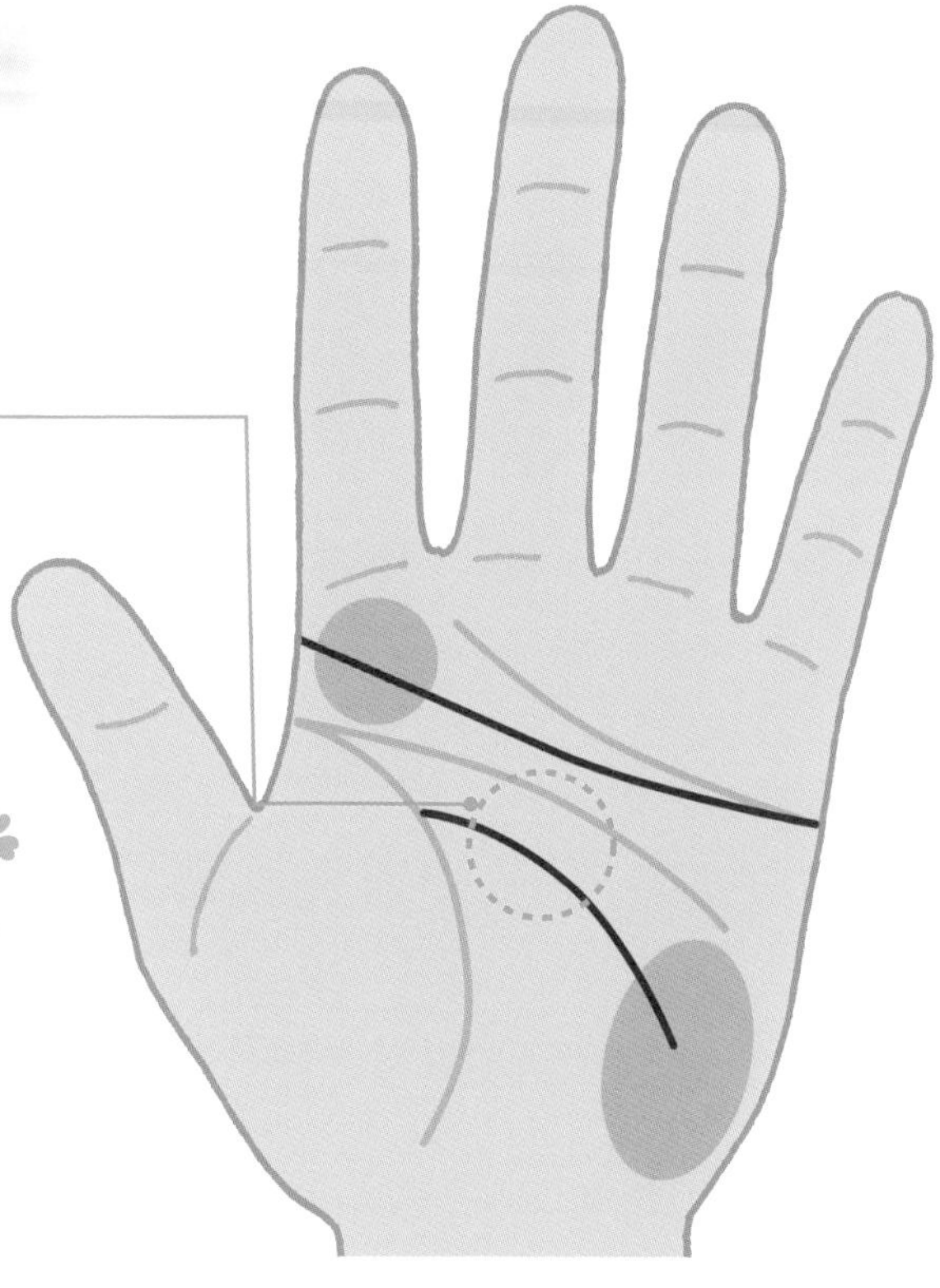

運気UPのアドバイス

なにごとも「ほどほどが一番」とアドバイスを。人間関係がギクシャクすることも。

本質的な性格

とてもロマンティスト。マイペースで理想に生きるタイプ。感受性が豊かですが、強い慎重さや用心深さの持ち主です。目標を定めたら堅実な方法で手中に収め、自分の才能や能力などにしていきます。臆病で消極的ですが、強い執着心や独占欲、支配欲を心の奥に秘めています。

才能・能力

優れた創造力、表現力、独創的な発想を生かした音楽家、画家、デザイナーなど、自分の世界観を表現できる仕事で才能を発揮します。新しいことや大胆さには欠けますが、細部までこだわった完璧な仕事をします。

感情・愛情のタイプ

内気ですが、心の中は熱い人です。愛情が深すぎて、気に入ったらかゆい所に手が届くほど面倒をみます。恋愛では、少々度の越した愛情…というより執着心、嫉妬心を相手にもってしまいます。

第5章

目的別に鑑定しましょう

STEP3 恋愛運・結婚運・仕事運・金運・健康運を鑑定する

なにを占ってほしいかによって、
手相の見方は変わってきます。
鑑定ポイントとタイプの特徴などを
目的別にまとめました。
第３章の手からの情報、第４章のパーソナリティと
あわせて鑑定してみましょう。

STEP3

目的別に鑑定する　恋愛運

恋愛運を鑑定するポイント

恋愛運は、まず愛情や感情表現の方法を表す「感情線」を中心に線をみていきます。線や丘の鑑定ポイントをチェックし、手相バリエーションに照らし合わせながら鑑定していきましょう。

恋愛運では、感情線とその周辺がポイントです。①～⑤の順番でチェックしましょう。手相バリエーションもイラスト内の番号順にチェック！

恋愛運を鑑定するポイント

線の「なにをみる」ことで「なにがわかるか」をチェックしましょう。

① 感情線をチェック
② 結婚線をチェック
③ 金星帯をチェック
④ 出会い線をチェック
⑤ 金星丘をチェック

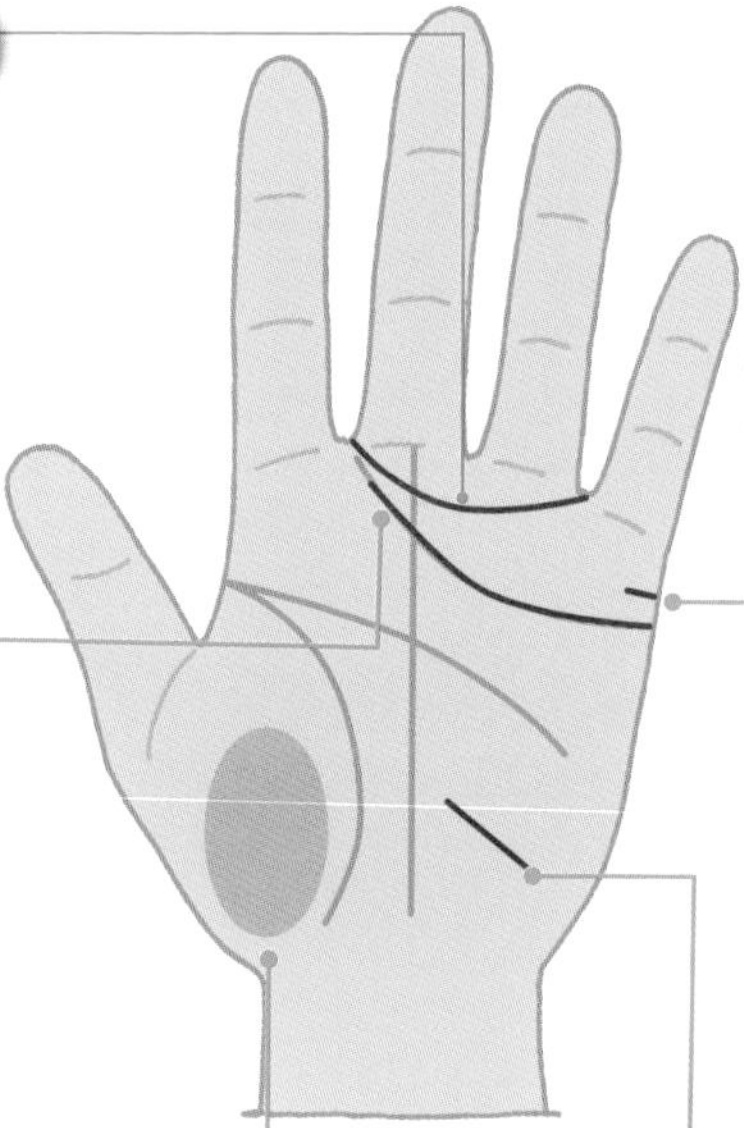

③ 金星帯

異性をひきつける魅力

魅力があるかがわかる、女性に多く現れる線。線のない人は恋愛に関して控えめな人です。

① 感情線

愛情表現、異性とのかかわり

恋愛運を鑑定するメインの表情豊かな線。この線で恋愛に欠かせない心の動きを鑑定します。

② 結婚線

異性との縁

異性への関心度、恋愛のゆくえなどがわかります。線がない、薄い場合は恋愛に無関心。

⑤ 金星丘

恋愛のエネルギー

恋愛に対して、バイタリティがあるか、愛情は豊かか、エネルギッシュかをみます。

④ 出会い線（引き立て線）

異性からの人気度

恋愛・結婚運では「出会い線」と呼びます。線が現れると異性から関心を持たれることも。

①感情線を見るポイント

線上の上下の枝線
片思いか、両思いか

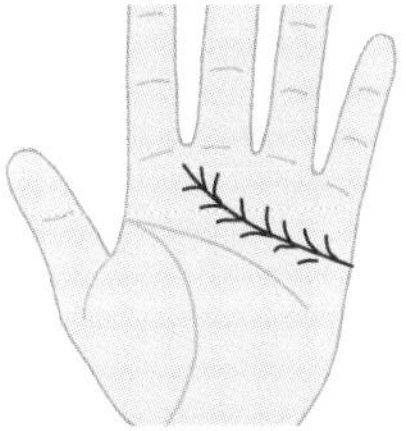

上下はモテタイプの両思い、下向きは本命以外に好かれる片思い、上向きは恋愛運吉の両思い。

線の長短・曲線
愛情表現の方法

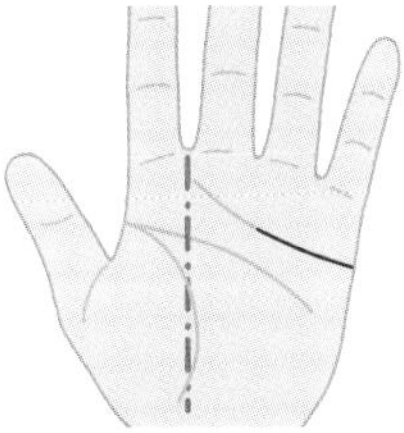

短い直線は非常にクールで表現ベタ、短い曲線は表現が消極的。

線ののびる方向
愛情のタイプ

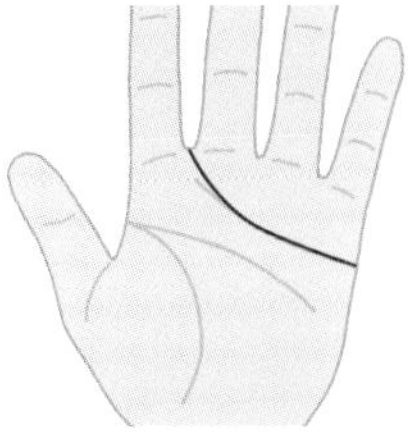

人差し指と中指の間は家族愛、人差し指より中指寄りは献身的、手のひらの端は独占欲タイプ。

②結婚線を見るポイント

2本の線が合流している
結婚へのサイン

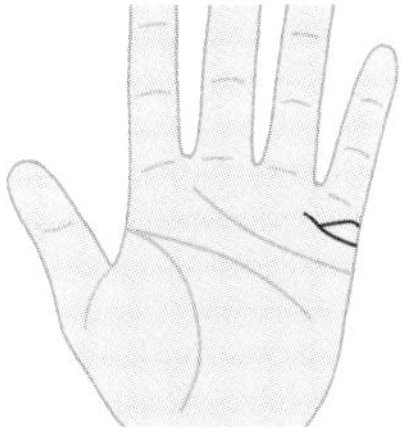

長い同棲生活など、なかなか前進しない恋愛が最終的に結婚へ進むハッピーなサインです。

線の本数
出会いの数

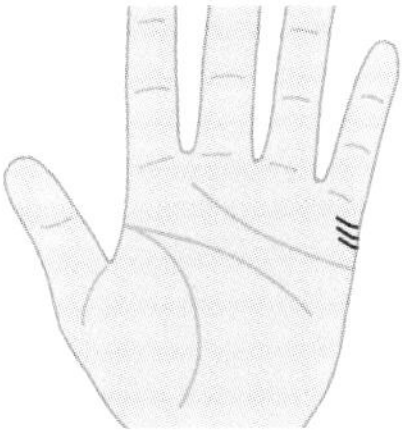

異性への関心が高いときに現れます。出会いの機会や異性の友人に恵まれます。少々移り気。

線がのびる方向
恋愛のゆくえ

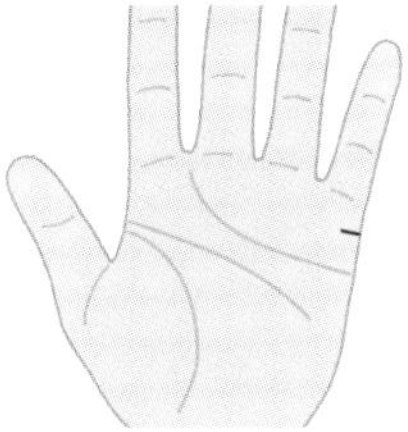

直線的な線は恋愛がよい方に向かっているサイン。下向きは愛情がなくなっているサインです。

③金星帯を見るポイント

線が複数ある
性的な魅力

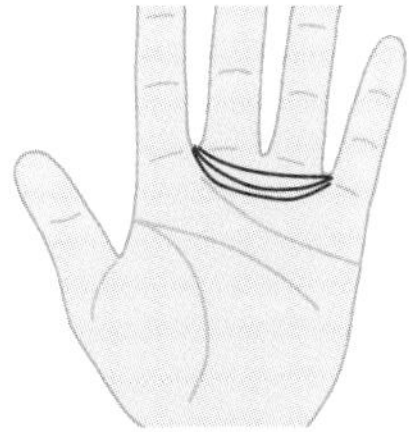

性的な魅力のある人に現れます。服装や雰囲気にも異性をひきつける色気があってモテます。

線がキレギレ
恋愛への積極性

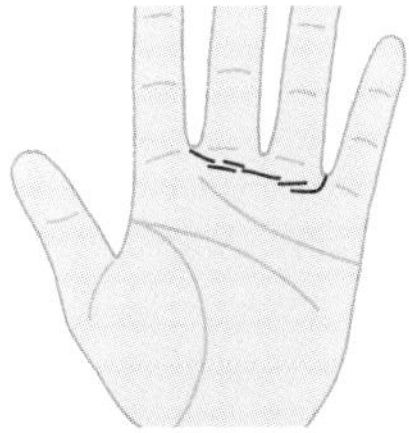

異性に対して積極的な人に現れます。感受性も鋭く、異性にモテますが、浮気性な面も。

キレイな1本線
異性からのモテ度

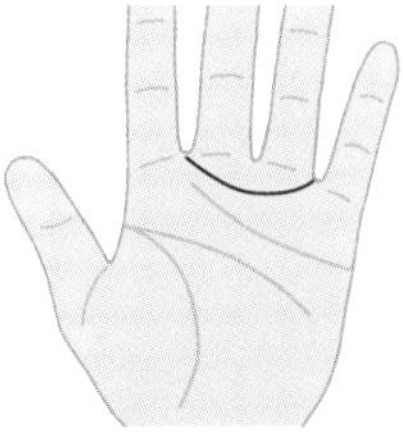

魅力的で異性にモテる人に現れます。切れている線は、話し方やしぐさなどに魅力がある人。

恋愛運①

いつも恋をしていたいタイプ

惚れっぽくてあきやすい相

感情線の上下の複数の枝線は、異性にモテますが、誰にも優しい八方美人タイプ。また、キレギレの金星帯は異性に対して積極的で惚れっぽいところがあります。複数の結婚線は、つきあってもあきるのが早く浮気性な面も。

③ 金星帯

切れ切れの線は複数の人とつきあうモテタイプ。

② 結婚線

複数線は異性の友人が多く、次々相手を変える傾向。

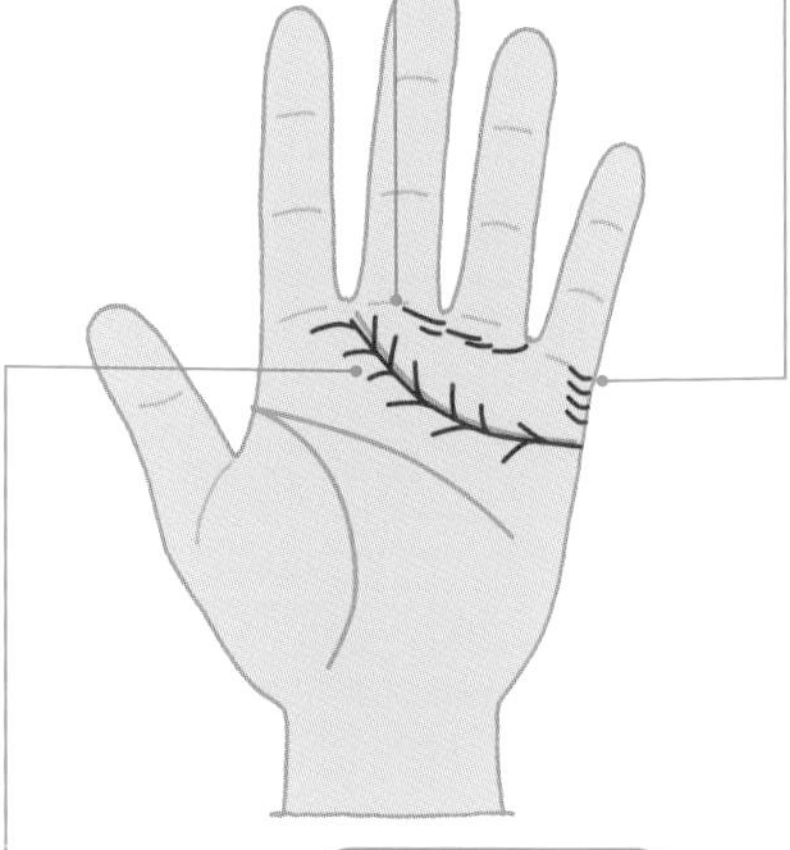

① 感情線

複数の上下支線はモテモテのサイン。八方美人で移り気な面も。

❤ 恋愛運UPのアドバイス ❤

本命を逃すかも。恋愛初期の気持ちを思い出すようにアドバイスを。

恋愛運②

一途な恋をするタイプ

情熱的な恋に生きる相

木星丘に届く感情線は、異性に対する強い独占欲をあらわしています。また、はっきりした金星帯は全力で恋愛に生きるタイプ。月丘の中部から下部にのびる知能線は好きになったら信じ込み、疑うことを知らない人です。

② 金星帯

人差し指と中指の間から薬指と小指の間に半円を描く線。

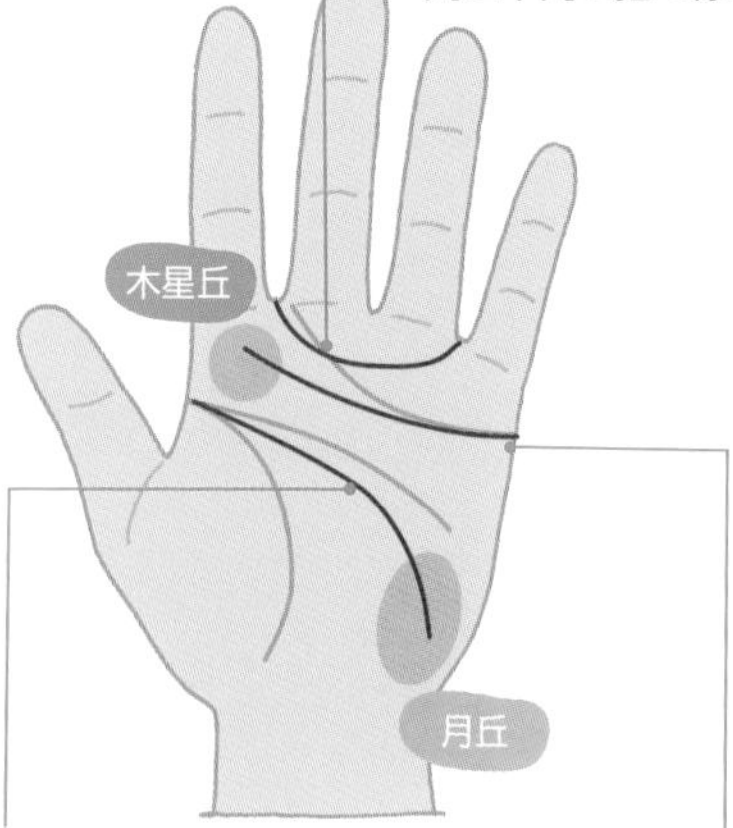

③知能線

ゆるやかな曲線はひとりを思い続けるロマンチスト。

① 感情線

木星丘にのびるほど長い線は、情熱的な愛の持ち主。

❤ 恋愛運UPのアドバイス ❤

独りよがりは失恋の原因に。情熱を仕事や趣味に分散させて人間的な魅力をUPさせて。

テーマにあてはまる鑑定要素を掲載しています。ひとつでもあてはまれば同タイプとして参考にしてください。

恋愛運③

恋に消極的なタイプ

恋に奥手の相

短い直線的な感情線は、自分を客観視して愛情表現がシャイに。結婚線がないので恋愛にあまり興味がなく、金星帯がないため自己アピールも下手。知能線の起点が3㎝以上生命線と重なるのは、超臆病で「断られたら…」と告白できないタイプです。

①短い直線的な感情線

人差し指にのびた感情線が短いので恋愛に消極的。

③金星帯がない

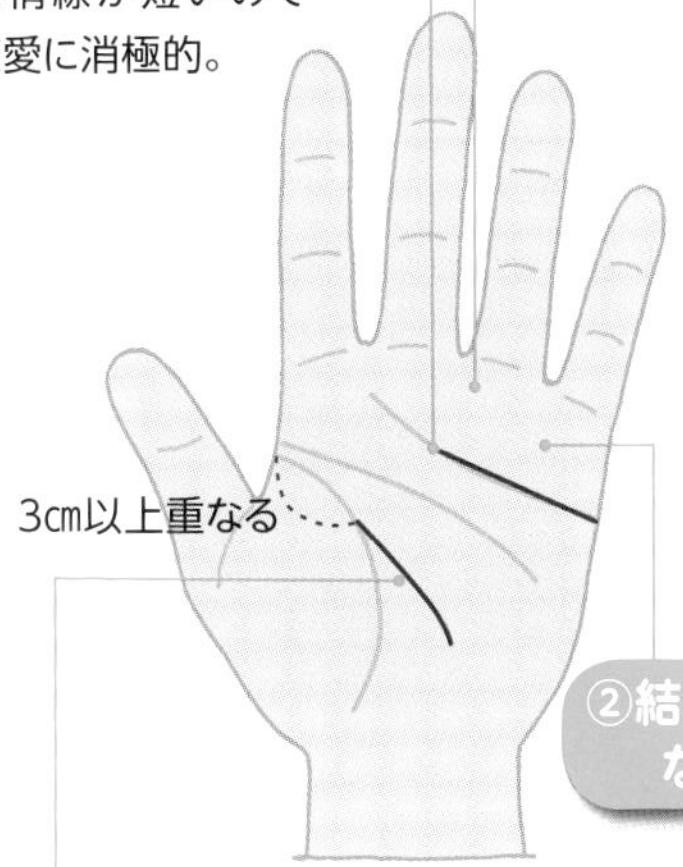

②結婚線がない

④起点が生命線と3㎝以上重なる知能線

一途なのに愛情表現ベタ。重なりが大きいほど臆病。

♥ 恋愛運UPのアドバイス ♥

好きな人の前では内気な人。まずは自分に自信をつけて。

恋愛運④

一瞬で恋に落ちるタイプ

一目ぼれしやすい相

恋のはじまりは直感での好き嫌いから。極端に短い感情線は、激情型で好き嫌いも極端。とても短い複数の結婚線は出会いが多く、ほれっぽいタイプ。知能線の起点が生命線から離れているのは、考えずに行動してしまう傾向があります。

①極端に短い感情線

上下に支線があると感受性が強く、一目ぼれに拍車がかかる。

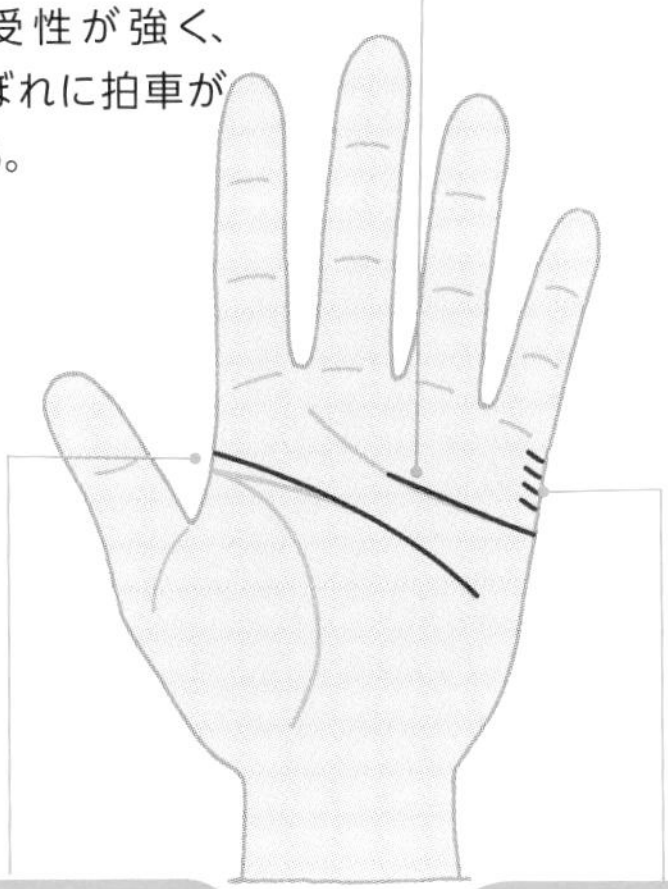

③生命線から離れた知能線

離れるほど行動力がup。強い自己主張は強引さに。

②とても短い複数の結婚線

長い線が1本もないので、熱しやすく冷めやすい面も。

♥ 恋愛運UPのアドバイス ♥

インスピレーションは大切に。でも、すぐに「運命！」と思うのは控えること。

テーマにあてはまる鑑定要素を掲載しています。ひとつでもあてはまれば同タイプとして参考にしてください。

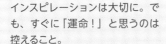

恋愛運⑤

キューピットが導く恋愛

紹介で恋がはじまる相

出会い線は、目上の人からの紹介を暗示。運命線が月丘から土星丘に向かっている人は友人などからの紹介、生命線の1/4の内側から土星丘にのびる運命線は年上の異性が恋人候補を紹介してくれます。

③生命線の内側から土星丘にのびる運命線

生命線の1/4の内側からのびる線。時期は運命線「年齢の見方」で（P45）。

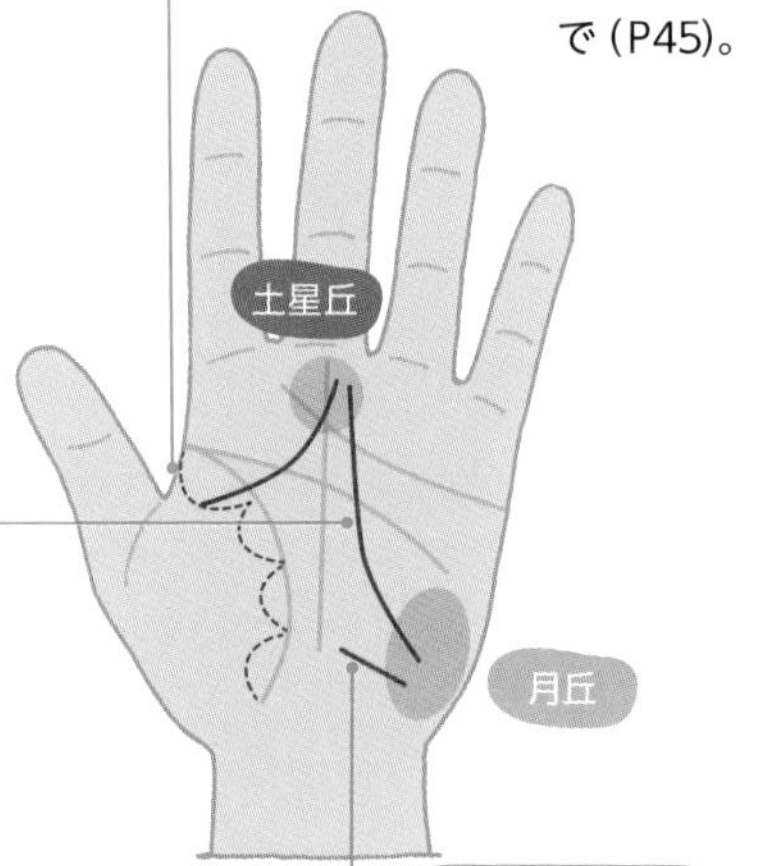

②月丘から土星丘に向かう運命線

月丘から土星丘にのびる線。時期は運命線「年齢の見方」で（P45）。

①出会い線がある

月丘から運命線に向かってのびる短い斜線。

♥ 恋愛運UPのアドバイス ♥

周囲の人からのサポートで恋がはじまるはず。気になる人には積極的にアプローチを。

恋愛運⑥

ドラマチックな大恋愛

熱烈な恋をする相

ドラマチックな恋がしたい！と思っている相。情熱やロマンへの関心が高まると感情線が濃く深くなります。知能線が月丘の中部から下部へのびる線はロマンチックなタイプ。出会い線の先端あたりにマークがあれば人生最大の恋愛運到来。

①濃く深い感情線

薄かった感情線が濃く深くなってきます。

②月丘の中部から下部へのびる知能線

月丘中部から下部へ線がのびるとロマンチックな感性がup。

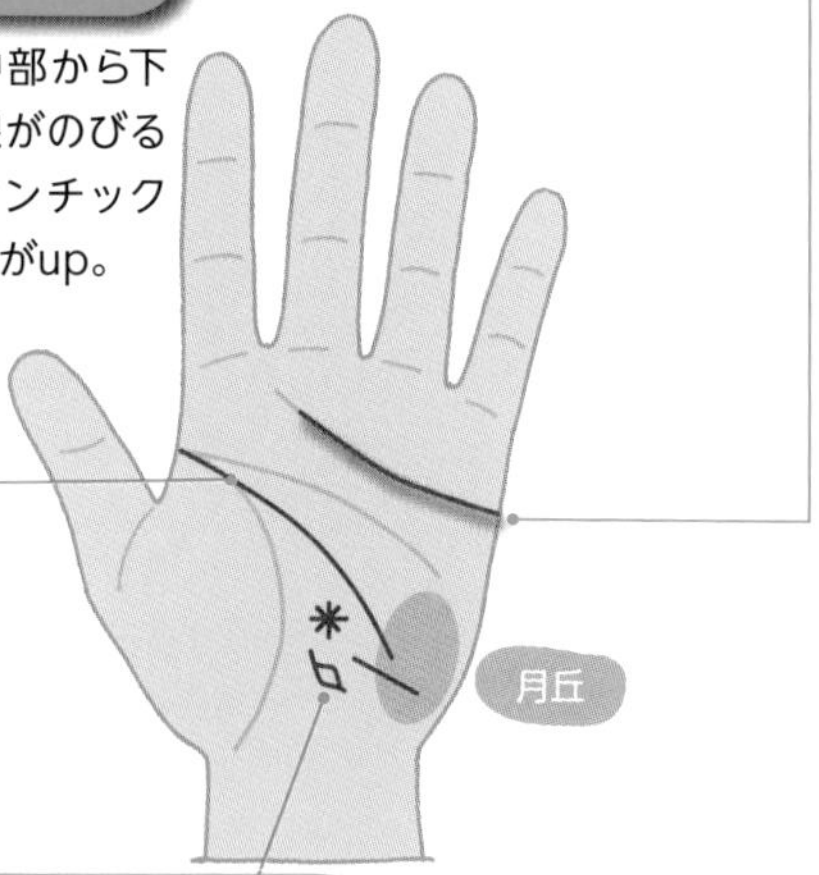

③出会い線の先端あたりのマーク

星形や魚型が現れると大恋愛の暗示。時期は運命線「年齢の見方」で（P45）。

♥ 恋愛運UPのアドバイス ♥

つきあうのは無理と思っていた人と恋人になれそう。障害も乗り越えられます。

恋愛運⑦

モテ期到来

異性にモテモテの相

感情線の上向きの枝線は、明るく前向きで異性をひきつける魅力を表します。はっきりとした金星帯は、異性に関心が高く、色気もあって異性にモテる人。複数の出会い線は、多くの人から愛されることを表しています。

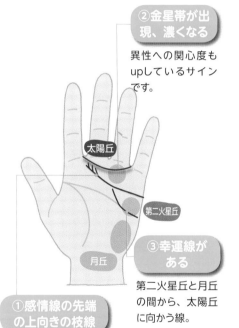

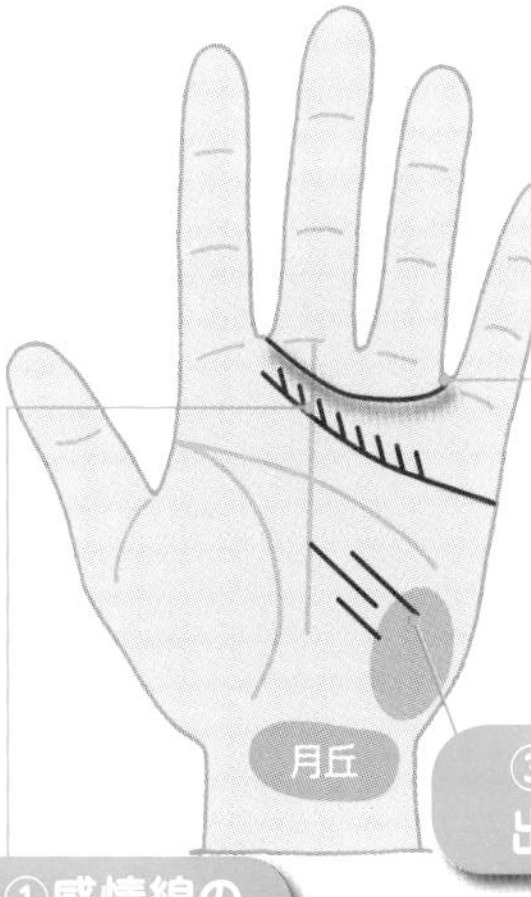

②はっきりとした金星帯

恋愛をプラス思考で考えているサイン。

①感情線の上向きの支線

複数やキレギレの場合は、性的な魅力もあります。

③複数の出会い線

モテる時期は、出会い線の位置でチェック。運命線「年齢の見方」で（P45）確認を。

♥ 恋愛運UPのアドバイス ♥

モテるだけに、恋人選びは慎重に。本当の恋をつかむためにも、冷静な判断が必要。

恋愛運⑧

すぐ恋人ができそう

恋に前向きになる相

感情線の先端の上向きの枝線は、特定の人に愛情を注ぐサイン。金星帯が現れたり、線が濃くなれば、魅力が増して異性の注目が集まりつつあることを現します。幸運線は、ハッピーな出会いを暗示しています。

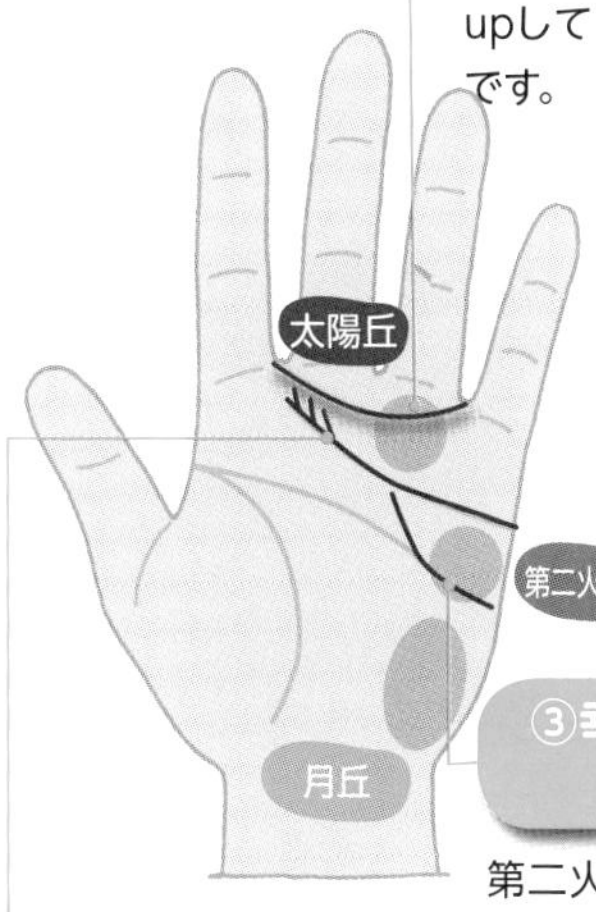

②金星帯が出現、濃くなる

異性への関心度もupしているサインです。

③幸運線がある

第二火星丘と月丘の間から、太陽丘に向かう線。

①感情線の先端の上向きの枝線

恋愛エネルギーも充実しています。

♥ 恋愛運UPのアドバイス ♥

恋が始まるサインを見つけたら、積極的に人に会いましょう。幸運を手に入れる可能性大。

テーマにあてはまる鑑定要素を掲載しています。ひとつでもあてはまれば同タイプとして参考にしてください。

恋愛運⑨

恋して前向きになる

恋で幸運をつかむ相

感情線に上向きの枝線は、恋愛がその人を前向きにさせているサイン。先端が分かれて上向きな知能線は、恋愛が向上心や積極性をもたらしています。生命線の内側から太陽丘に届く太陽線がある人は、恋人が幸せを運んできます。

①感情線に上向きの枝線

なかった枝線が現れたり、本数が増えたりは吉兆。

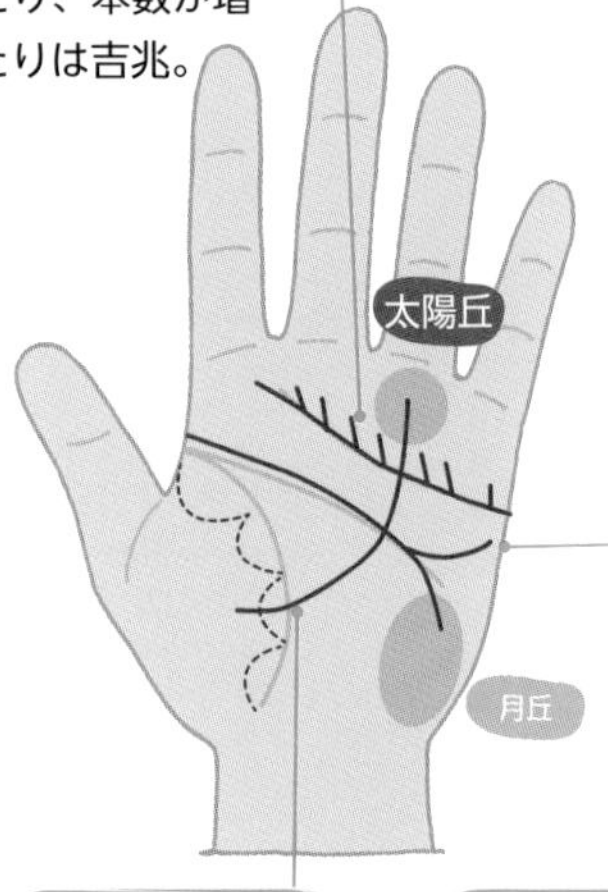

③太陽丘に届く太陽線

生命線の3/4の内側から太陽丘に届く太陽線。

②知能線に上向きの支線

支線のカーブは、上に向くほど運勢がup。

♥ 恋愛運UPのアドバイス ♥

恋人と一緒に行動、考えることで運気がup。

恋愛運⑩

危機がおとずれそう

失恋しそうな相

感情線に空白が現れると感情的なトラブル、経済的なトラブルなど恋人との間にひびが入ることを暗示。下向きの結婚線は、愛情が冷めたことを表しています。また、知能線が地丘にのびると思い込みでがんじがらめになるかも。

①感情線に空白がある

中指の下は本人たち以外の原因、薬指下は感情的な理由、小指下は経済的理由。

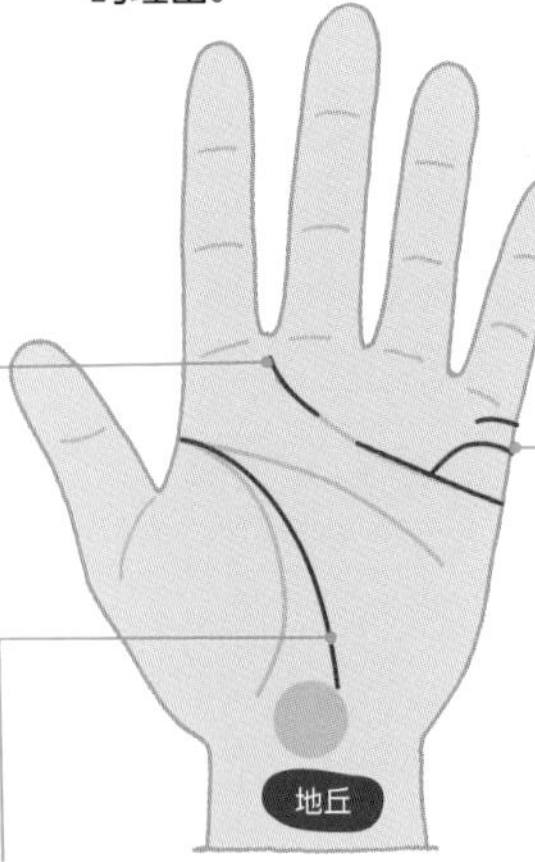

③地丘にのびる知能線

疑心暗鬼になっているかも。

②下向きの結婚線

時期は、結婚運「年齢の見方」で確認を（P103）。

♥ 恋愛運UPのアドバイス ♥

２人の心が離れていくサイン。感情的にならず、上手くいくよう改善を。

テーマにあてはまる鑑定要素を掲載しています。ひとつでもあてはまれば同タイプとして参考にしてください。

恋愛運⑪

結婚へのステップ up！

結婚へ向かう相

人差し指と中指の間にのびる感情線は、家庭的な愛情にあふれた人。数本の結婚線で1本がはっきり長い場合は、恋愛が結婚へ結びつくサイン。生命線の内側から水星丘へのびる財運線は、経済的にも結婚への準備が整いつつあるというサイン。

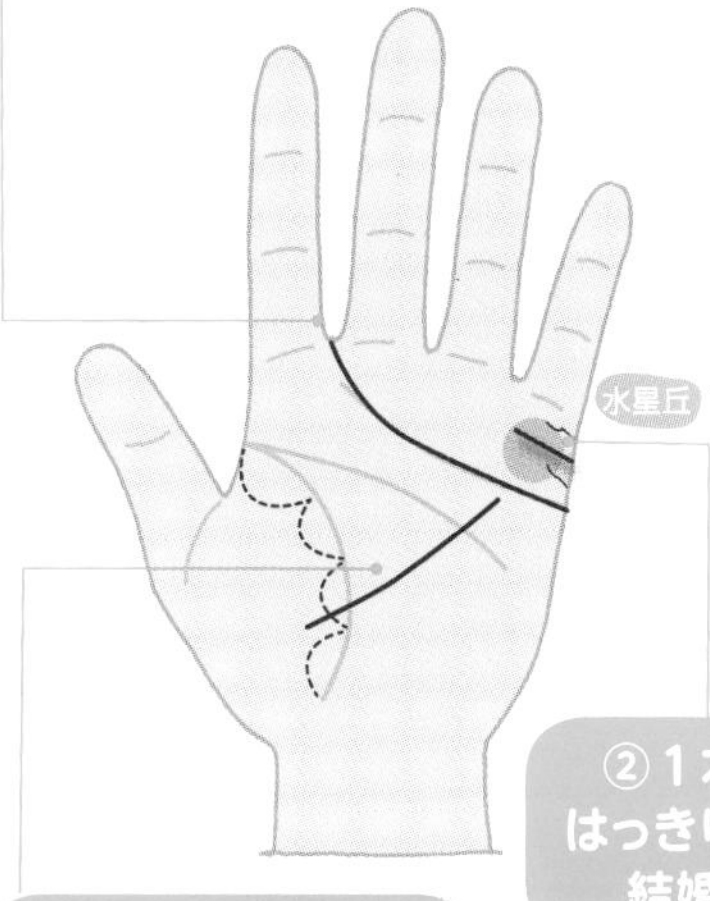

①人差し指と中指の間にのびる感情線

温かい家庭をつくる人です。

②1本がはっきり長い結婚線

先端が上向きなら、恋人が理想の人の可能性あり。

③生命線から水星丘へ向かう財運線

生命線の3/4が起点。発達した水星丘はさらに吉相。

♥ 恋愛運UPのアドバイス ♥

2つ以上条件が合えば、準備が整いつつあります。プロポーズのチャンス！

恋愛運⑫

恋愛期間が長〜い

結婚に踏み切れない相

直線的でとても短い感情線の人は、愛情表現が控えめでさっぱりしています。また、生命線上から出る知能線は、決断をするのにと〜ても時間がかかる人。そのため、結婚という観念が薄い傾向に。けれど別れる気はあまりありません。

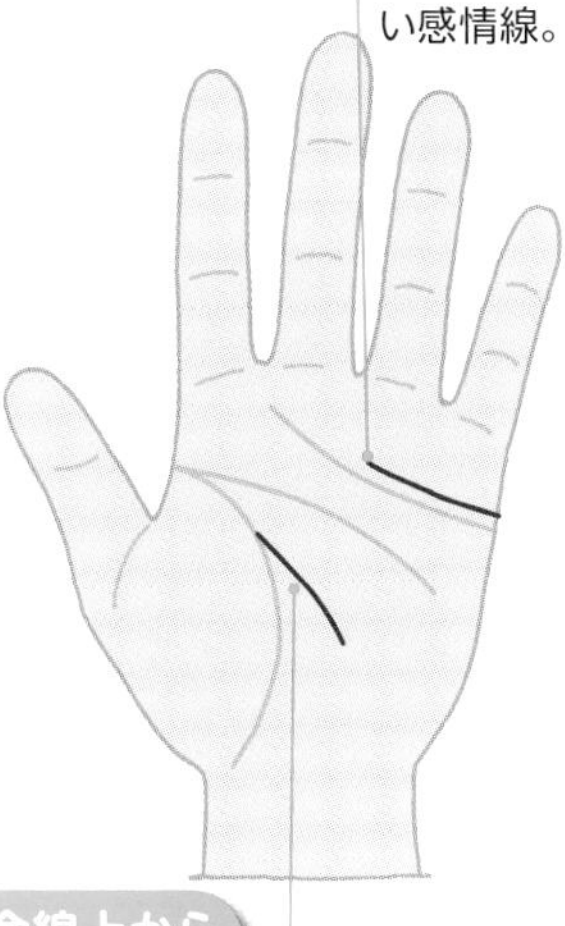

①直線的でとても短い感情線

薬指までしかない短い感情線。

②生命線上から出る知能線

つかんだものは離さない性格。恋人と別れる気はない人です。

♥ 恋愛運UPのアドバイス ♥

慎重な自分が選んだ恋人を信じて。たまには、相手にわかりやすい愛情表現を。

テーマにあてはまる鑑定要素を掲載しています。ひとつでもあてはまれば同タイプとして参考にしてください。

恋愛運⑬

恋人に振りまわされる

情が深すぎる相

中指寄りにのびる感情線は、一途に恋人に尽くすタイプ。下向きの枝線は、恋人のいいなりになりやすく流されやすい面があります。先端が下がる結婚線は、恋人と向き合うエネルギーが低下しています。

①中指寄りにのびる感情線

人差し指と中指へのび、中指寄りに終点がある感情線。

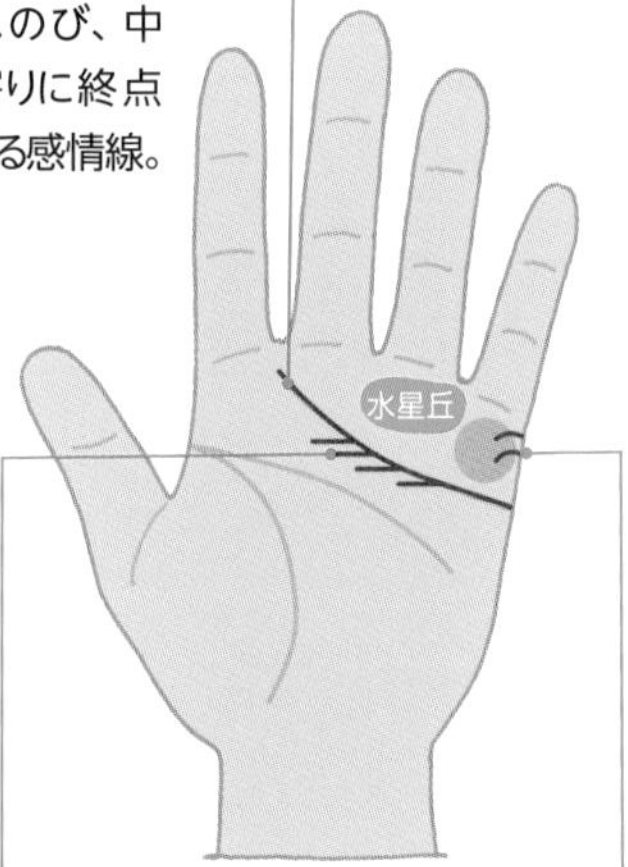

②感情線に下向きの枝線

思いやりがあり、やさしいけれど、恋人まかせ。

③先端が下がる結婚線

水星丘が未発達だとコミュニケーション力も低下。

♥ 恋愛運UPのアドバイス ♥

情が深く、すべて恋人に合わせる傾向があります。自分の主張を伝える努力を。

恋愛運⑭

恋愛の理想が高い

100%の恋人を求める相

感情線が人差し指の真ん中にのびる人は、理想の相手を求め続けます。急カーブで上昇する結婚線は、理想が高く条件のピッタリでないと不満が残るタイプ。向上線があると負けん気が強く、恋人にも上昇志向を求めてしまいがち。

①感情線が人差し指の真ん中へ

強い線は超理想主義、薄ければハードルを下げることも。

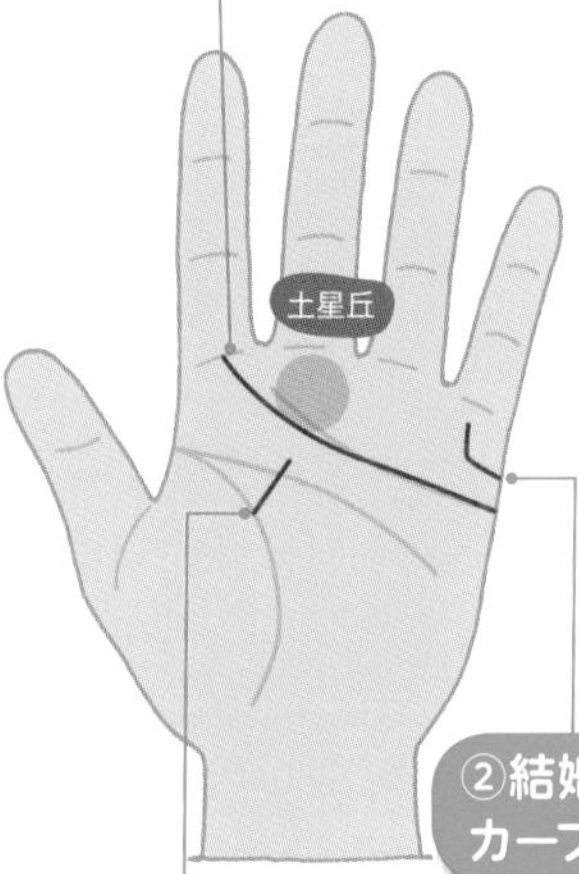

②結婚線が急カーブで上昇

急な曲線で小指に向かってのびる結婚線。

③向上線がある

生命線上から中指のつけ根(土星丘) に向かってのびる線。

♥ 恋愛運UPのアドバイス ♥

今の恋人を理想のタイプに育てるつもりでおつきあいを。

テーマにあてはまる鑑定要素を掲載しています。ひとつでもあてはまれば同タイプとして参考にしてください。

恋愛運⑮　まだあるこんなサイン

ハッピーなサインは、気を緩めると消えることもあるので見逃さないように。アンハッピーなサインには、その人のパーソナリティ（第4章「STEP2 27のタイプからパーソナリティを見極めよう」P59）とあわせて鑑定しましょう。ハッピーになるアドバイスを忘れずに。

ハッピーなサインは、見逃さないでね！

手のひらにこんなサインが出たら、要注意！

恋愛に前向きになる

結婚線の近くに出る星や三角の線は、恋愛に前向きになっているサイン。

ハッピーエンドのサイン

結婚線が赤みをおびていたら、結婚への序章のサイン。

ドラマチックな恋愛の予感

金星帯まで届く結婚線は、思いがけない人から告白されるか、大恋愛の暗示。

ハッピーなことがあるサイン

木星丘の星は、近々ハッピーなことが起きるサイン。

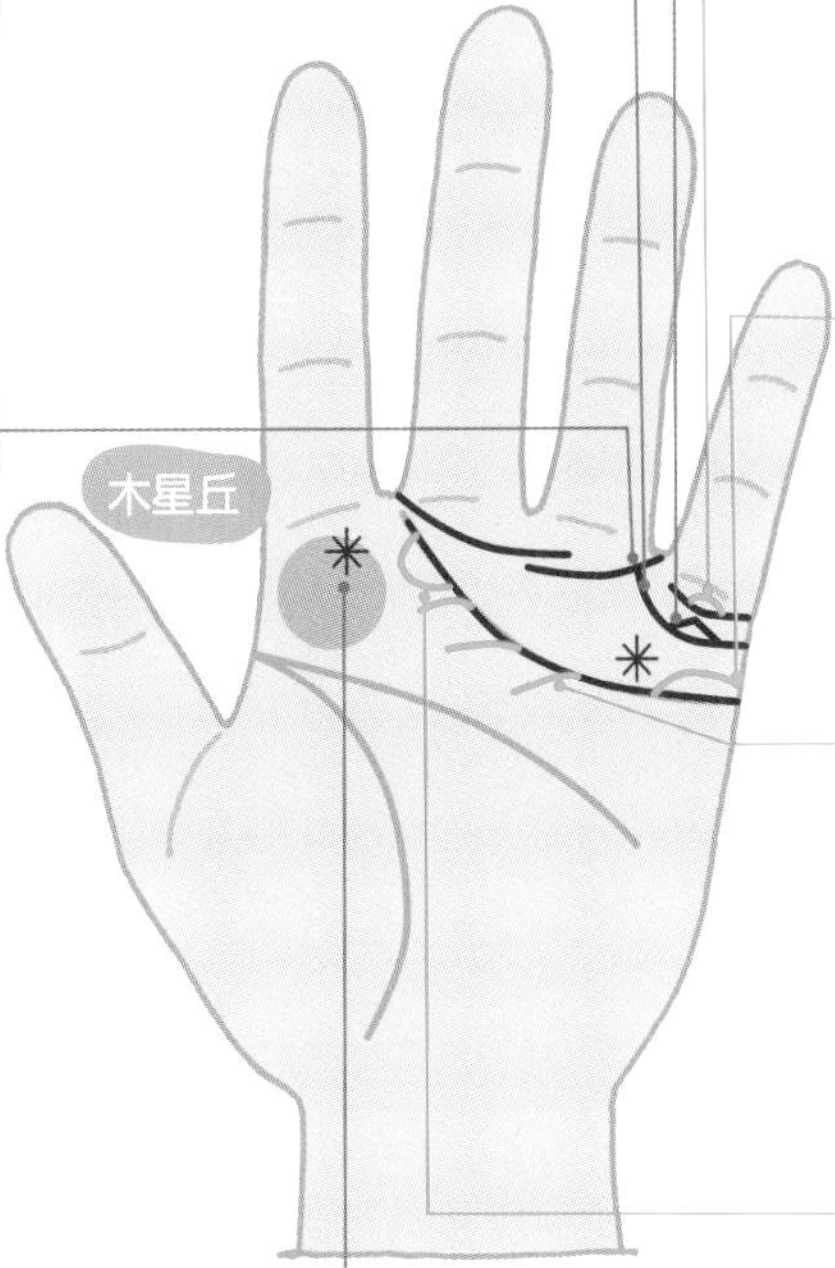
木星丘

ケンカが絶えない

結婚線上の島は、ケンカが絶えない状況を暗示。

なかなか恋人ができない

感情線に接する下向きの結婚線は、恋人がなかなかできない可能性あり。

失恋を繰り返す

感情線の途中から短い下向きの支線。線の数が多いほど、度々失恋していることを現しています。

別れるかも…

感情線の先端に島は、感情的な理由だけでなく入院や移動などで恋人と別れるサイン。

STEP3

目的別に鑑定する　結婚運

結婚運を鑑定するポイント

結婚運は、結婚線をメインにみていきます。結婚のタイプやどんな結婚生活になるかなどは、手相バリエーションを参考に鑑定しましょう。

結婚運では、生命線、感情線とその周辺がポイントです。①～④の順番でチェックしましょう。手相バリエーションもイラスト内の番号順に鑑定をしましょう。

結婚運を鑑定するポイント

線の「なにをみる」ことで「なにがわかるか」をチェックしましょう。

① 結婚線をチェック
② 感情線をチェック
③ 運命線をチェック
④ 結婚時期をチェック

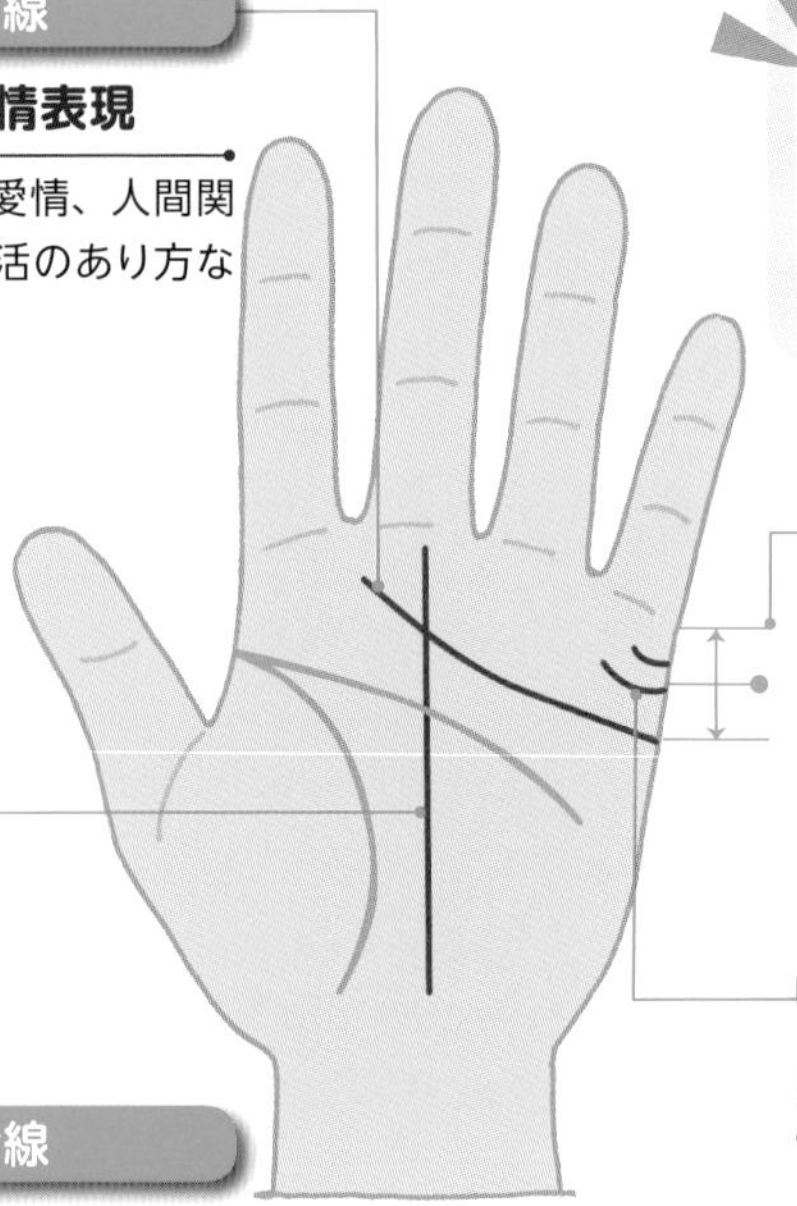

② 感情線

夫婦や家族の愛情表現

夫婦間や家族との愛情、人間関係からみる結婚生活のあり方などがわかります。

④ 結婚の時期

一番長い線の起点で結婚時期を読み解くことができます（P103「結婚時期の見方」参照）。

① 結婚線

結婚時期や結婚生活

早婚か晩婚かといった結婚の時期、どんな夫婦関係や結婚生活かなどがわかります。

③ 運命線

結婚生活の状況

人生の運気、親子関係、専業主婦か仕事を持つかなどその人の役割や仕事などがわかります。

①結婚線を見るポイント

線の末端
愛情のゆくえ

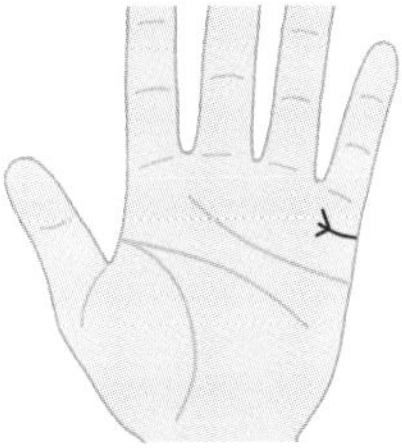

下降線は平均的な夫婦愛、ホウキ状は子どもなどへ愛情が移り、二股は別居や離婚の兆候。

線の濃さ・長さ
ラブラブ度

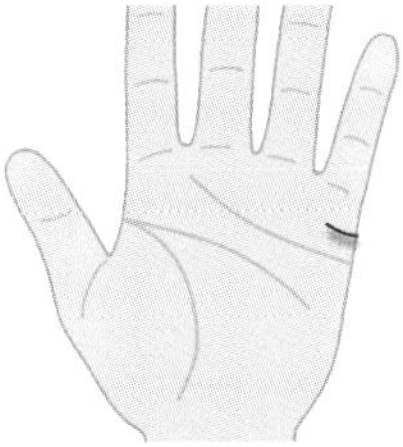

濃く長い線はずっとラブラブ、濃く短い線は愛情が信頼へ、薄く長い線は穏やかな愛情が持続。

線の本数
良縁のサイン

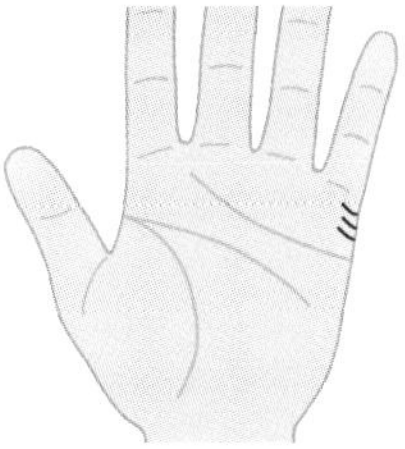

結婚の回数ではなく「縁」の数。時期は、一番長い線を基準に「結婚時期の見方」を参照。

②感情線を見るポイント

線上の空白
家庭不和の原因

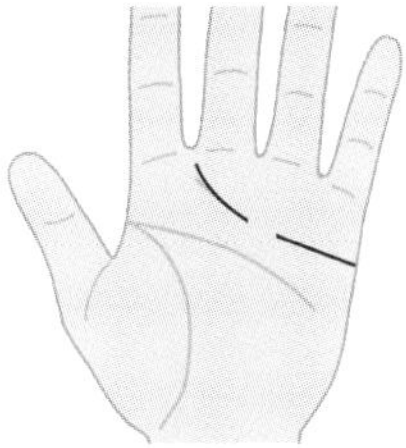

中指の下は仕事が、薬指の下はわがままが、小指の下は経済的なことがトラブルの原因に。

起点の位置
経済的な考え方

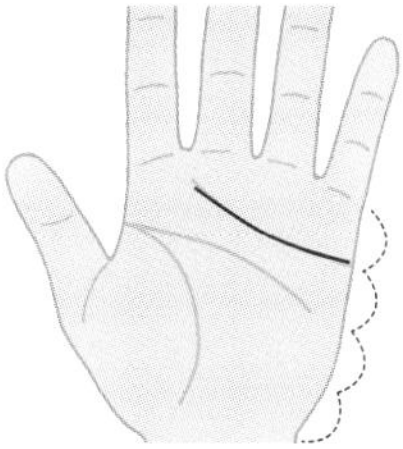

1/4より上は金銭感覚が発達してお金に困らず安定、1/4より下は心の豊かさ優先の金銭感覚。

線ののびる方向
家庭のタイプ

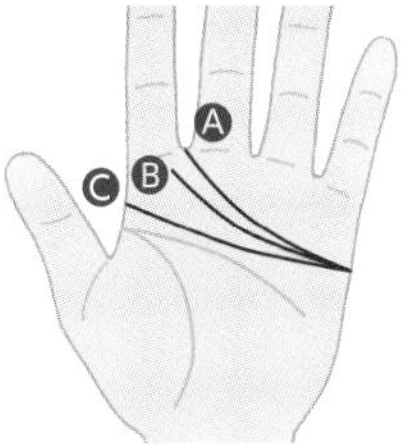

Ⓐは良き家庭人で円満、Ⓑは過保護気味な家庭、Ⓒはかかあ天下や亭主関白タイプに。

③運命線を見るポイント

線の濃さ・長さ
家庭での役割

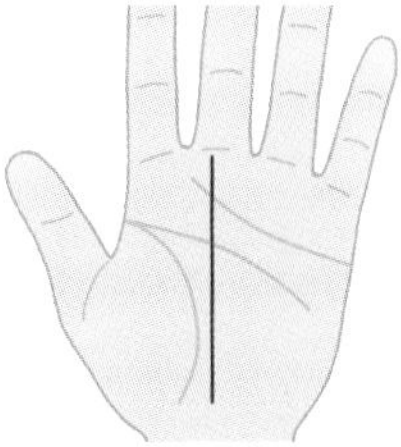

濃く長い線は家庭より仕事。線がない、薄く長い線の男性は家庭を大事に、女性は内助の功。

④結婚時期の見方

小指と感情線の間を2等分した中心でチェック。男性は31～32歳、女性は29～30歳。

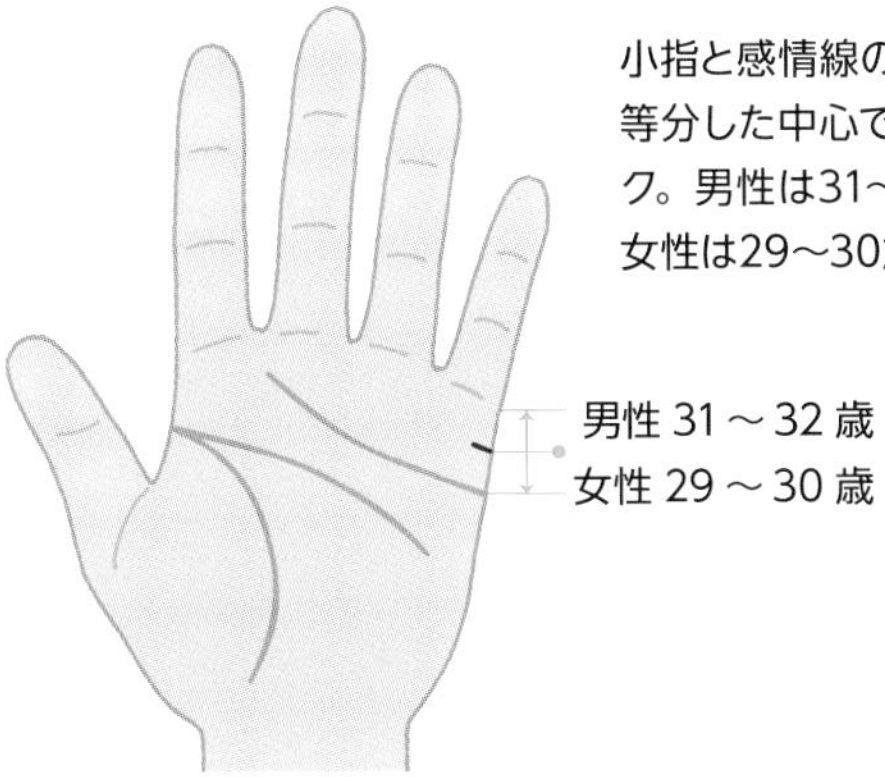

結婚運①

早婚でハッピーになるタイプ

早く結婚する相

濃く長い結婚線が感情線に近い位置にある人は、若いときに結婚して幸せになれる相。人差し指と中指の間にのびる感情線は、家庭を守る意志が強い表れ。意中の人がいれば、情熱も長続きするので結婚して幸せをつかむタイプです。

①感情線に近い結婚線

感情線に近いほど早婚。年齢は「結婚時期の見方」（P103）で確認。

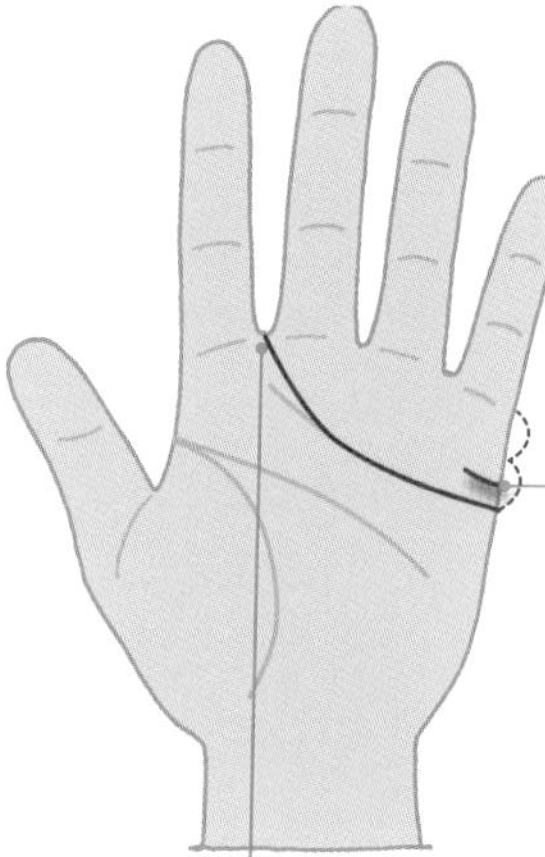

②人差し指と中指の間にのびる感情線

好きになったらひと筋。家族愛が強く、いい家庭をつくろうと努力します。

❤ 結婚運UPのアドバイス ❤

本命を逃すかも。恋愛初期の気持ちを思い出すようにアドバイスを。

結婚運②

晩婚で幸せをつかむタイプ

晩婚の相

濃く長い結婚線が小指寄りにある人は、晩婚タイプ。起点が生命線上の知能線は無茶な行動はしないことを表し、恋愛も慎重派なために結婚は遅くなる傾向。途中からスッキリした線の運命線は、ある程度の年齢で生活が安定します。

①小指に近い結婚線

小指に近いほど晩婚。年齢は「結婚時期の見方」（P103）で確認。

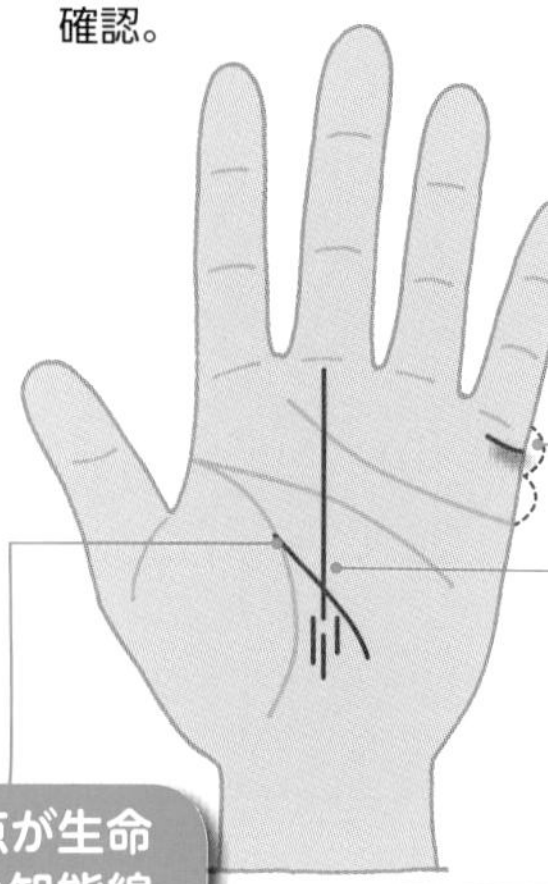

②起点が生命線上の知能線

慎重で恋愛にも消極的。ただ、好きな相手は守り抜く頼もしい面も。

③途中からスッキリした線の運命線

線がスッキリした位置が結婚時期。時期は運命線「年齢の見方」（P45）で確認。

❤ 結婚運UPのアドバイス ❤

友人の紹介やお見合いなどの出会いの場を逃さないよう。誠実さが幸運をもたらします。

テーマにあてはまる鑑定要素を掲載しています。ひとつでもあてはまれば同タイプとして参考にしてください。

結婚運③

バックアップで結婚するタイプ

お見合い結婚に多い相

薄い結婚線は、あまり結婚願望がない傾向があります。短く曲線の感情線の人は、とてもシャイな性格でなかなか告白できず結婚に行き着くのにひと苦労しそう。出会い線があれば、目上の人からのサポートで結婚のチャンスを得られます。

①薄い結婚線

恋愛にも受け身で、結婚願望も少ないタイプ。結婚線のない人も同様。

②短い曲線の感情線

異性に対して控えめで穏やかな人。気持ちを伝えられず結婚を逃すことも。

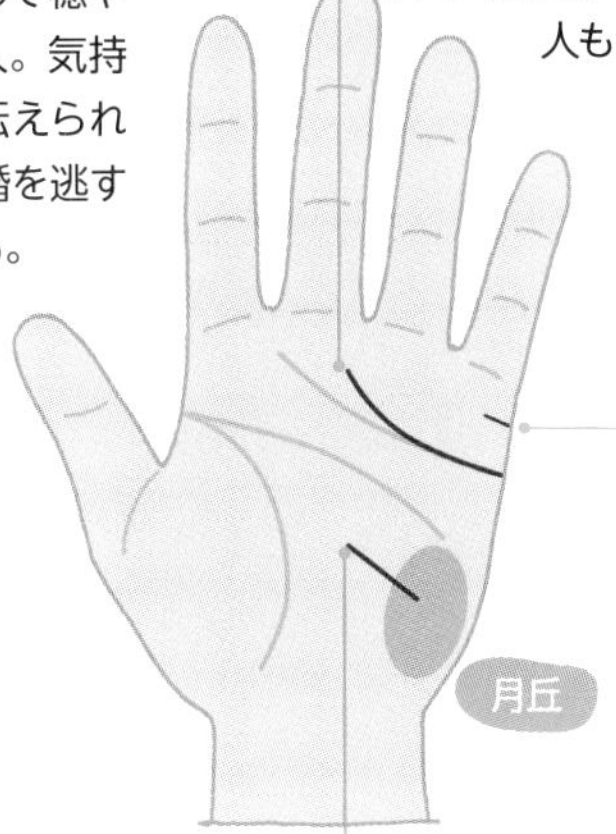

③出会い線がある

自分の努力では得られないチャンスを与えてもらえます（P92参照）。

♥ 結婚運UPのアドバイス ♥

内気で純情な人なので、周囲のバックアップを素直に受けて幸せをゲットするようアドバイスを。

結婚運④

決断したら即結婚するタイプ

決断が早く情熱的な相

濃く短い1本の結婚線は、「この人!」と思ったらすぐに結婚へ邁進する人。生命線と離れた知能線は判断力に長け、決断したら即行動します。手のひらの端にのびる感情線は相手を独占したい願望があり「即結婚!」に結びつくタイプです。

①濃く短い1本の結婚線

情熱的な愛情で結婚します。初恋の人と結ばれるのもこの相。

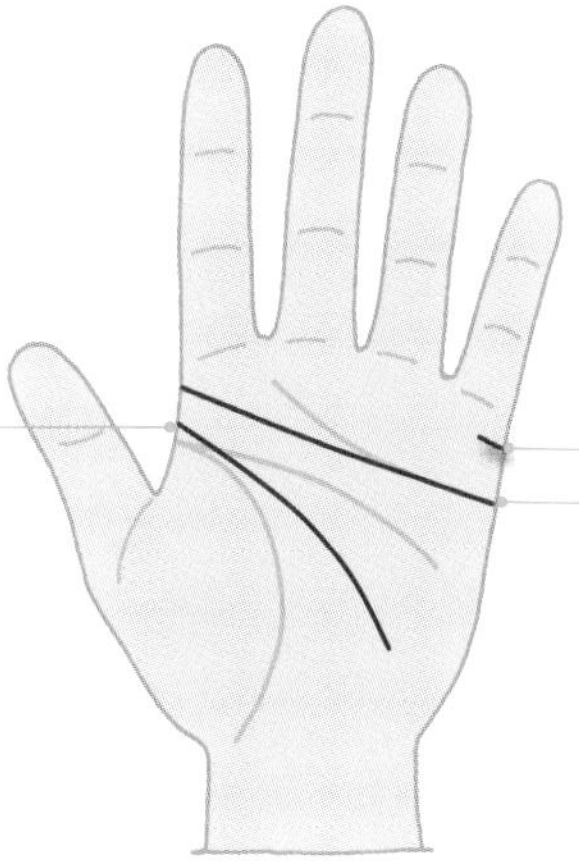

②起点が生命線と離れた知能線

生命線から離れるほど、判断力、行動力が大胆になります。

③手のひらの端にのびる感情線

愛情深い分、独占欲や支配欲が強く嫉妬深い面も。

♥ 結婚運UPのアドバイス ♥

情熱的な電撃結婚タイプ。主導権を握るタイプですが、時には相手の意見も尊重することを心がけて。

テーマにあてはまる鑑定要素を掲載しています。ひとつでもあてはまれば同タイプとして参考にしてください。

結婚運⑤

理想的な結婚をするタイプ

「玉の輿」「逆玉の輿」結婚をする相

太陽線に届く結婚線は、女性なら「玉の輿」男性なら「逆玉の輿」の相。生命線の上1/4が起点で太陽丘にのびる太陽線は、年上の異性をひきつける魅力があり、愛されるタイプ。有力者の特別な愛情に恵まれる運命線に届く寵愛線があれば、鬼に金棒です。

①太陽線に届く結婚線

最高級の結婚運。愛情、経済的にも恵まれた結婚で幸せをつかめます。

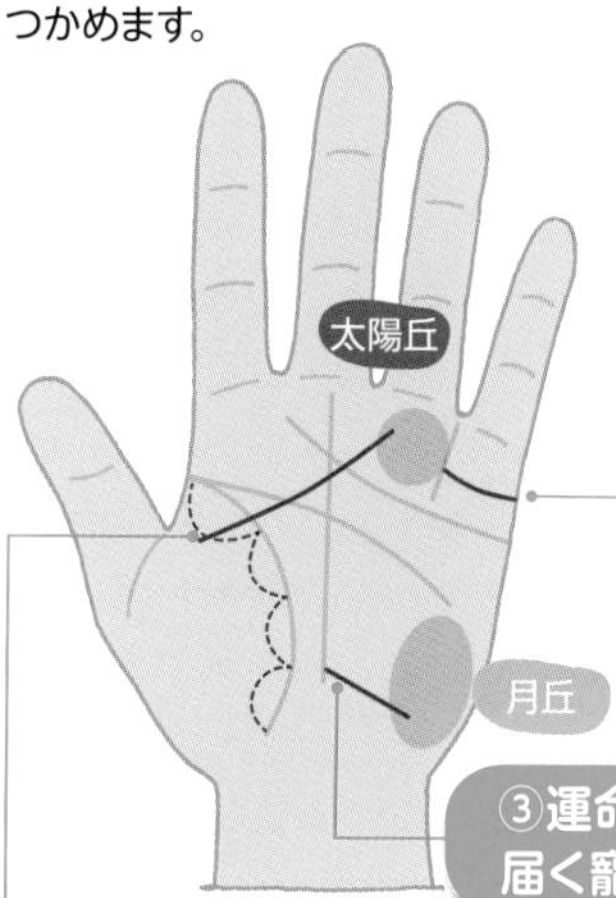

②生命線の 1/4 が起点で太陽丘にのびる太陽線

年上の相手から幸せがもたらされ、結婚すると開運する相。

③運命線に届く寵愛線

とても珍しい相（P21⑦参照）。運命線に届かなければ、出会い線（P92参照）になります。

❤ 結婚運UPのアドバイス ❤

お金持ちや将来有望な人などと出会う可能性が高いタイプ。チャンスを逃さないようアドバイスを！

結婚運⑥

障害を乗り越えて結婚するタイプ

困難な恋愛を成就させる相

太陽丘に届く薄く長い結婚線は、二人で幸せをつかみます。人差し指のつけ根より中指寄りにのびる感情線は、どんな障害も乗り越える献身的な愛情を示します。結婚線上の障害線は、親の反対などの障害がありますが乗り越えられるはず。

①薄く長い結婚線

どんなことでも二人三脚で取り組み、幸せをつかみます。

②線上に障害線がある結婚線

障害線は結婚線の意味を弱めます。障害を乗り越えれば、幸せな未来が待っています。

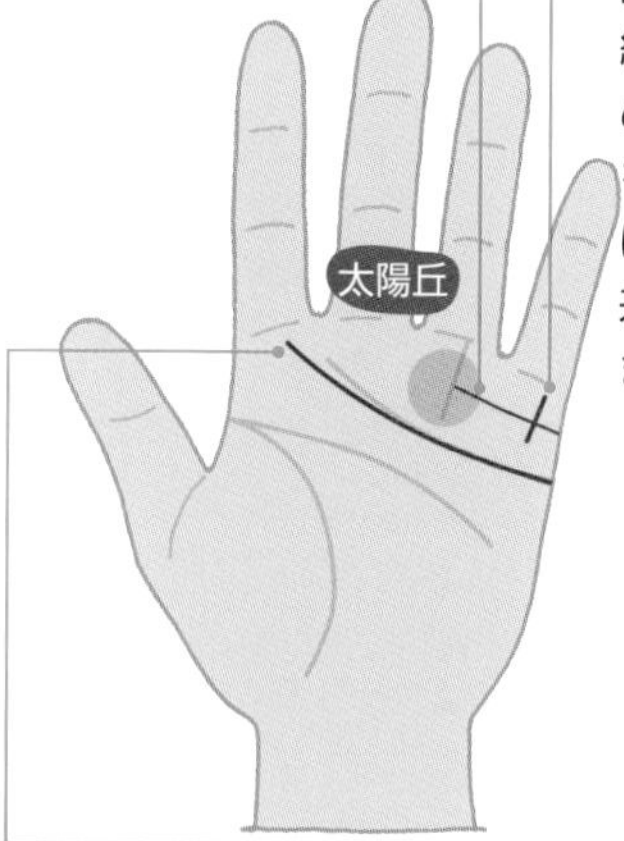

③人差し指のつけ根より中指寄りにのびる感情線

好きな人には一途でどんな困難にも立ち向かえる強い相。

❤ 結婚運UPのアドバイス ❤

結婚までのいくつか障害も幸せへの試練と考えて。二人の信頼関係も絆も深くなります。

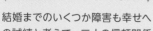

結婚運⑦

幸せな家庭をつくるタイプ

夫婦円満の相

濃く長い結婚線は、夫婦の結びつきが強く、愛情に満ちた結婚生活です。結婚線が1本なら、初恋の人と結婚して幸せに。人差し指と中指の間にのびる感情線は、誠実な性格で良き夫、良妻賢母になって温かな家庭をつくります。

①濃く長い結婚線

太陽丘に届かない長さ。濃く短い線は落ち着いた夫婦愛へ。

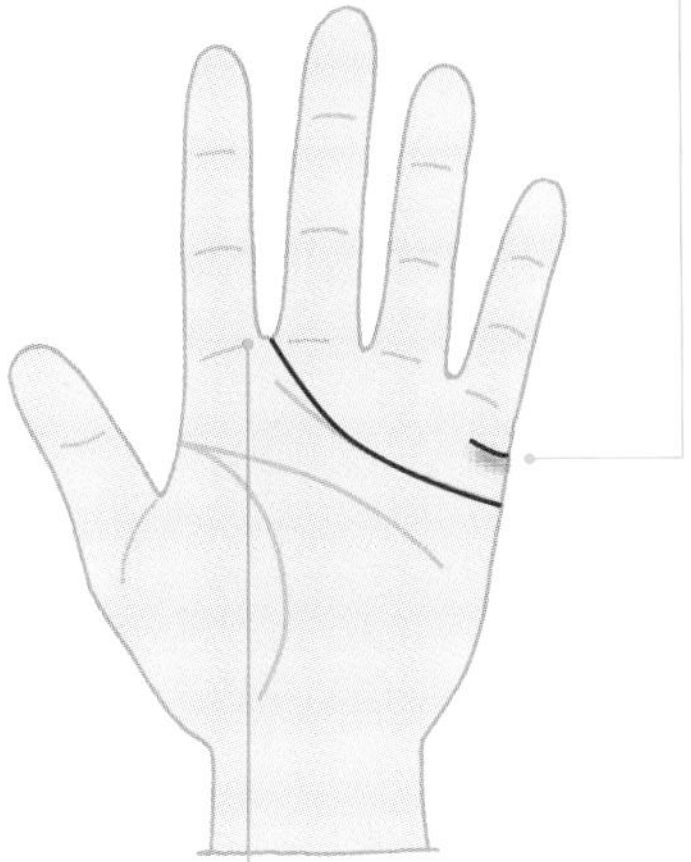

②人差し指と中指の間にのびる感情線

明るく愛情にあふれ、家族を大切にするタイプ。浮気の心配はゼロ。

結婚運UPのアドバイス

パートナーや家族を大切にすることで、本人の運勢も安定します。コミュニケーションを大事に。

結婚運⑧

結婚で運気upするタイプ

結婚後開運する相

太陽丘にのびる結婚線は結婚で開運、結婚の経過とともに幸せ度がアップ。人もうらやむような結婚生活が送れるラッキー線。生命線の3/4から太陽丘にのびる運命線は、配偶者によって開運。仕事でもよきパートナーになるでしょう。

①太陽丘にのびる結婚線

結婚で運勢がどんどんよくなる、珍しい吉相です。

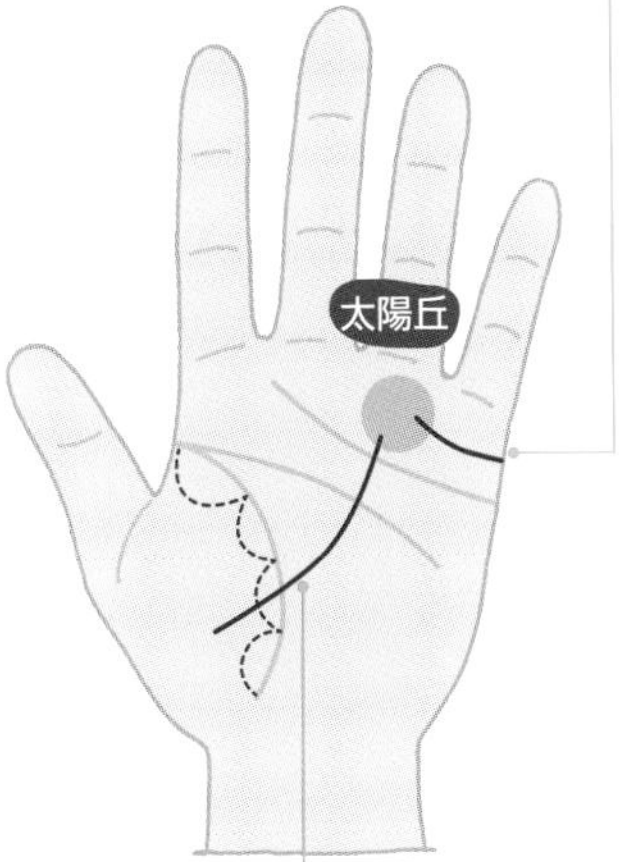

②生命線の3/4から太陽丘にのびる運命線

結婚で開運する相です。太陽丘に届く人は最高の配偶者と結婚へ。

結婚運UPのアドバイス

結婚相手が幸運をもたらす相。その出会いへの感謝を忘れず、相手を大切に。

結婚運⑨

家庭を守って開運するタイプ

内助の功の相

人差し指と中指の間にのびる感情線は、結婚後は家庭を守り、家族を一番に考える人。薄い運命線は、人を上手にサポートするタイプ。内助の功を発揮して家族を支えます。発達した金星丘は、明るく活動的な性格で温かい家庭をつくるでしょう。

①人差し指と中指の間にのびる感情線

愛情豊かで、家族や身内をとても大事にするタイプ。

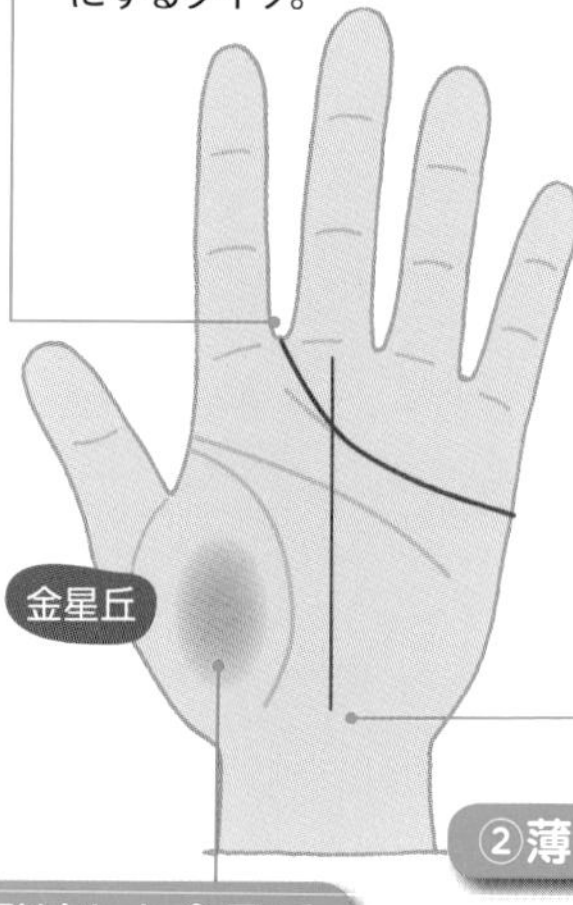

②薄い運命線

女性は専業主婦、男性は家庭をとても大事にする人。運命線がない人も同じ相。

③発達した金星丘

とても愛情豊かな人。性格も明るく行動的で家庭を大切にします。

❤ 結婚運UPのアドバイス ❤

家庭的な愛情にあふれた人。家庭を大切にすることで自分の運気もupします。

結婚運⑩

笑顔を運ぶ赤ちゃんは…

子どもに恵まれる相

感情線の起点に枝線は、子宝に恵まれやすい時期に表れます。大きく張り出している生命線は、生命エネルギーが満ちあふれ、精力もupしているサイン。さらに金星丘が発達していると気力・体力も充実。女性は母性本能が強く愛情豊かです。

①感情線の起点に枝線

別名「子ども線」。短い枝線が目立ってくると子宝に恵まれやすいサイン。

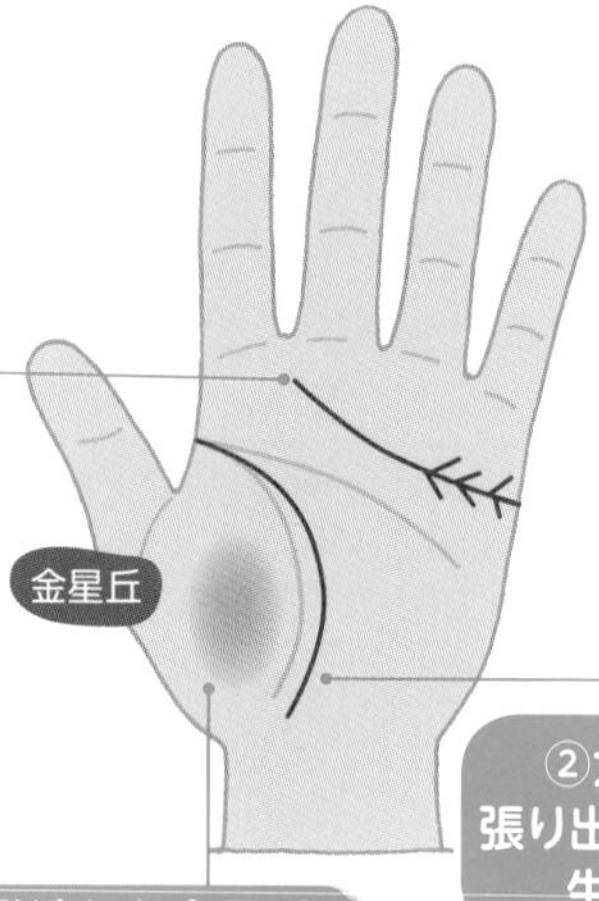

②大きく張り出している生命線

生命線の張り出しは、その人のバイタリティを表します。

③発達した金星丘

発達しているほど気力、体力が充実。楽しく子育てできそう。

❤ 結婚運UPのアドバイス ❤

体力的にも精神的にも充実して、子どもを授かる準備ができた状態です。

結婚運⑪

家族内トラブルの暗示

家庭内で問題が起きる相

線上に障害線のある結婚線は、夫の浮気や姑問題などの家庭内トラブルの発生サイン。波状の出会い線は、我が強く目上を立てる気持ちが今ひとつ不足気味です。忍耐線がある場合は、我慢が必要な環境にあることを表しています。

①結婚線の線上に障害線

家族内で予期せぬトラブルが起きる警告サイン。

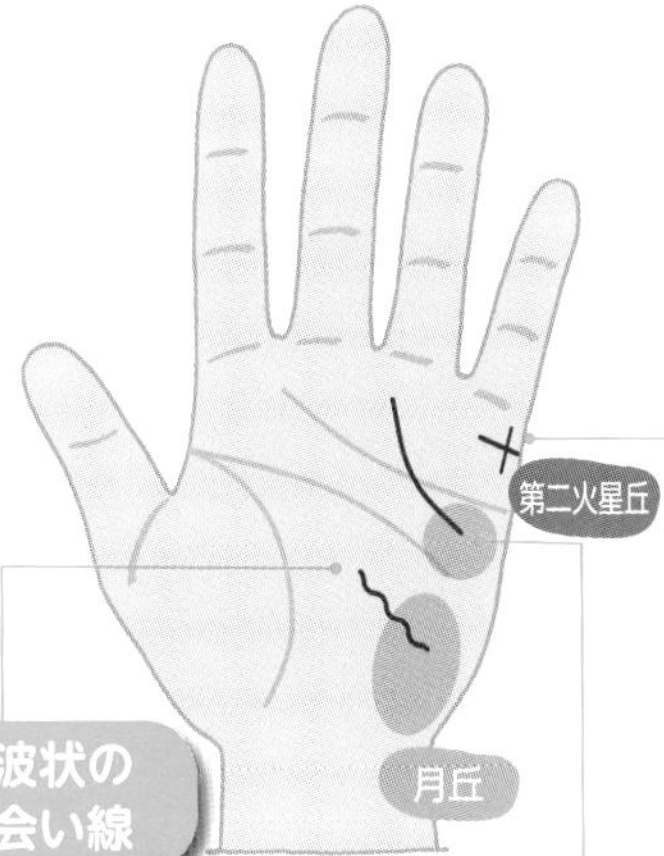

②波状の出会い線

目上の人に可愛がられる線（P92参照）ですが、目上の人を敬って開運。

③忍耐線がある

我慢強い性格を表す線（P25⑱参照）ですが、我慢する環境を暗示。

❤ 結婚運UPのアドバイス ❤

我慢強さが幸運を招く場合も。問題の多い身内と距離をおくことも必要かも。

結婚運⑫

家族がバラバラになりそう

家族関係がギクシャクする相

切れ切れの結婚線は、価値観のズレなど、ささいなことでケンカが絶えなさそう。濃く直線的で短い感情線は、感情表現が下手で相手の気持ちを考えずに独断的な行動とるタイプ。短気線があれば、すぐにカッとなる傾向があることを表します。

①切れ切れの結婚線

家族に対しての愛情が薄くなりはじめ、ケンカが多くなるサイン。

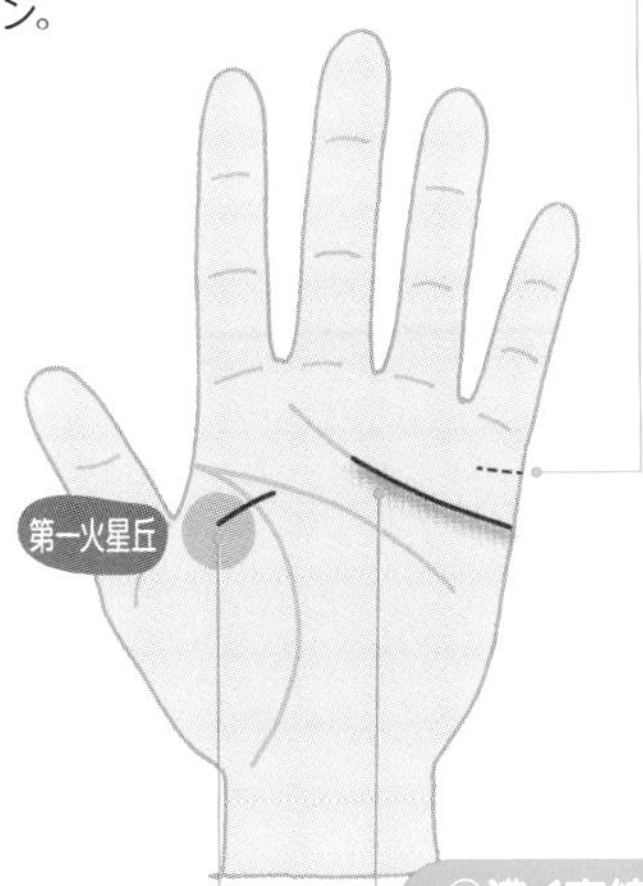

③短気線がある

この線（P25⑰参照）のある人は、感情が表情や言動に出ます。短気は損気！です。

②濃く直線的で短い感情線

濃い線ほど、独断的な行動や表現ベタがひどくなります。

❤ 結婚運UPのアドバイス ❤

相手は自分の気持ちを伝えたくて必死なのかも。相手の声に耳を傾ける努力を。

テーマにあてはまる鑑定要素を掲載しています。ひとつでもあてはまれば同タイプとして参考にしてください。

結婚運⑬

夫婦の絆を確かめよう

愛情が冷めはじめる相

終点が下がっている結婚線は、愛情が薄くなっている警告サイン。冷め切らないうちに、お互いを気遣う配慮を。薬指の下に空白がある感情線は、不平不満を相手にぶつけていたり、自己中心な主張ばかりをしていることを表しています。

①先端が下がっている結婚線

結婚生活を送っていると下がるのが一般的。別居や離婚まではいたりません。

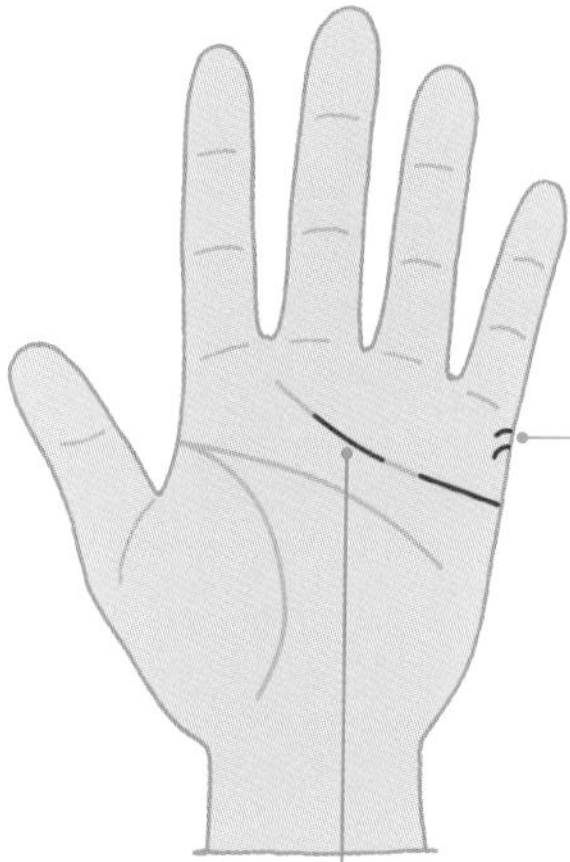

②薬指の下に空白がある感情線

自己中心的な主張ばかりでは愛情が冷める原因に。わがままを抑える努力を。

♥ 結婚運UPのアドバイス ♥

ラブラブ夫婦は理想ですが、少しずつ愛情が冷めて落ち着くのがふつう。時々夫婦の絆を確かめましょう。

結婚運⑭

別居、離婚の警告サイン

夫婦別れする相

先端が二股に分かれる結婚線は、夫婦の心が互いに違う方向へ向き始めていることを表し、開きが大きくなるほど別居や離婚の可能性が高くなります。線上に障害マークがある結婚線、運命線を横切る障害線は、人生の大危機を警告するサイン。

①先端が二股に分かれる結婚線

自活力のある人に多い相。小さい二股は離婚や別居を意識しはじめたサイン。

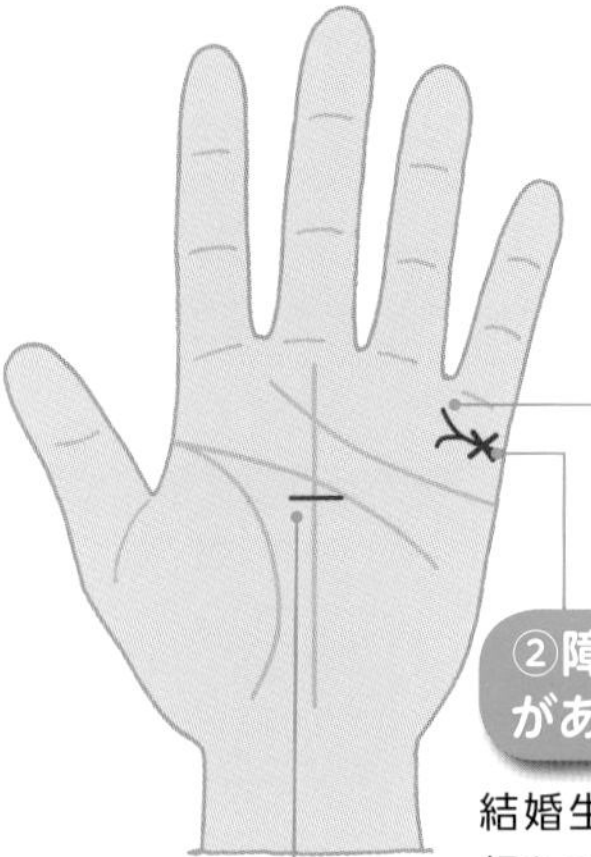

②障害マークがある結婚線

結婚生活に障害が起きるサイン。

③運命線を横切る障害線

太く濃いほど打撃は大きくなります。時期は運命線「年齢の見方」(P45)で確認。

♥ 結婚運UPのアドバイス ♥

結婚生活が最悪の局面をむかえる警告。サインを見逃さず、乗り越えるよう努力するアドバイスを。

テーマにあてはまる鑑定要素を掲載しています。ひとつでもあてはまれば同タイプとして参考にしてください。

結婚運⑮ まだあるこんなサイン

ハッピーなサインは、気を緩めると消えることもあるので見逃さないように。アンハッピーなサインには、その人のパーソナリティ（第4章「STEP2 27のタイプからパーソナリティを見極めよう」P59）とあわせて鑑定しましょう。ハッピーになるアドバイスを忘れずに。

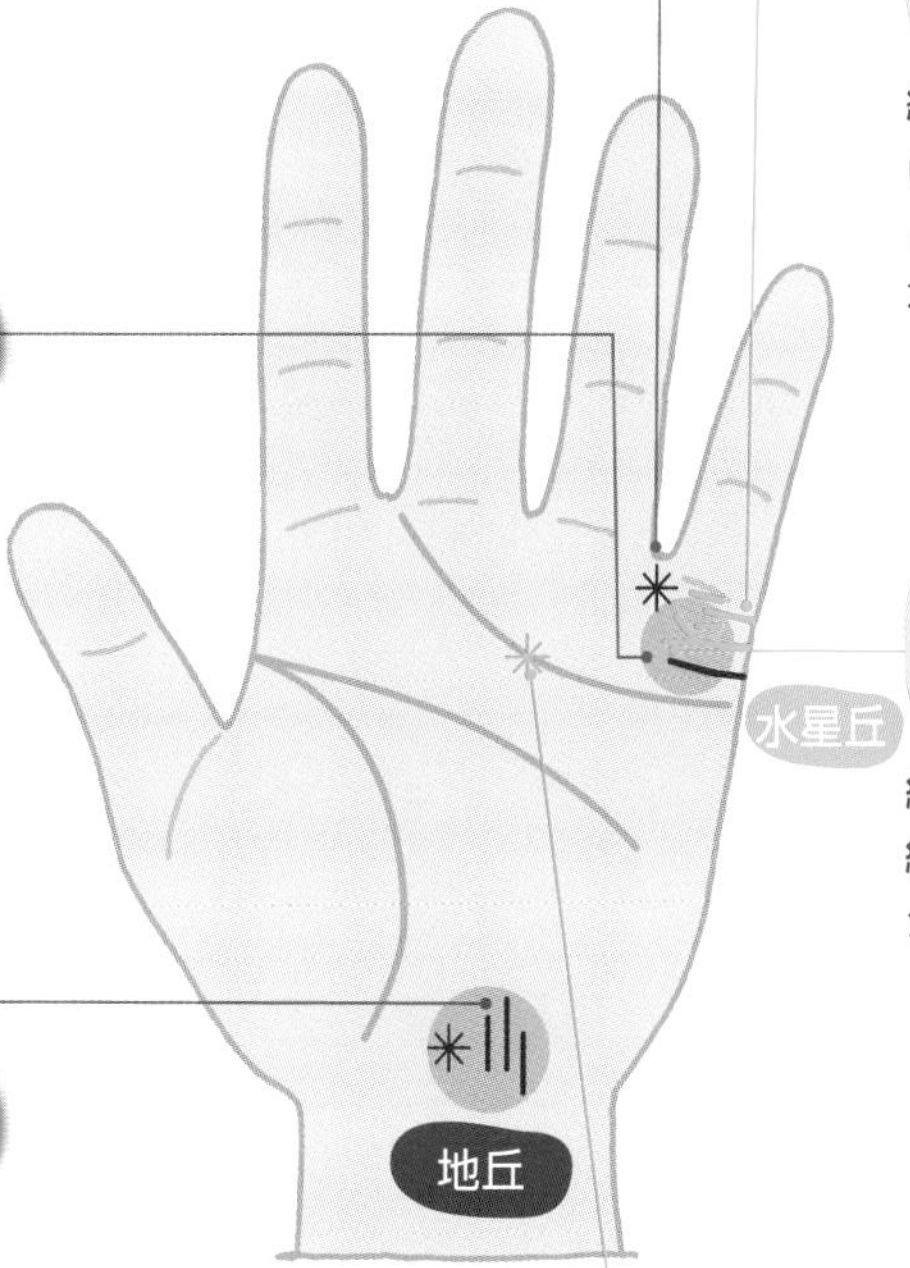

結婚相手が決まるサイン

水星丘の色が濃くなり、星が出現。結婚相手が現れるサイン。

浮気、不倫の暗示

結婚線の上か下に平行のはっきりした線。濃いほど浮気や不倫願望が強く、本数は人数。

家庭安泰のサイン

スッキリと長い結婚線。安定した家庭生活を表します。

家庭をかえりみず、仕事に夢中

結婚線に小指にのびる枝線。愛情はあるけど、仕事が優先。

家庭内に吉報が

地丘に星や細かい縦線。家族のだれかにハッピーなことが起こっているサイン。

家族との会話がない

感情線に障害マーク。家族とのコミュニケーションにトラブル。

テーマにあてはまる鑑定要素を掲載しています。ひとつでもあてはまれば同タイプとして参考にしてください。

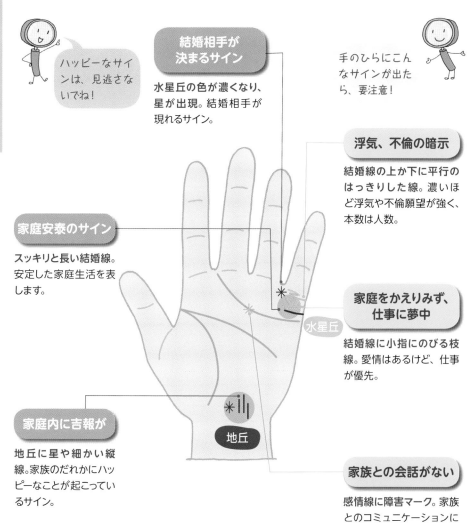

STEP3 目的別に鑑定する　仕事運

仕事運を鑑定するポイント

仕事運は、知能線をメインにみていきます。知能線は、その人の才能や能力、考え方の傾向を示しています。ですから、経済観念が発達していれば事業家に向くなど、適職も鑑定することができます。その人が意識していない隠れた才能や能力を教えてあげましょう。

仕事運は、知能線をメインに①～④の順番で鑑定しましょう。手相バリエーションもイラスト内の番号順に鑑定しましょう。

仕事運を鑑定するポイント

線の「なにをみる」ことで「なにがわかるか」をチェックしましょう。

① 知能線をチェック
② 運命線をチェック
③ 感情線と周辺をチェック
④ 生命線と周辺をチェック

① 知能線

才能や能力、適職

思考や行動のタイプで才能や能力がわかり、適職を鑑定することができます。

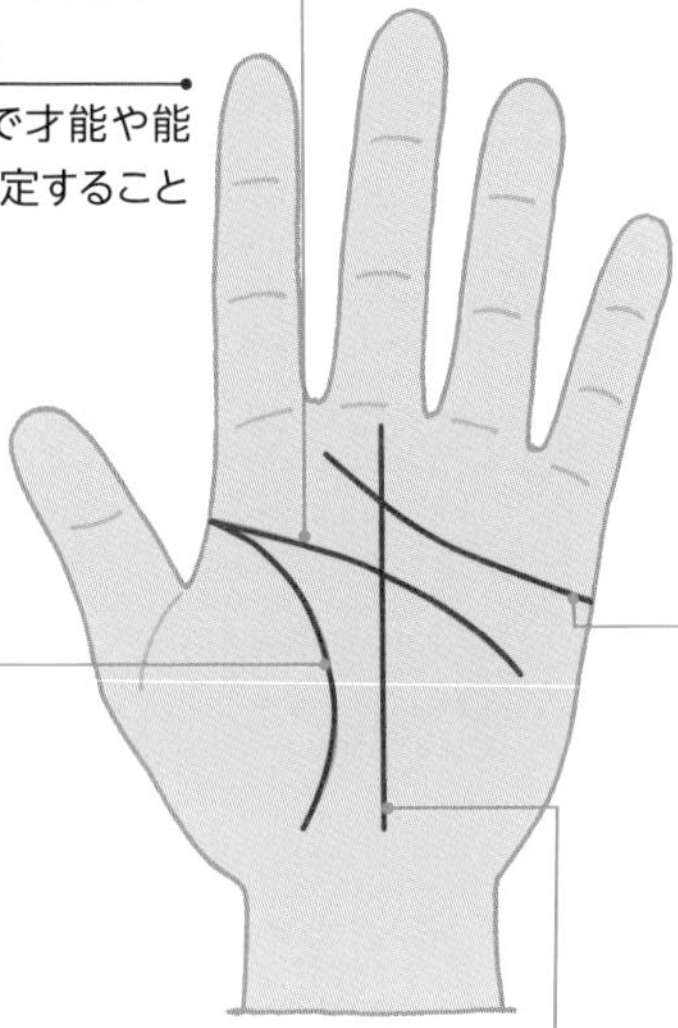

③ 感情線と周辺

仕事での対人関係

コミュニケーションの取り方、仕事への姿勢もわかります。知能線と合わせてみていきましょう。

④ 生命線と周辺

仕事でのバイタリティ

仕事での心身のバイタリティがわかります。周辺の線などでは、仕事の好調さがわかります。

② 運命線

立場や役割

立場や役割、開運時期や方法がわかります。生命線、感情線、知能線と合わせて鑑定します。

①知能線を見るポイント

先端の支線の数
才能と能力の数

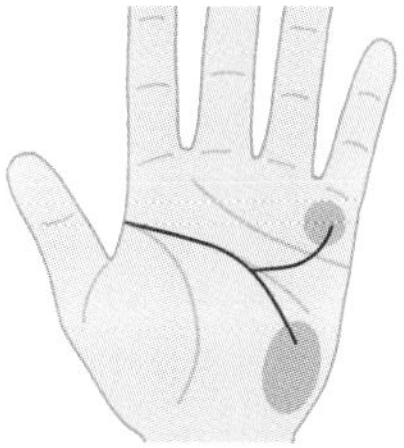

本数に比例した数の才能と能力を持っています。頭脳明晰、女性はキャリアウーマン。

線ののびる方向
適職

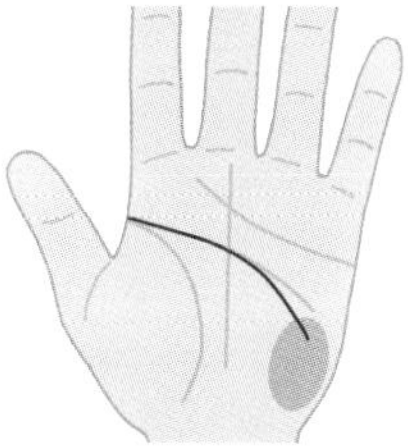

月丘上部は優れた管理職、中部から下部は芸術家タイプ。第二火星丘は理論的な専門職など。

起点
思考や行動のタイプ

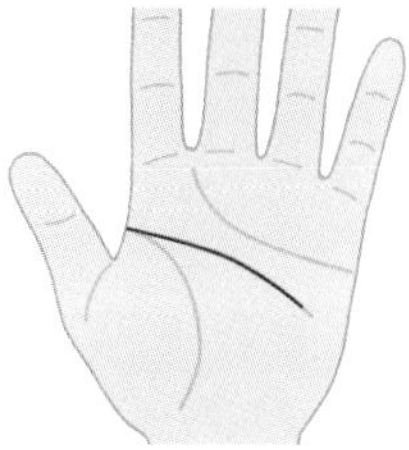

生命線と同じならプラス思考で積極的、離れていれば行動してから考えるタイプです。

②運命線を見るポイント

起点と終点
仕事運upの方法

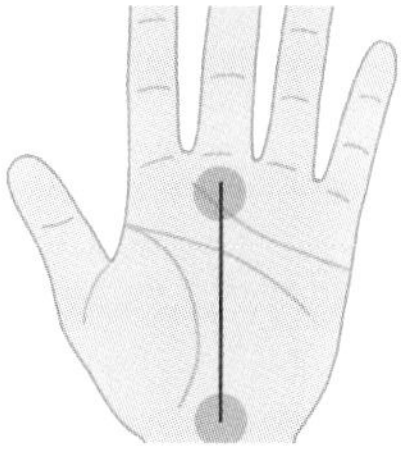

自らの努力か、人のサポートなど開運法がわかります（「運命線①起点と終点」P46参照）。

起点の位置
仕事運upの時期

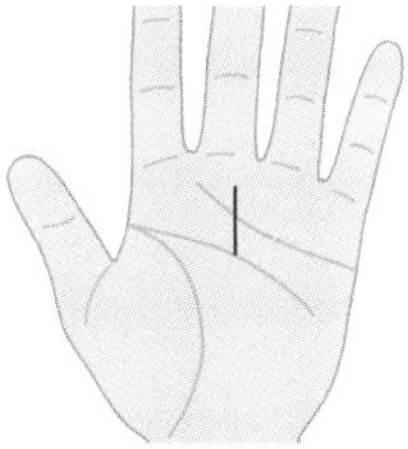

手首から知能線までは35歳までに開運、知能線からは35歳頃から、感情線からは晩年にup。

本数・線の濃さ
立場や役割

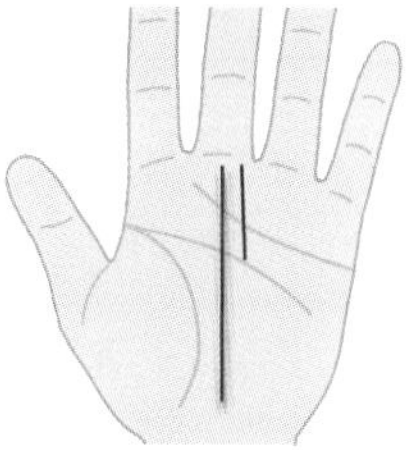

2本以上、濃い線はリーダーとして活躍。線がない、薄い人は人をサポートして運気up。

③④感情線、生命線と周辺を見るポイント

生命線の発達
心身のバイタリティ

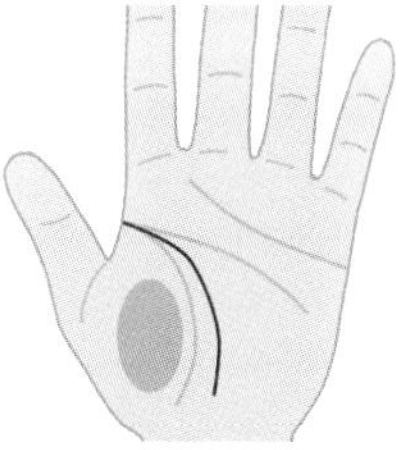

発達＝バイタリティ充実。発達位置が充実期。時期は生命線「年齢の見方」（P33）で確認。

感情線ののびる方向②
仕事での対人関係

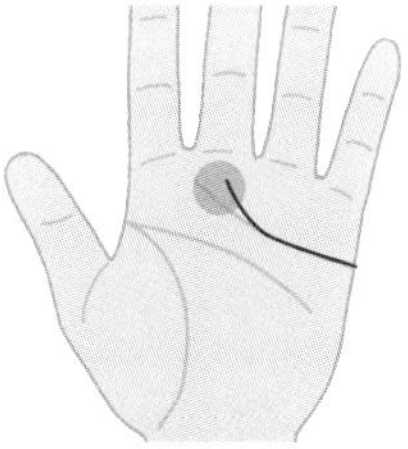

性格から対人関係を読み取りましょう（「感情線①終点」P42参照）。

感情線ののびる方向①
仕事への姿勢

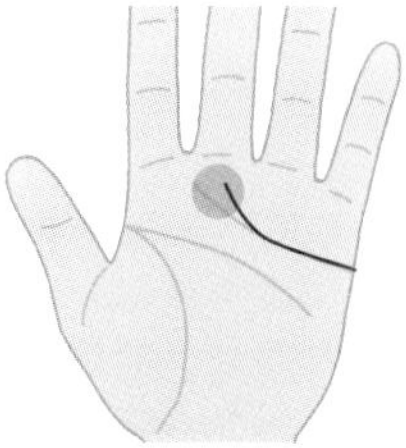

性格から仕事への姿勢を読み取りましょう（「感情線①終点」P42参照）。

仕事運①

協調性で開運するタイプ

安定した仕事運の相

生命線と同じ知能線の起点は、慎重で堅実に仕事をこなす常識的な人。月丘上部に知能線は、管理能力に優れ、協調性があって上司や部下から信頼されます。薄い運命線は、貪欲な出世欲はありませんが、サポート役で開運。

①生命線と同じ知能線の起点

常識的ですが、大胆さと慎重さをバランスよく持つ安定した人。

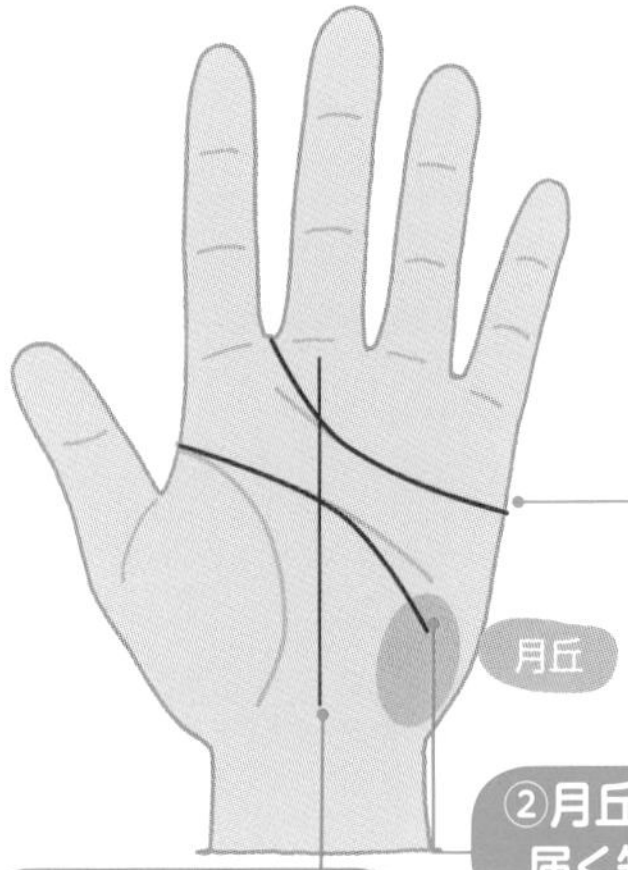

②月丘上部の届く知能線

とても常識的で柔軟に物ごとを考え、協調性があります。

③薄い運命線

縁の下の力持ちタイプ。濃ければ、リーダーで開運します。

♠ 仕事運UPのアドバイス ♠

一つの会社に勤め続け、コツコツと堅実に勤める安定した仕事運です。

仕事運②

自分で起業するタイプ

独立する相

小指のつけ根にのびる知能線は、金銭感覚が鋭く、経営や起業して成功する相。生命線から土星丘にのびる運命線は向上心があり、自力で仕事を成功させる人。水星丘にのびる財運線は、鋭い経済観念を持つ、典型的な経営者タイプです。

①小指のつけ根にのびる知能線

水星丘にのびる線は、お金儲けの才覚もあります。

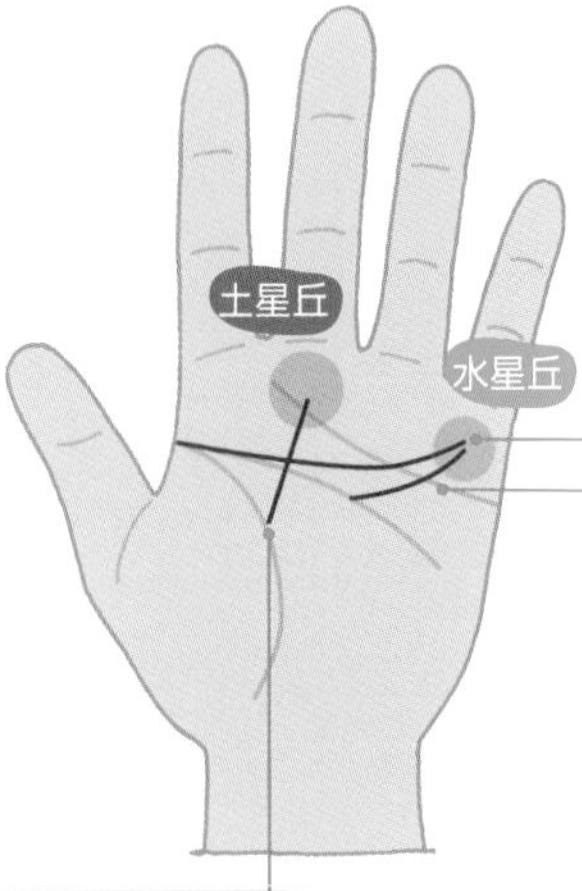

②生命線から土星丘にのびる運命線

人に使われるのは苦手。独立して能力を発揮します。

③知能線から水星丘にのびる財運線

濃い人ほど成功する確率が高いでしょう。

♠ 仕事運UPのアドバイス ♠

精神的にもタフで、失敗を乗り越えて成功します。人間関係を損得で判断するのは運気がダウン。

テーマにあてはまる鑑定要素を掲載しています。ひとつでもあてはまれば同タイプとして参考にしてください。

仕事運③

後継ぎタイプ

家業を継ぐ相

生命線の途中から出発する知能線は、慎重に手堅く進む「守り」に強い人。生命線の4/4から土星にのびる運命線は親との絆が強く、家業を継ぐと運気がアップ。生命線の4/4から水星丘にのびる財産線は、親の援助に恵まれます。

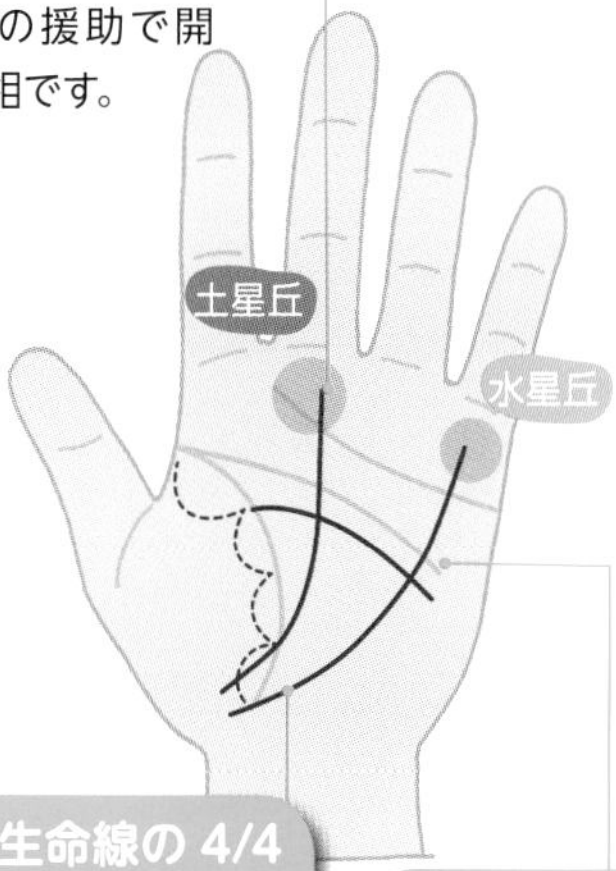

②生命線の4/4から土星にのびる運命線

親からの援助で開運する相です。

③生命線の4/4から水星丘にのびる財産線

親の面倒をみたり、財産を引き継ぐ人に現れる相。

①生命線の途中から出発する知能線

生命線の起点から離れるほど、臆病なくらい慎重になります。

♠ 仕事運UPのアドバイス ♠

親や身内から支えられ、開運する吉相。感謝を忘れずに努力を続けることが大切。

仕事運④

出世するタイプ

組織内で成功する相

運命線からのびる太陽線は自分にあった仕事に巡り合って才能を発揮、開運する相。濃い出会い線は、目上の人からの支援でチャンスをゲット。向上線は、出世したいという強い意志を持って努力を重ねて成功する人です。

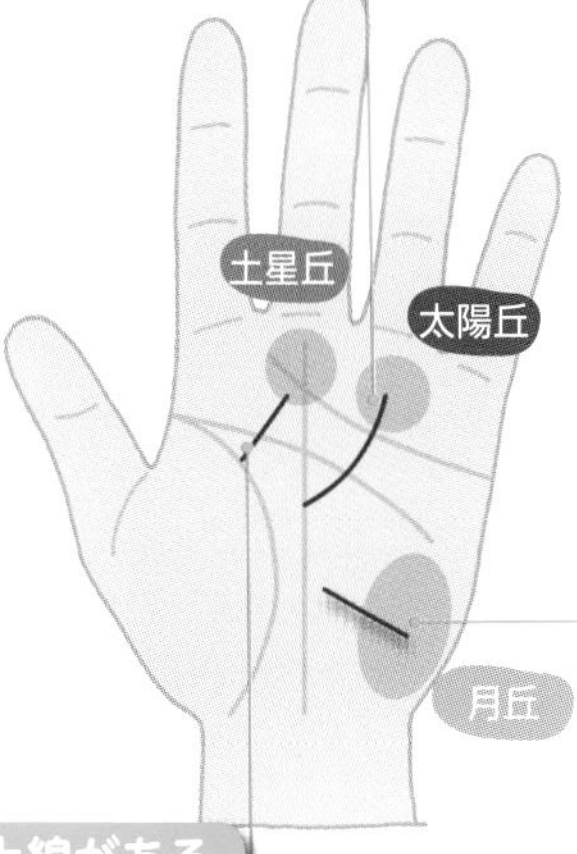

①運命線からのびる太陽線

天職を得て出世するタイプ。

③向上線がある

具体的な目標を持ち、邁進するタイプ。3本以上あると集中力が散漫に。

②濃い引き立て線

自分の努力だけではつかめないチャンスをつかみます。

♠ 仕事運UPのアドバイス ♠

組織の中での周囲の信頼も厚い人です。強い意志を持続させて、仕事に取り組めば運気up。

テーマにあてはまる鑑定要素を掲載しています。ひとつでもあてはまれば同タイプとして参考にしてください。

仕事運⑤

転職を繰り返すタイプ

仕事が定まらない相

先端が大きく分かれている知能線は、多彩な才能もあきっぽさで中途半端に。切れ切れの運命線はあきっぽく辛抱不足で転職を繰り返します。切れ切れの感情線は喜怒哀楽が激しく、切れ切れの向上線は少しの障害でめげてしまいます。

①先端が大きく分かれている知能線

線の数だけ才能があり、好奇心旺盛で中途半端に手を出してしまいがち。

②切れ切れの感情線

気分屋で対人関係のトラブルも。熱しやすく冷めやすい面もあります。

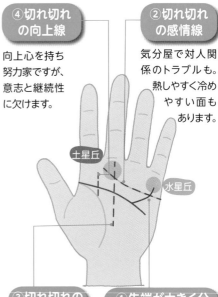

③切れ切れの運命線

持続性がなく、仕事を転々とする相。

④切れ切れの向上線

向上心を持ち努力家ですが、意志と継続性に欠けます。

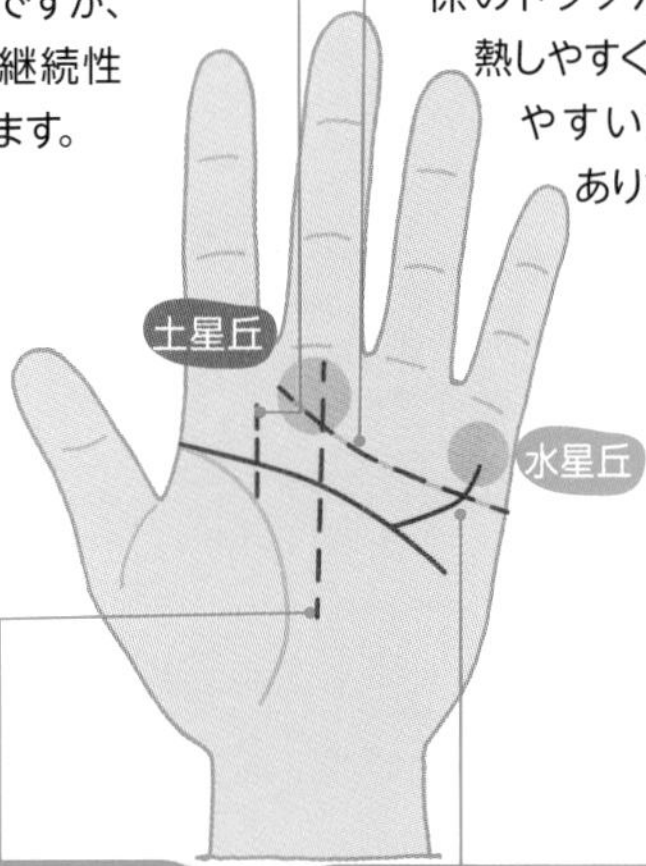

♠仕事運UPのアドバイス♠

基礎ができ上がるまでは辛抱！具体的な目標を持つことで多彩な才能に磨きがかかり開運します。

仕事運⑥

事業で成功して開運！

自力で成功をつかむ相

生命線から起点が離れる知能線は、独立心が強く新規事業などを積極的に取り入れ開運。生命線から太陽丘にのびる太陽線は、自力で成功をつかむ相。生命線から水星丘にのびる財運線は仕事大好き人間。人の倍働いて財を成していきます。

①生命線から起点が離れる知能線

起点が生命線から離れるほど、大胆さが加味されます。

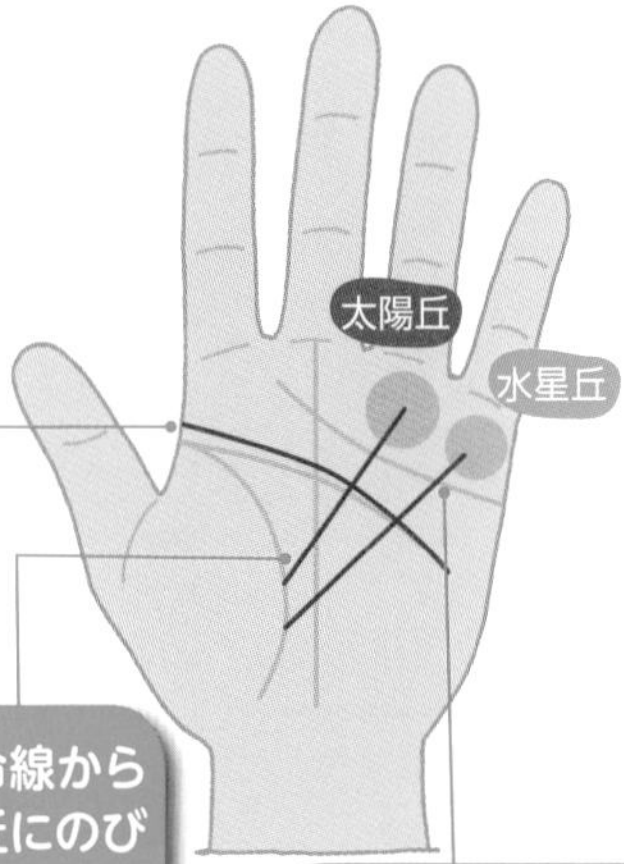

②生命線から太陽丘にのびる太陽線

人一倍の努力家で負けず嫌い。強い信念を持って目的を達成する相。

③生命線から水星丘にのびる財運線

向上心が高く、高い目標を掲げるのが開運の鍵。

♠仕事運UPのアドバイス♠

向上心や努力はだれにも負けないはず。しっかりした経済観念を持ち、確実に成功へ邁進を。

テーマにあてはまる鑑定要素を掲載しています。ひとつでもあてはまれば同タイプとして参考にしてください。

仕事運⑦

転職で仕事運 up！

転職で開運する相

運命線を起点に水星丘に届かない財運線は、転職し自分にあった仕事を見つける可能性のある人。生命線の2/4から太陽丘にのびる太陽線は、社会的な立場にある人から支援されることを現しています。助言など力を貸してくれるでしょう。

②生命線の2/4から太陽丘にのびる太陽線

自分を磨くことを怠らなければ、転職のチャンスを活かせます。

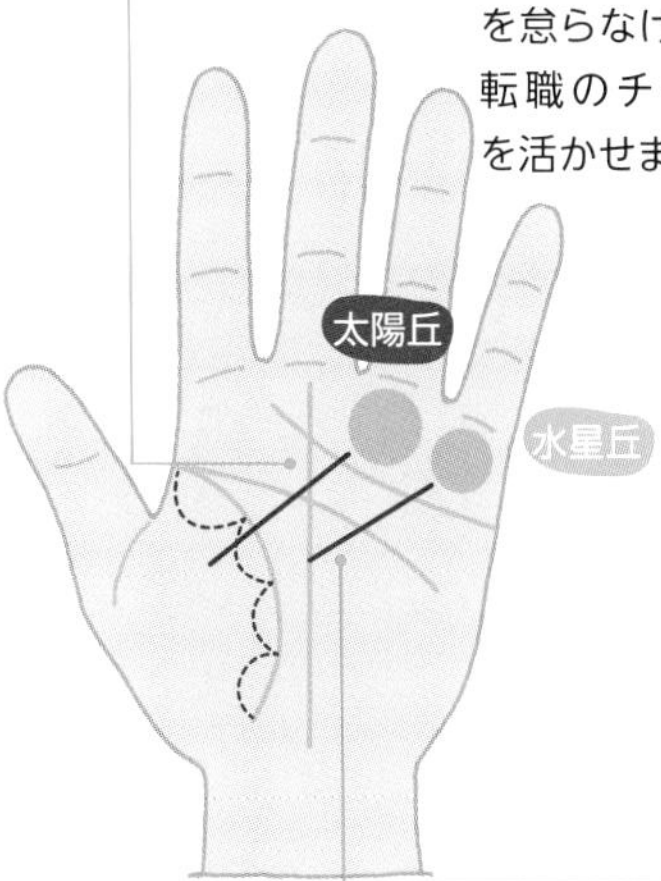

①運命線を起点に水星丘に届かない財運線

自分にあった仕事に出会える時期は、運命線の「年齢の見方」（P45）参照。

♠ 仕事運UPのアドバイス ♠

転職のチャンスを生かすために、自分磨きを。自分にあった仕事でスキルアップできるはず。

仕事運⑧

上司に認められる

目上の評価で開運する相

第二火星丘にのびる知能線は、成果をあげて上司に信頼され開運します。引き立て線は、上司をサポートして自分の力ではつかめないチャンスをゲット。さらに向上線があると、努力が上司に評価されて仕事運アップに結びつきます。

①第二火星丘にのびる知能線

優れた実務能力を持つ有能さが上司に認められそう。

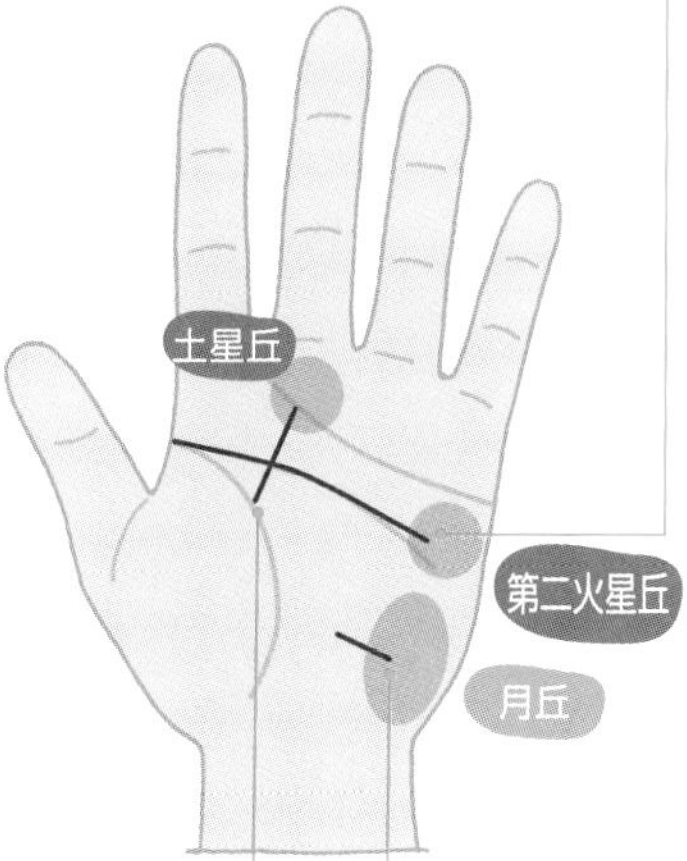

③向上線がある

勉強家で向上心を持って努力していることが評価され開運。

②引き立て線がある

目上の人に引き立てられ成功を手にする可能性があるタイプ。

♠ 仕事運UPのアドバイス ♠

本人の努力が上司に認められ開運する相です。努力し続けることが大切。

テーマにあてはまる鑑定要素を掲載しています。ひとつでもあてはまれば同タイプとして参考にしてください。

仕事運⑨

仕事の協力者があらわれる

よき同僚、部下に恵まれる相

先端が分かれている感情線は、協調性や社交性があり、他人の長所をのばす能力があり、リーダー線は、人を育てる能力があることを現します。社交線は、面倒見がよく部下に慕われ、思いやりが深かく同僚ともよい関係が築ける人です。

①先端が分かれている感情線

線が濃いほど、博愛主義に拍車がかかる傾向。

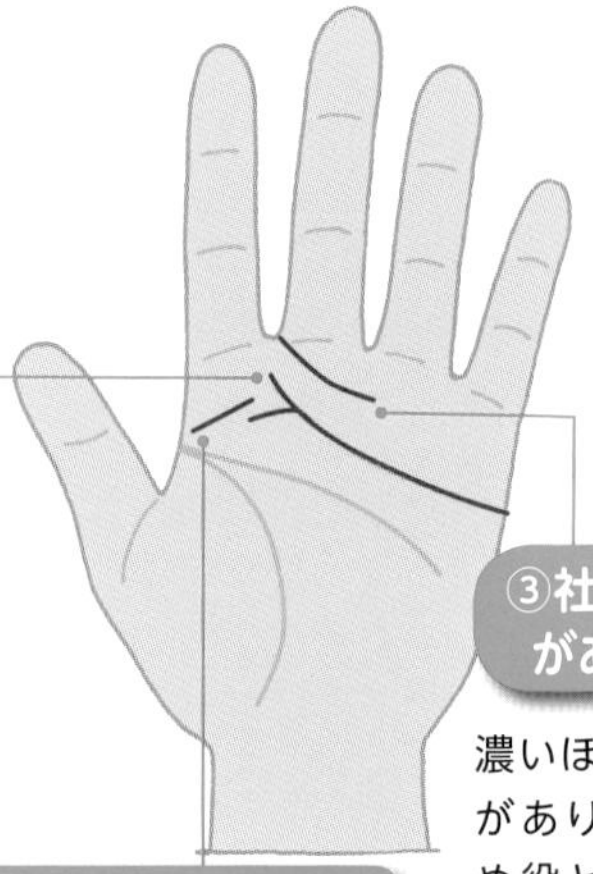

③社交線がある

濃いほど人気があり、まとめ役として本領を発揮。

②リーダー線がある

線が濃いほど大規模のグループを統率。リーダーになることで開運する相。

♠ 仕事運UPのアドバイス ♠

頼りになる協力者が現れることを意味しています。周囲を見渡して協力者をゲット!

仕事運⑩

適職にめぐりあう時期

適職に就ける相

運命線からのびる太陽線は、天職を得て、才能を開花させる相です。運命線からのびる財運線で水星丘に届く線は、恵まれた才能や能力を発揮する仕事を見つけて成功をつかむことを表しています。届かない線は、天職につける可能性を示唆。

①運命線からのびる太陽線

仕事で得た達成感に最高の幸せを感じる人。時期は、運命線の「年齢の見方」（P45）を参照。

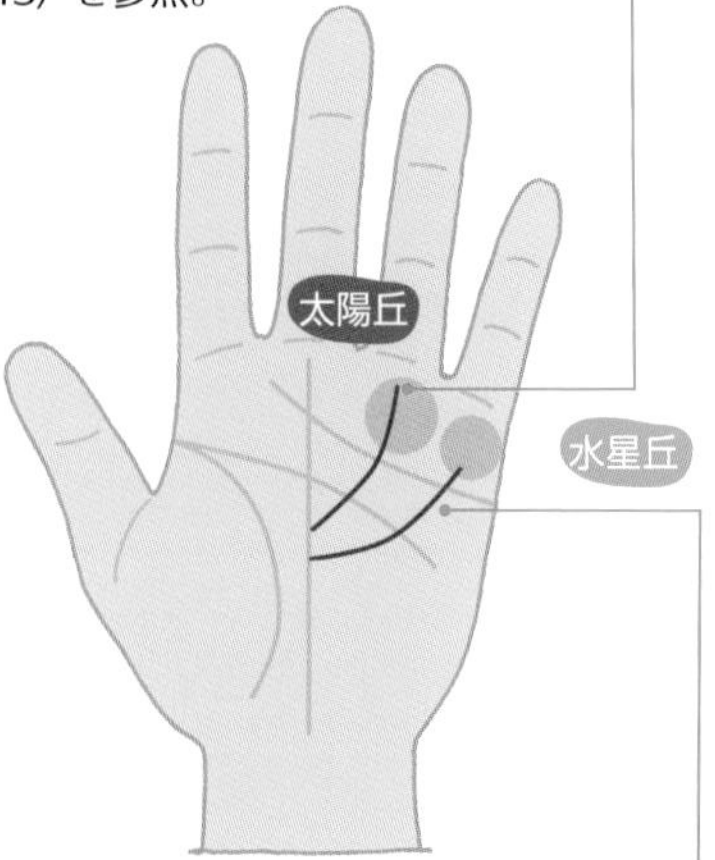

②運命線からのびる財運線

天職に就ける時期は、運命線の「年齢の見方」（P45）を参照。

♠ 仕事運UPのアドバイス ♠

きれいな運命線は、成功と安定を表します。チャンスを逃さないよう時期をアドバイス。

仕事運⑪

仕事が安定する時期

仕事が軌道にのる相

濃くはっきりした太陽線は、仕事が充実し、生活も楽になることを現します。濃くはっきりした運命線は、安定しなかった線が途中から濃くはっきりすると仕事運が安定するサイン。向上線は、仕事に意欲的で目標を持って努力し、成し遂げることを表します。

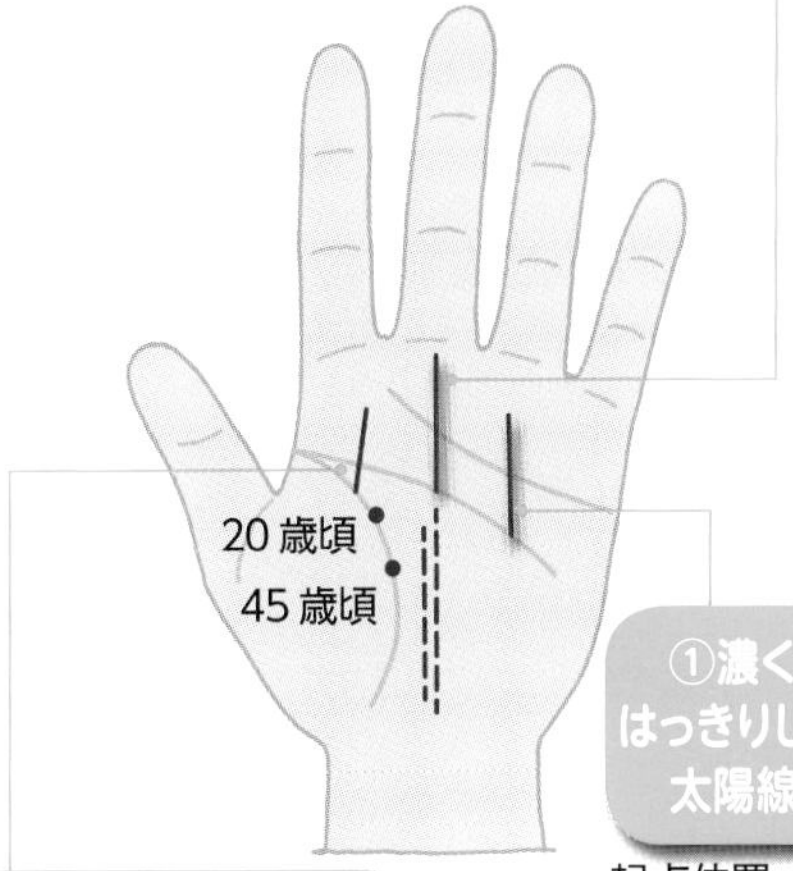

①濃くはっきりした太陽線

起点位置、手首が0歳、知能線が35歳、感情線が55歳、薬指のつけ根が90歳。

②濃くはっきりした運命線

線がキレイになる時期は、運命線の「年齢の見方」(P45)を参照。

③向上線がある

時期の目安は、起点が人差し指と中指の下あたりが20歳頃、真ん中が45歳頃。

♠仕事運UPのアドバイス♠

仕事が軌道にのって、周囲から認められる時期。充実した日々が待っています。

仕事運⑫

仕事運上昇！する時期

努力が認められる相

生命線からのびる濃い財運線は、仕事への真摯さや勤勉さが上司に認められ、お給料もアップしそう。2本の運命線は、仕事も家庭もすべてに対してやる気満々の時期到来。希望線は、才能や実力が認められ、希望がかなうことを表しています。

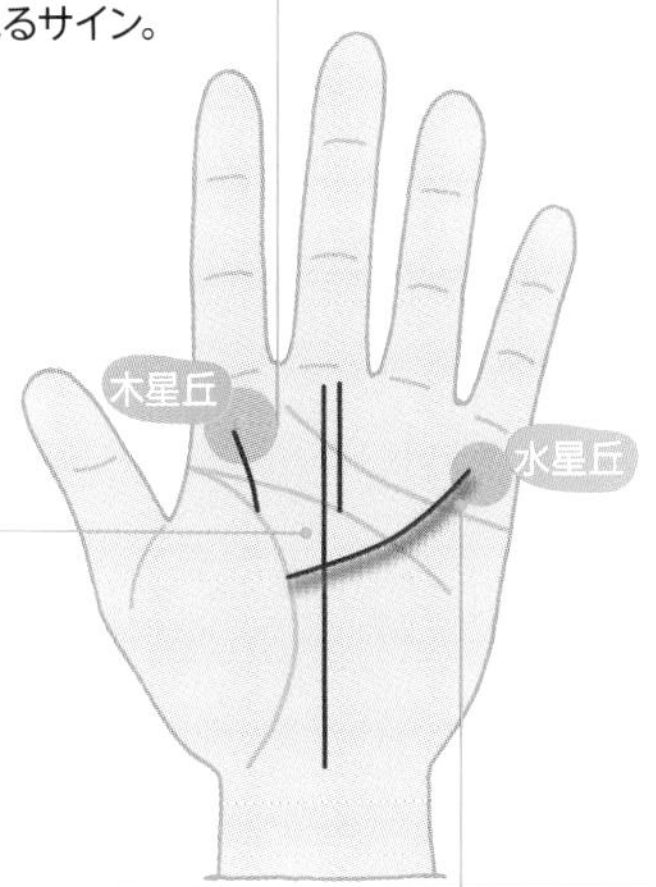

①生命線からのびる濃い財運線

水星丘に届かない人は、もう一歩の努力で運気up。

②2本の運命線

時期は運命線の「年齢の見方」(P45)を参照。

③希望線がある

目標や希望に向かって努力をしたことが報われるサイン。

♠仕事運UPのアドバイス♠

いままでの努力が開花する時期。やる気も上昇して、経済的にも楽になるはず。

仕事運⑬

仕事運が低迷する時期

仕事の成果が出ない相

線上に空白のある運命線は、一時的に仕事運が弱くなるサイン。事情があって仕事を休む可能性もあります。線上に空白のある希望線は、気力などが低下して一時的に仕事が行き詰まっていることを表しています。回復時期まで辛抱！です。

①線上に空白のある運命線

線状の空白は仕事運が不安定なサイン。時期は運命線の「年齢の見方」（P45）を参照。

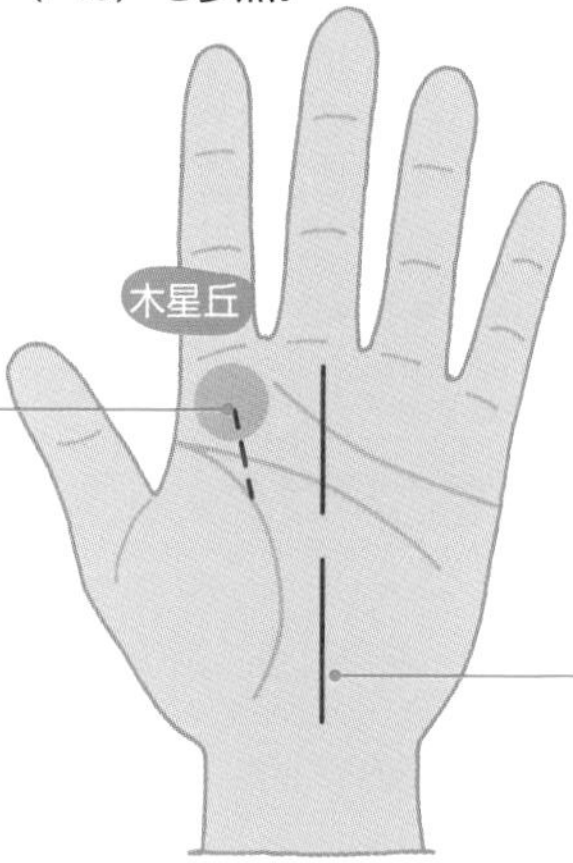

②線上に空白のある希望線

低迷時期が過ぎれば、再スタートして運気を回復させるでしょう。

♠仕事運UPのアドバイス♠

「今は冬の時期」と思い、低迷期を耐えること。資格の取得など自分磨きの努力で線は変化します。

仕事運⑭

仕事のトラブルに注意！

仕事でトラブルに巻き込まれる相

線上に障害線のある運命線は、トラブルに巻き込まれる暗示。とくに仕事での人間関係のトラブルに注意。切れ切れの感情線は、喜怒哀楽が激しく気が変わりやすい性格が表面化。対人関係でトラブルを起こしやすいサインです。

②切れ切れの感情線

性格が原因で会社を辞めてしまう可能性も。辛抱強さを養いましょう！

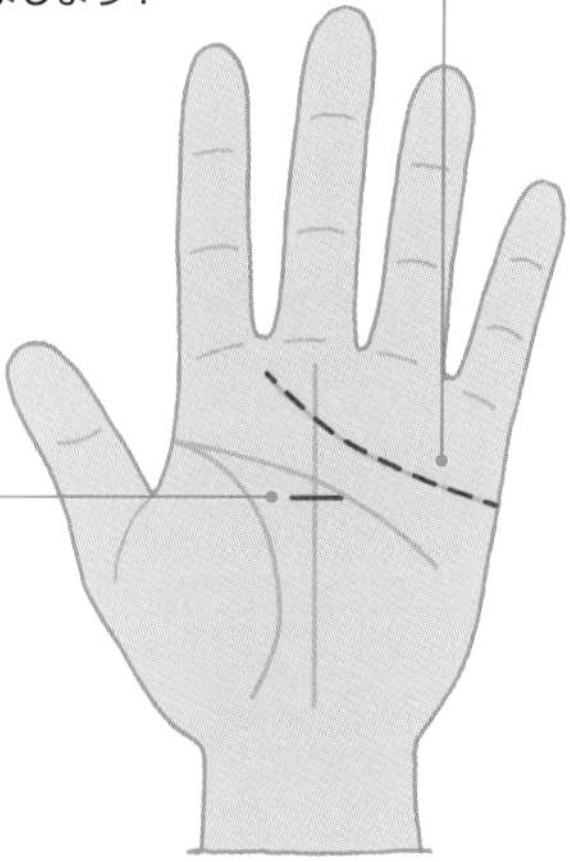

①線上に障害線のある運命線

濃くはっきり出ている場合は、ダメージが大きい可能性も。時期は運命線の「年齢の見方」（P45）を参照。

♠仕事運UPのアドバイス♠

トラブルの時期を確認して、守りの体勢をすすめてあげて。この時期は、慎重な行動が大切です。

仕事運⑮ まだあるこんなサイン

ハッピーなサインは、気を緩めると消えることもあるので見逃さないように。アンハッピーなサインには、その人のパーソナリティ（第4章「STEP2 27のタイプからパーソナリティを見極めよう」P59）とあわせて鑑定しましょう。ハッピーになるアドバイスを忘れずに。

支援されて仕事が開運

月丘から土星丘にのびる運命線。他人の支援を受けて仕事が開運する相。人との縁を生かして吉。

回り道をするけれど仕事は成功

蛇行する運命線。仕事をやり遂げて開運します。信念やこだわりをもって取り組むので少々時間がかかるのが難。

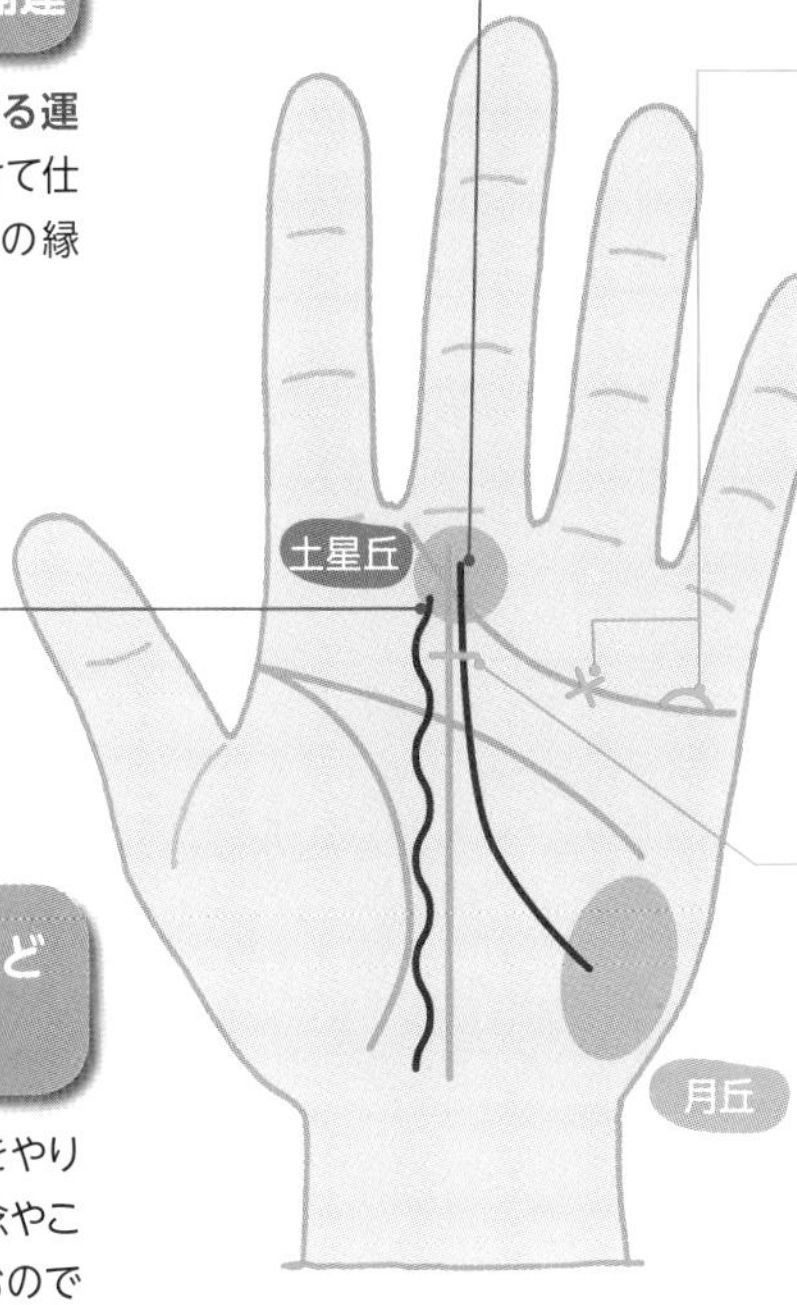

仕事の対人関係のトラブル

感情線上に障害マーク。線上に障害マーク（島・十字）がある場合は、孤立や裏切りなど仕事に影響を及ぼす対人関係のトラブルの暗示。

仕事が行き詰まるサイン

運命線の先端に障害線。希望や目標が達成できず行き詰まりそうなサイン。

テーマにあてはまる鑑定要素を掲載しています。ひとつでもあてはまれば同タイプとして参考にしてください。

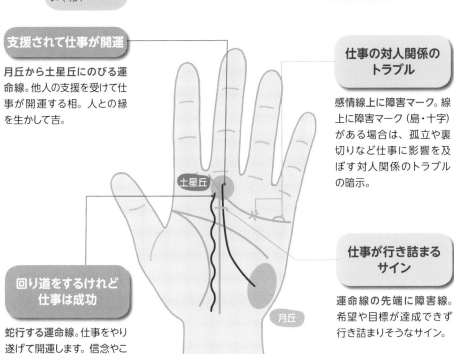

STEP3

目的別に鑑定する　金運

金運を鑑定するポイント

金運は、お金に関連する財運線、太陽線、そしてその人の運勢や経済観念、仕事の状況がわかる運命線、知能線をみていきます。手相バリエーションを参考に鑑定しましょう。

金運は、①〜⑤の順番で鑑定しましょう。手相バリエーションもイラスト内の番号順に鑑定をしてくださいね。

金運を鑑定するポイント

線の「なにをみる」ことで「なにがわかるか」をチェックしましょう。

① 財運線をチェック
② 太陽線をチェック
③ 運命線をチェック
④ 知能線をチェック
⑤金運 up の時期

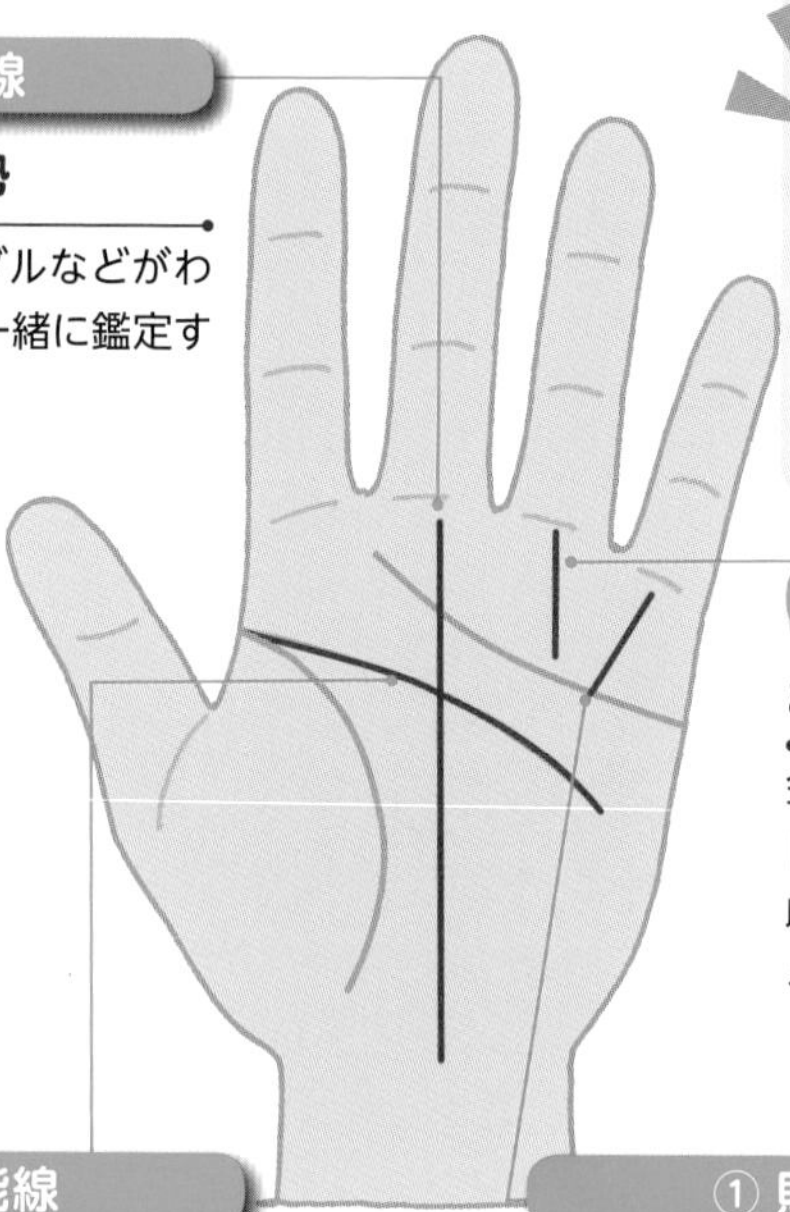

③ 運命線

お金に関する運勢

金運up、金銭トラブルなどがわかります。他の線と一緒に鑑定するのがポイントです。

② 太陽線

お金の入る時期

金運upやお金の入る時期（P123「金運upの時期」参照）、自力で収入を得るのか、支援者が現れるのかなどがわかります。

④ 知能線

お金に対する観念

性格や才能から経済観念がわかります。パーソナリティ（P60)を確認しながら鑑定しましょう。

① 財運線

お金の入手方法と蓄える方法

お金の入手法や蓄え方など、お金への考え方が反映される線。太陽線と一緒に鑑定します。

太陽線・財運線・運命線がはっきりしているのは、お金持ちの相だよ

①財運線を見るポイント

本数
収入と出費の状況

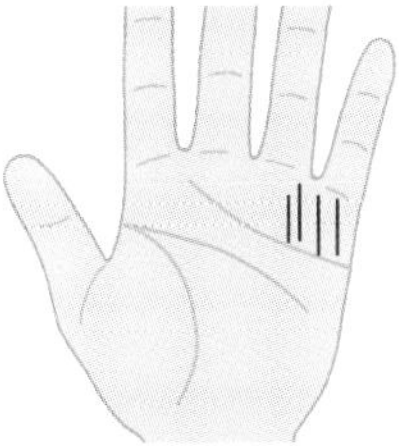

多数あれば出費が多く、1本だけ長い線があれば収入出費とも多いサインです。

線ののびる方向
お金を蓄える方法

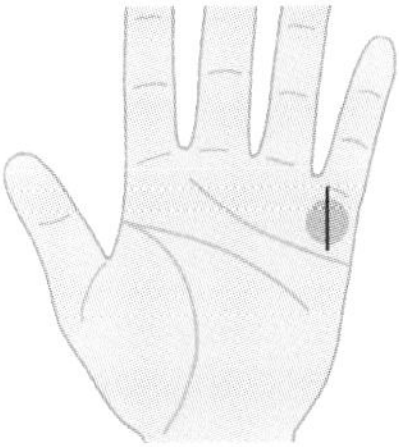

水星丘は倹約型、小指と薬指の間は投資型。濃くシンプルな線は、蓄積能力upのサイン。

線の起点
お金の入手方法

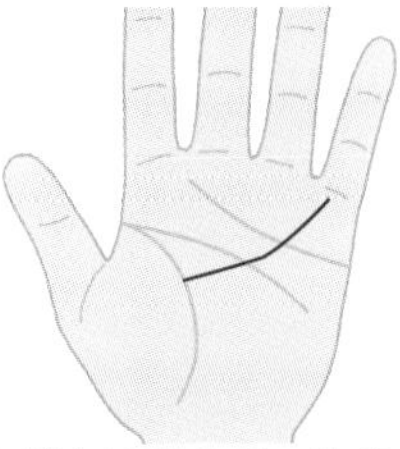

生命線上は自力で、生命線内側からは援助、運命線は天職を得て、知能線は経営関連など。

⑤金運upの時期を確認

太陽線の起点で時期を確認

起点で金運upの時期やお金の入る時期、年齢がわかります。地丘は0歳、知能線は35歳、感情線は55歳、薬指のつけ根は90歳。また、障害線やマークの位置でトラブルの時期もわかります。

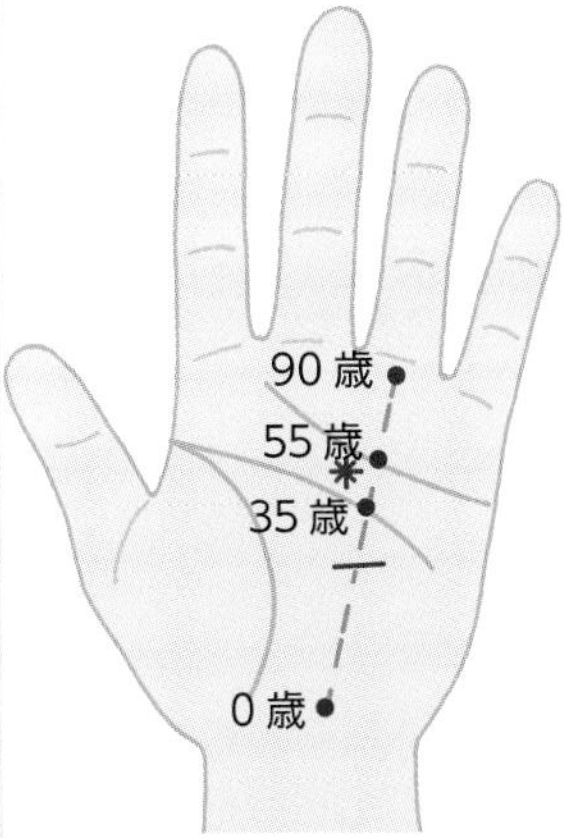

② 太陽線を見るポイント

線の長さ
金運がいい、悪い

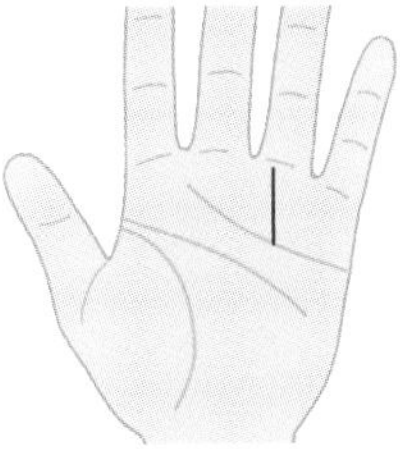

切れ切れ、断絶線、線がない、短い線の場合は、金運よくないかも。長い線は金運吉。

線の起点
お金を稼ぐ方法

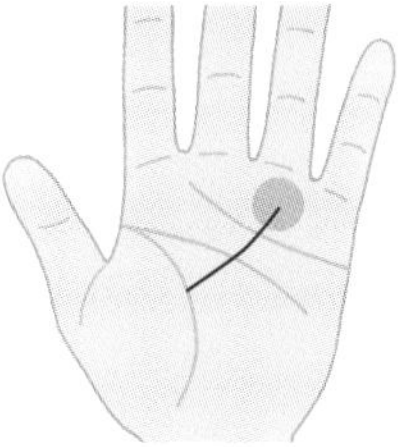

生命線上は自力で、月丘は支援、運命線は仕事、地丘は先祖の加護、知能線はアイデアなど。

③④運命線、知能線を見るポイント

知能線の起点
お金に対する思考

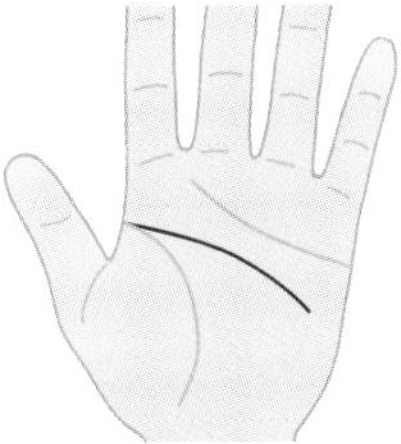

生命線と重なる起点は消極的、離れた起点は大胆な先行投資を仕掛けるなど積極的に行動。

運命線の濃さ
仕事や生活の状況

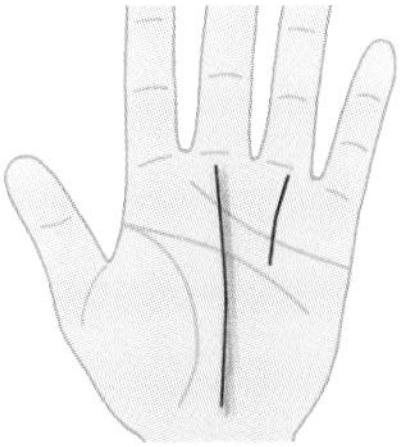

はっきりと強い線は仕事、生活とも順調。同時に長い太陽線があれば、金運のupサイン。

金運①

節約・倹約タイプ

やりくり上手な相

先端の支線が水星丘にのびる知能線は、頭がよく計画的にお金を使うやりくり上手タイプ。財運線があれば、コツコツ貯蓄していきます。人差し指まで伸びる感情線がプラスされていると目標を決めて倹約や節約するハイレベルなやりくり上手。

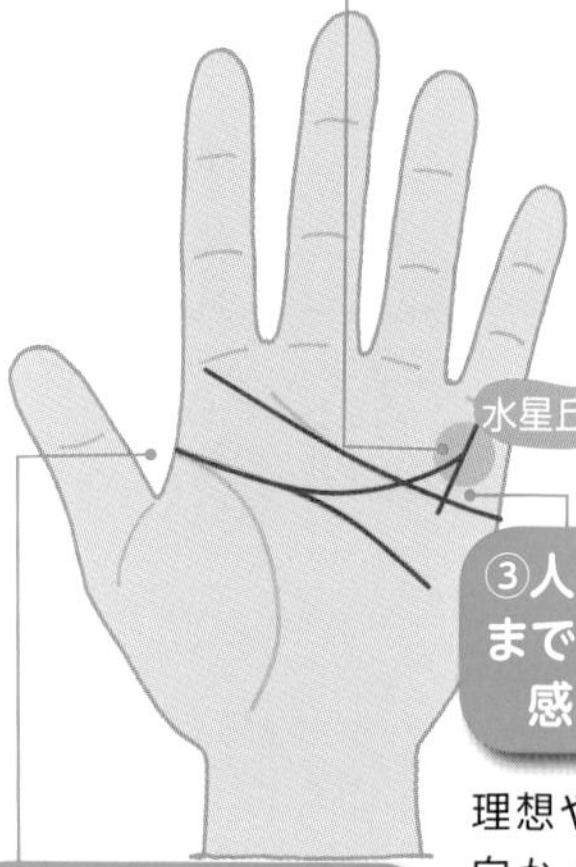

①先端の支線が水星丘にのびる知能線

頭がよく、商才の恵まれていることを表します。

②財運線がある

線が強すぎると貯めるのみになることも。

③人差し指までのびる感情線

理想や目標に向かって頑張る人。それゆえに度を超さないよう要注意。

金運UPのアドバイス

収入が乏しくても、やりくり上手で手腕を発揮。度を超した倹約や節約をしなければハッピー！

金運②

頭を使う運用で成功するタイプ

投資運用型の相

知能線からのびる太陽線は、知的ヒラメキで財を増やします。小指と薬指の間の財運線は、投資運用の才能がある人。第二火星丘にのびる知能線は金銭感覚と冷静な判断能力を、生命線から起点が離れる知能線は大胆な行動力を表します。

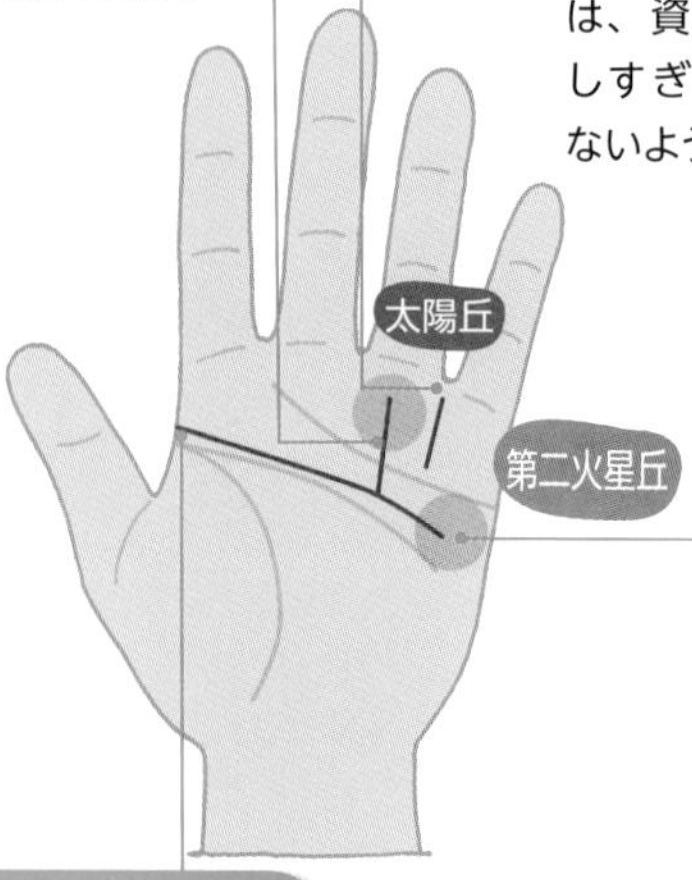

①知能線からのびる太陽線

頭脳明晰で才能を生かして財を成すタイプ。

②小指と薬指の間にある財運線

複数本ある場合は、資産を動かしすぎて失敗しないよう注意を。

③第二火星丘にのびる知能線

人間関係が打算的になりすぎると運気もダウン。

④起点が生命線から離れる知能線

離れるほど大胆に。考えて行動することも大切かも。

金運UPのアドバイス

投資運用の才能を発揮して失敗のない運用をするために、情報収集をして知識を得る努力を。

金運　お金を得る方法

金運③

遺産を相続するタイプ

親の財産を譲り受ける相

地丘が起点の運命線は、先祖や親に護られ、親に金銭的援助を受けて開運する人。生命線の4/4から水星丘にのびる財運線は、親や身内からの遺産相続で金運がアップ。生命線の4/4から太陽丘にのびる太陽線は、親が築いたすべてを相続するタイプ。

①地丘が起点の運命線

運命線の上部が濃くはっきりしていれば、遺産をさらに増やすサイン。

③生命線の4/4から太陽丘にのびる太陽線

親族との縁も深く、金銭的援助があるでしょう。

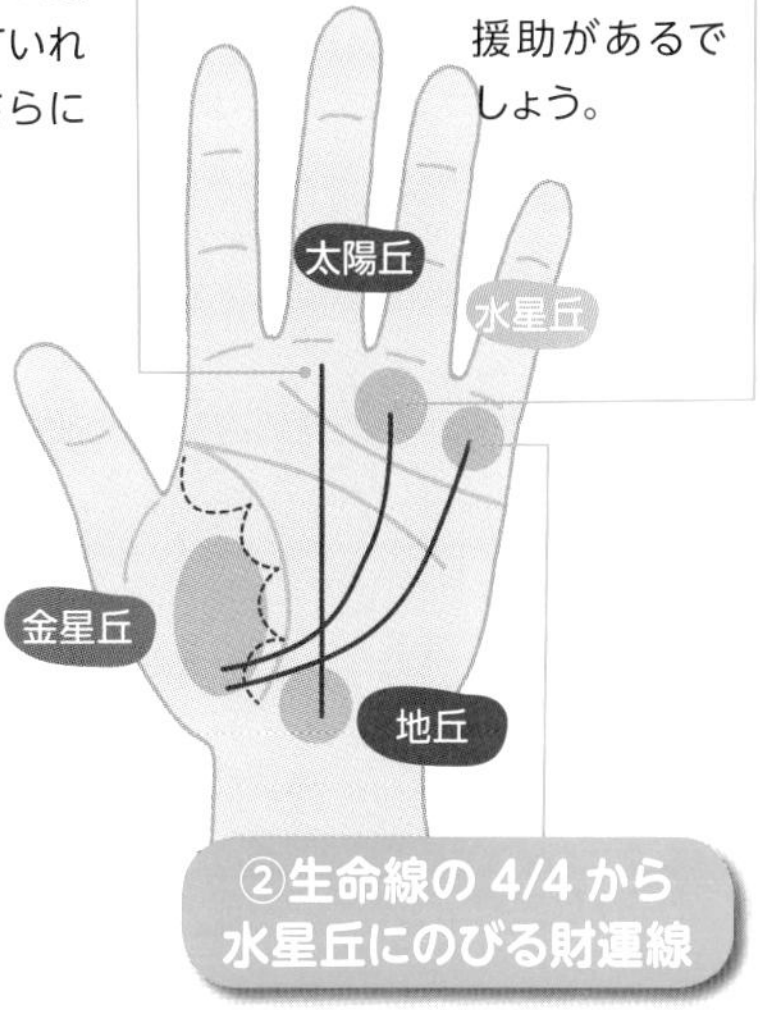

②生命線の4/4から水星丘にのびる財運線

線が水星丘に入り込むほど、相続運に恵まれます。

◆ 金運UPのアドバイス ◆

親や身内の恩恵を最大限受けられる人なので、日頃から親に感謝することを忘れなければ運気up。

金運④

事業で財を成すタイプ

自力で財を築く相

水星丘にのびる知能線の支線は、人を動かし、育てながらお金を稼ぐ経営者タイプ。濃くはっきりした運命線は仕事運に恵まれ、人を統率するリーダーを、生命線から太陽丘にのびる太陽線は人に頼らず自力で財を成すことを表します。

①水星丘にのびる知能線の支線

届かない線は、才能をお金儲けにいかす意識が希薄かも。

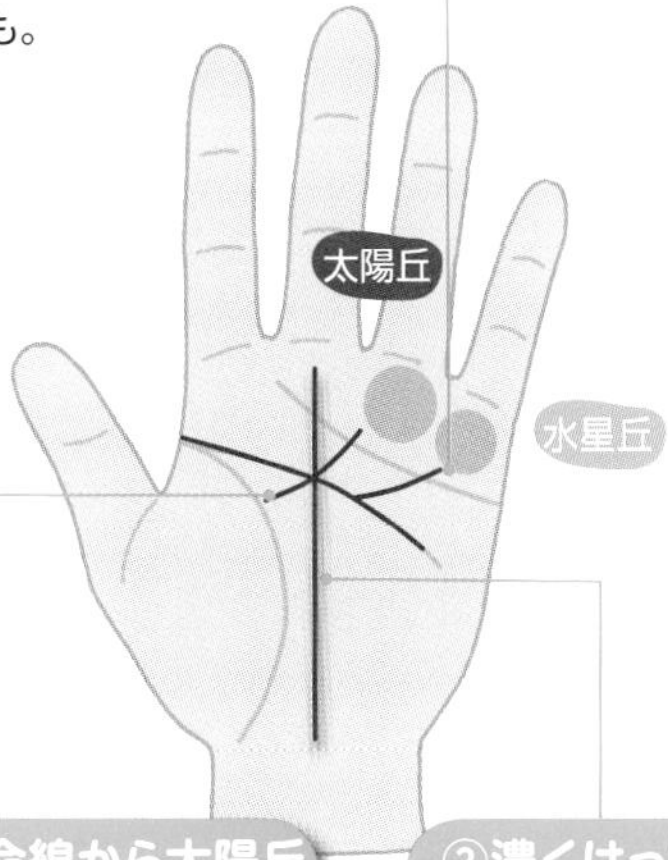

③生命線から太陽丘にのびる太陽線

薄い線は、貪欲さや粘り強さを持つと開運。

②濃くはっきりした運命線

スッキリときれいな線は、仕事で成功し財を成すサイン。

◆ 金運UPのアドバイス ◆

努力と粘り強さ、人を上手に使う才能が金運につながる人。自分の力を信じてすすんで吉。

テーマにあてはまる鑑定要素を掲載しています。ひとつでもあてはまれば同タイプとして参考にしてください。

金運⑤

人に助けられて財を成すタイプ

援助で富を築く相

月丘から太陽丘にのびる太陽線は、他人の援助で運気が大きく上昇するタイプ。生命線の2/4の内側から水星丘にのびる財運線は、地位や財力のある人からの経済的援助や後ろ盾で財を築きます。どちらも人からの援助で運気がアップします。

②生命線の2/4の内側から水星丘にのびる財運線

一直線であれば、チャンスはすぐそこに。

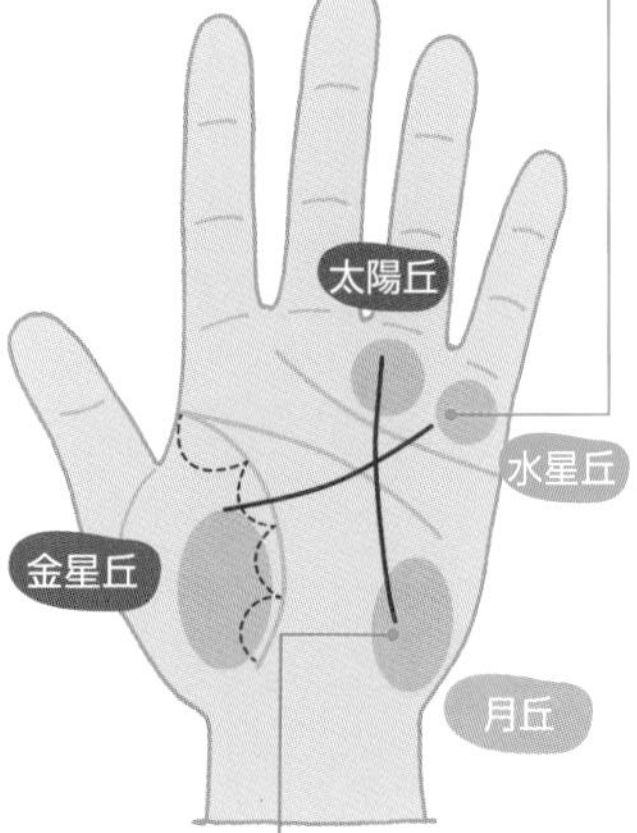

①月丘から太陽丘にのびる太陽線

線の薄い場合は、支援してくれる人と積極的に交流すると開運。

◆ 金運UPのアドバイス ◆

とても人に頼るのが上手な才能を持つ人。支援者への感謝を忘れずに。

金運⑥

お金儲けが下手なタイプ

お金儲けに消極的な相

起点が生命線上にあり、月丘の下部にのびる知能線は、夢や理想に生きるため、お金を得ることに消極的。短い太陽線は、お金に関心がなく、お金儲けが苦手な人。財運線がない場合も収入や貯蓄が少ないか、お金に執着がないタイプです。

②短い太陽線

感情線に届かない短い線は、金運が低迷気味。線のない人も同じ。

③財運線がない

薄い人も同じ。金運がupすると線が現れてきます。

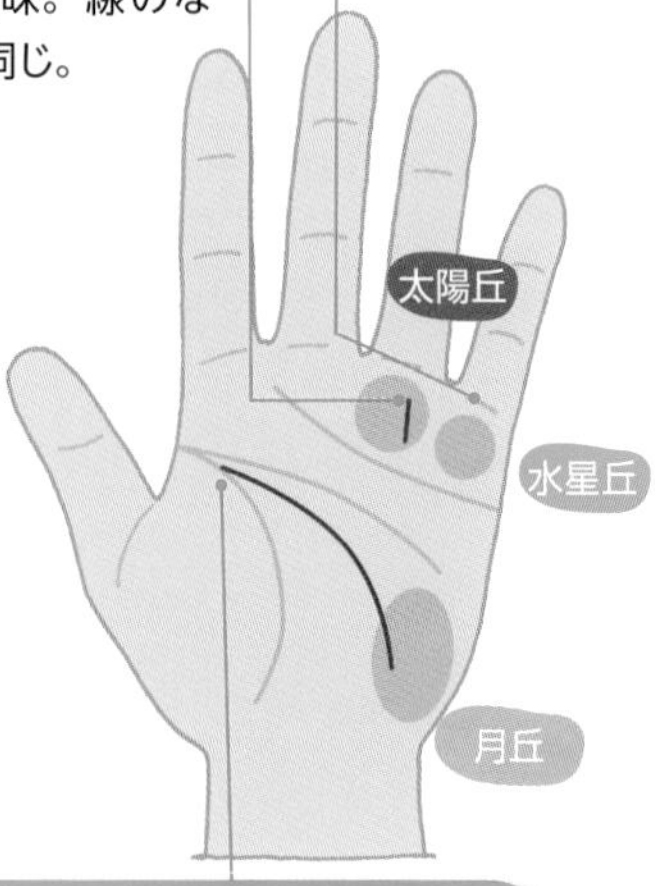

①起点が生命線上にあり、月丘の下部にのびる知能線

優れた創造力やアイデアを生かした仕事をすると吉。

◆ 金運UPのアドバイス ◆

どの線もお金に無関心、執着がない相。お金を儲けるより、生活のためコツコツ稼ぐことを考えて。

金運運⑦

予想外の収入がありそう

金運 up の相

濃い財運線が1、2本ある場合は、金運が上昇しているサイン。運命線から太陽丘にのびる太陽線は、才能や仕事内容が認められ、収入に結びつく相です。張りやつやがよい発達した水星丘は、金運が上昇していることを表します。

①濃い財運線

金運が安定しはじめて、貯金できる可能性も。

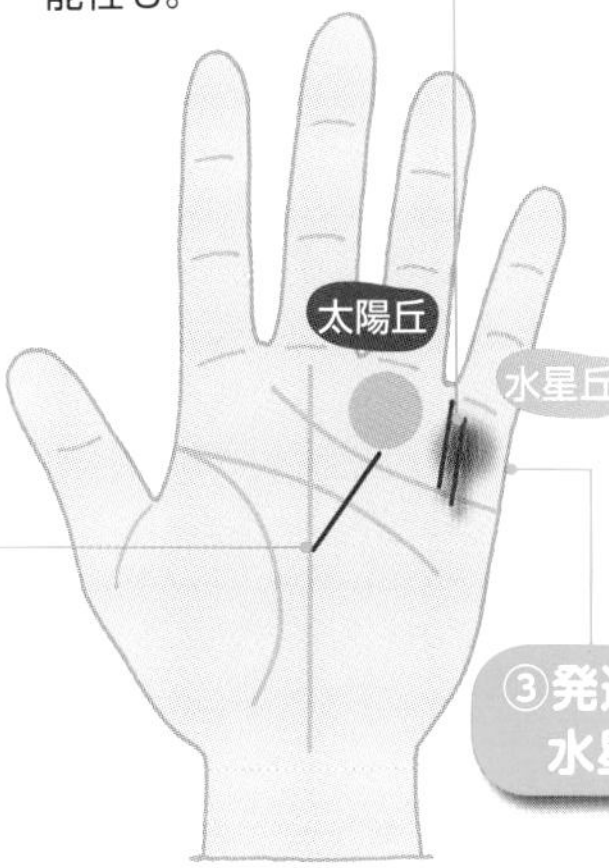

②運命線から太陽丘にのびる太陽線

仕事が充実しているサインでもあります。

③発達した水星丘

◆ **金運UPのアドバイス** ◆

どの相も金運が上昇しはじめているうれしいサイン。臨時収入も期待できそう。

金運⑧

衝動買いも得意！な浪費家

浪費家の相

複数の財運線は、お金があるだけ使ってしまう浪費家の相。長く濃い太陽線は、しっかり働いてお金を得るので浪費で困ることはありません。起点が生命線から離れている知能線は、大胆な判断力と行動力をもち、買い物も大胆になりそう。

②長く濃い太陽線がある

薄くなったら、支出を抑える努力を。

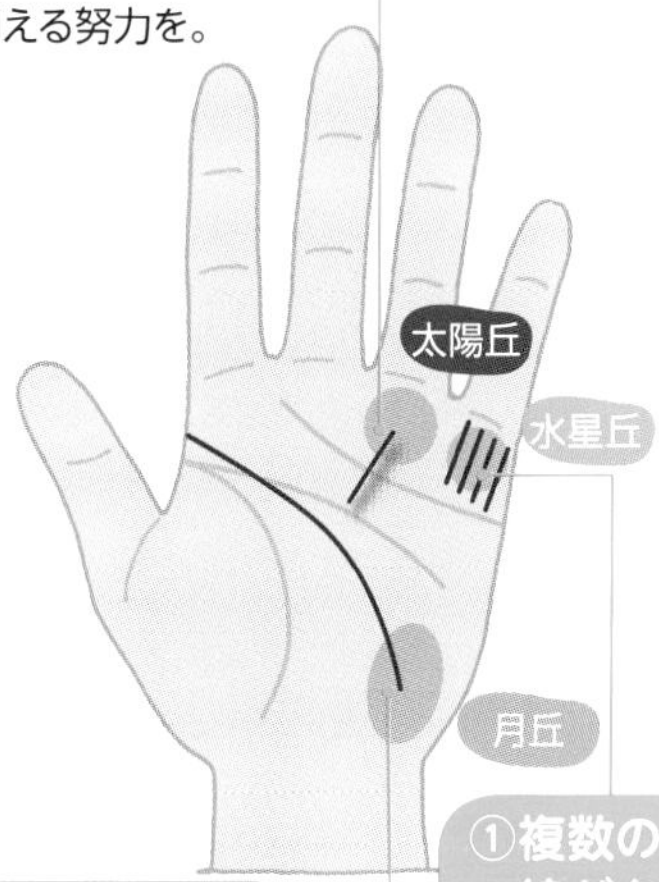

①複数の財運線がある

濃い線は、入ってくるお金も多い人。薄い線は使うお金も入るお金も少額。

③起点が生命線から離れている知能線

買う前にひと呼吸して、考えてから購入を。

◆ **金運UPのアドバイス** ◆

起点が生命線から離れていると買い物も大胆になりそう。

金運運⑨

無駄遣いせず貯蓄型

貯蓄で財を成す相

水星丘の真ん中にある濃い財運線は、蓄財の能力や鋭い金銭感覚を表します。発達した水星丘にのびる知能線は、金銭感覚が鋭い現実主義者。発達した水星丘は貯める才能が、太陽丘に届く長い太陽線は努力が報われてお金を得る人に現れます。

④太陽丘に届く長い太陽線

太陽丘に届かない線は、蓄財能力があるけれど生かしきれていない人。

③発達した水星丘

真ん中に線があると蓄財上手。豊かすぎると打算が強いかも。

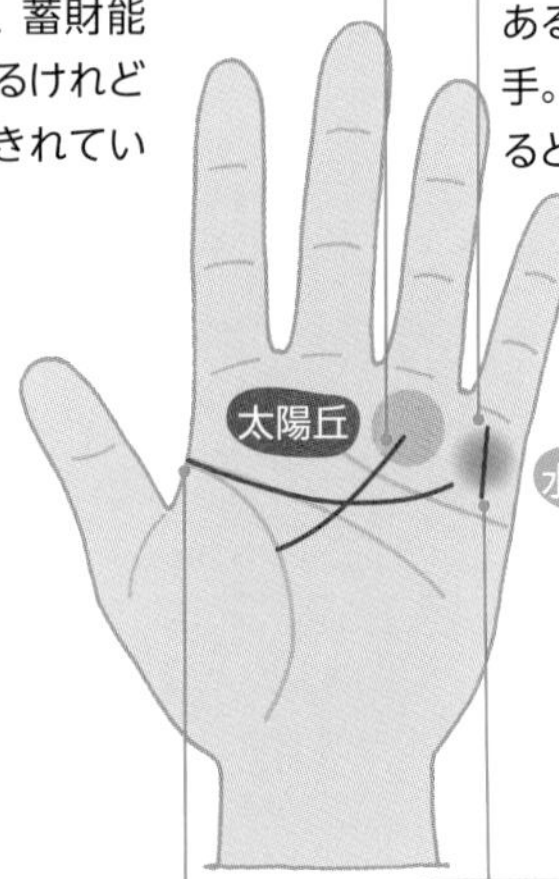

②水星丘にのびる知能線

濃い人は、少々お金に執着心がありすぎるかも。

①濃い財運線

財運吉の相。薄い人はちょこちょこ使ってしまう少額の貯蓄派。

◆ **金運UPのアドバイス** ◆

線や丘のどれかが現れている人は、努力して堅実に貯蓄する人です。必要な出費は惜しまず…が吉。

金運運⑩

ギャンブルで散財するタイプ

賭け事にはまりやすい相

木星丘にのびる感情線は、熱中するとストップをかけられなくなるタイプ。薄い直感線は、少しの直感力が災いして小さな勝利でギャンブル好きに。知能線の先端の上にある知能線の別線は、失敗も「次は大丈夫」と気にしない楽観主義者。

①木星丘にのびる感情線

ひとつのことにのめり込むため、ギャンブルなどで散在する可能性大。

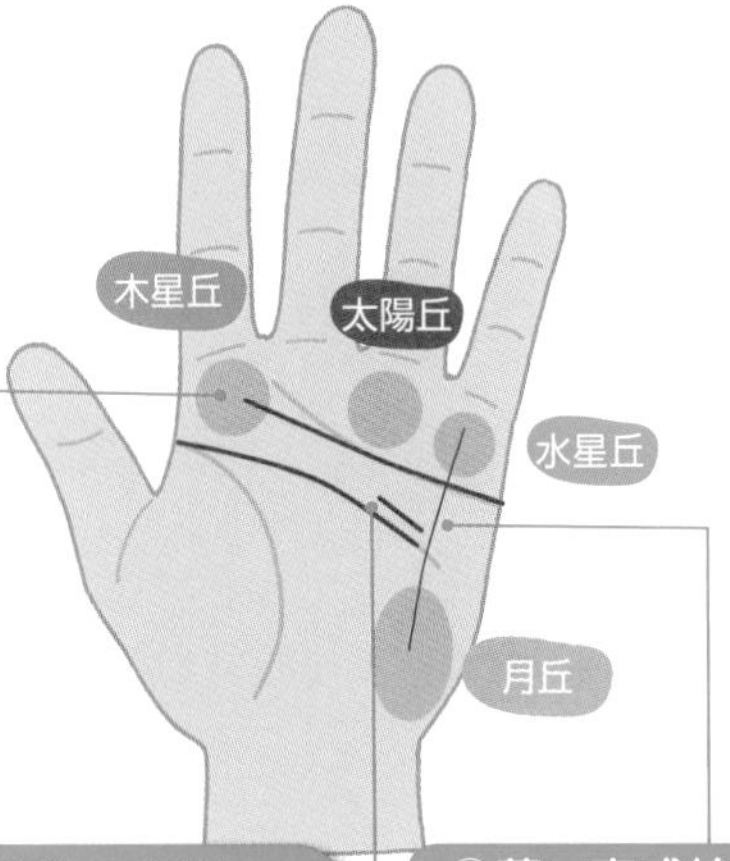

③知能線の先端の上にある知能線の別線

この線が下にあるとリスク管理ができる人です。

②薄い直感線

月丘から水星丘に向かって立てにゆるやかにのびる線。

◆ **金運UPのアドバイス** ◆

楽観的で一途な性格、少しの直感力が災いしてのめり込むタイプ。負けて大金を失うことも。

金運運⑪

なぜかいつも金欠

金運が弱い相

切れ切れの太陽線は、収入の減少、予期せぬ出費で金運が不安定に。切れ切れの財運線は、入る額も少なくすぐに出て行く金運の弱い相。切れ切れの運命線は、仕事が安定せず、収入が不安定で金運がダウンすることを表しています。

①切れ切れの太陽線

線上に空白のある場合は、金運ダウンや収入が途絶える暗示。

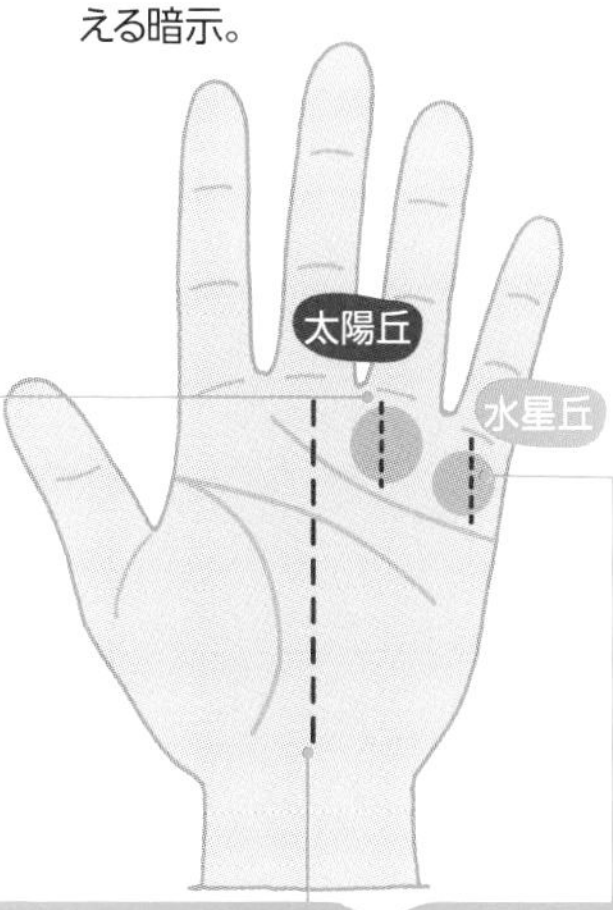

③切れ切れの運命線

転職を繰り返す人に多い相。なにごとも継続することが大切です。

②切れ切れの財運線

まずは、使わない努力を。

◆ **金運UPのアドバイス** ◆

「お金は残すもの」という信念や執着心を持つと線が変わり金運もup。まずはコツコツ貯金から。

金運運⑫

借金などの肩代わりはNG！

他人が原因の金銭トラブル相

線上に島のある太陽線は、金銭的トラブルで困窮するサイン。数本の切れ切れの財運線は、金運が不安定になる暗示。月丘の中部から下部にのびる知能線や先端が複数にわかれる感情線は、ロマンテイストでイヤといえない面倒見のいい人。

④先端が複数にわかれる感情線

だれに対しても思いやりの深い面倒見のいいタイプ。

②切れ切れの財運線が多数本

金運が不安定なサイン。

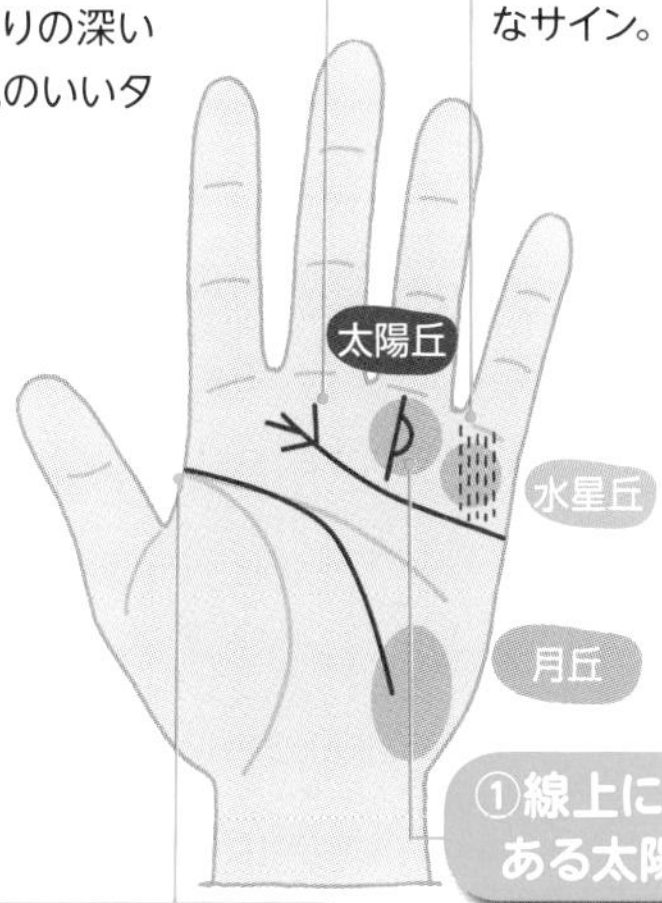

①線上に島のある太陽線

お金を貸しても返ってこない、借金の肩代わりなどの大きなトラブルの暗示。

③月丘の中部から下部にのびる知能線

人を信じ込みやすい現実離れしたロマンテイスト。

◆ **金運UPのアドバイス** ◆

人の良さにつけ込まれてトラブルに。社会的信用を失うことも。断固として断る強さを持つこと。

テーマにあてはまる鑑定要素を掲載しています。ひとつでもあてはまれば同タイプとして参考にしてください。

金運⑬

身内や友人に貢ぐタイプ

お金を援助する相

財運線がない場合は、財産や貯金がない状態。先端が複数にわかれる感情線は、同情心で人を助けてしまう性格を示します。障害線マークのある濃い太陽線は、経済的に安定しているのに線上のマークが金銭的に大きな出費や損失を暗示しています。

③障害線マークのある濃い太陽線

島は長期トラブル、十字は短期トラブルのサイン。

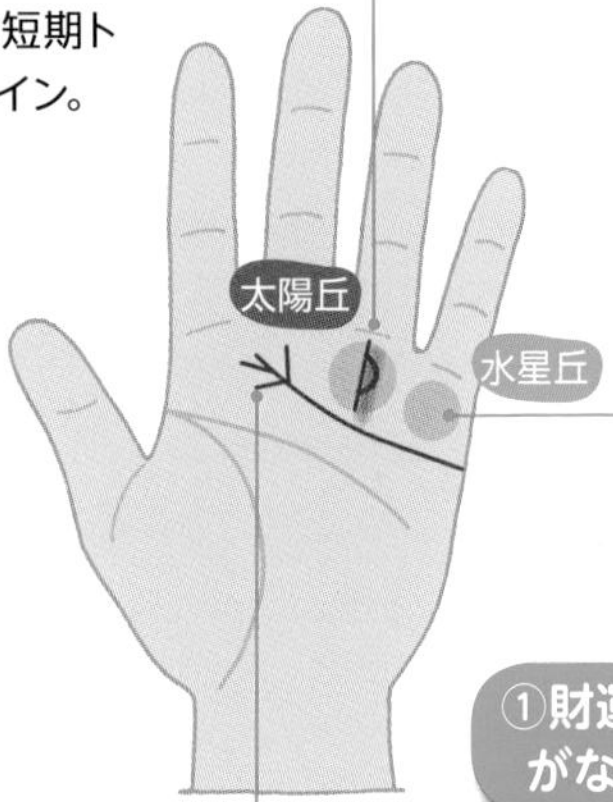

①財運線がない

②先端が複数にわかれる感情線

先端の線が多く、濃い場合はお金を援助する傾向が強くなります。

◆ 金運UPのアドバイス ◆

安定した金運なのに、身内や友人に援助をしてお金が残らない状態。まずは自分の生活を一番に。

金運運⑭

金銭トラブルに備えよう

金銭トラブルに会う相

線上に空白のある運命線は、一時的に金運がダウンするサイン。切れ切れの太陽線は、収入が不安定になるサイン。線上に空白のある財運線は、収入が絶たれる暗示。この線が出た時期はトラブルの可能性を暗示。時期が過ぎれば金運アップ。

②切れ切れの太陽線

生活に影響するような経済状態になりそう。

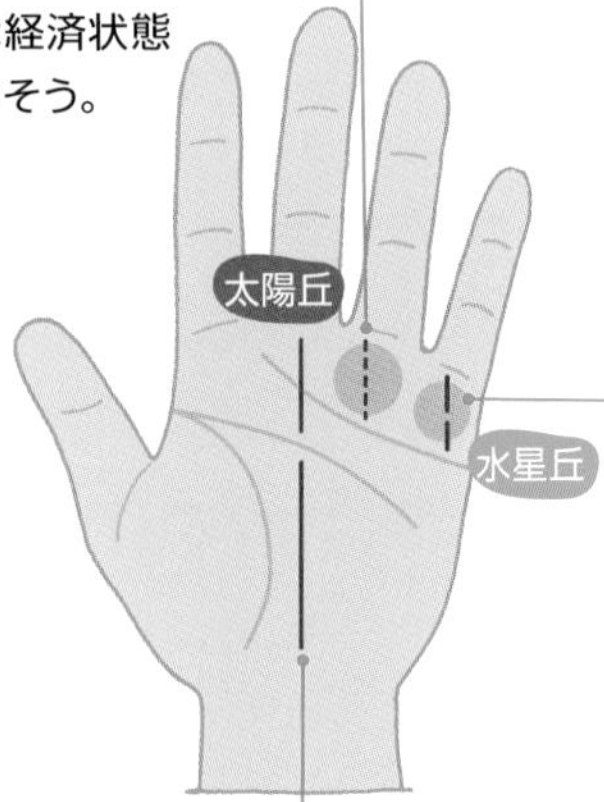

①線上に空白のある運命線

下降時期を確認して備えること。時期は運命線の「年齢の見方」(P45)参照。

③線上に空白のある財運線

貯金を崩して生活する可能性大。少しでも貯蓄する努力を。

◆ 金運UPのアドバイス ◆

サインが出ている人には、借金や人にお金を貸すなどはNG。「守り」に入ることをすすめて。

テーマにあてはまる鑑定要素を掲載しています。ひとつでもあてはまれば同タイプとして参考にしてください。

金運⑮ まだあるこんなサイン

ハッピーなサインは、気を緩めると消えることもあるので見逃さないように。アンハッピーなサインには、その人のパーソナリティ（第4章「STEP2 27 のタイプからパーソナリティを見極めよう」P59）とあわせて鑑定しましょう。ハッピーになるアドバイスを忘れずに。

ハッピーなサインは、見逃さないでね！

手のひらにこんなサインが出たら、要注意！

金運が up！

太陽丘に星マーク。予想外の大金が入ったり、仕事で成功するサイン。

お金の方から寄ってくる？

小指と薬指の間にのびる1本の濃い財運線。金銭感覚やお金儲けの嗅覚が鋭い人。投資などで財産をしっかり残します。

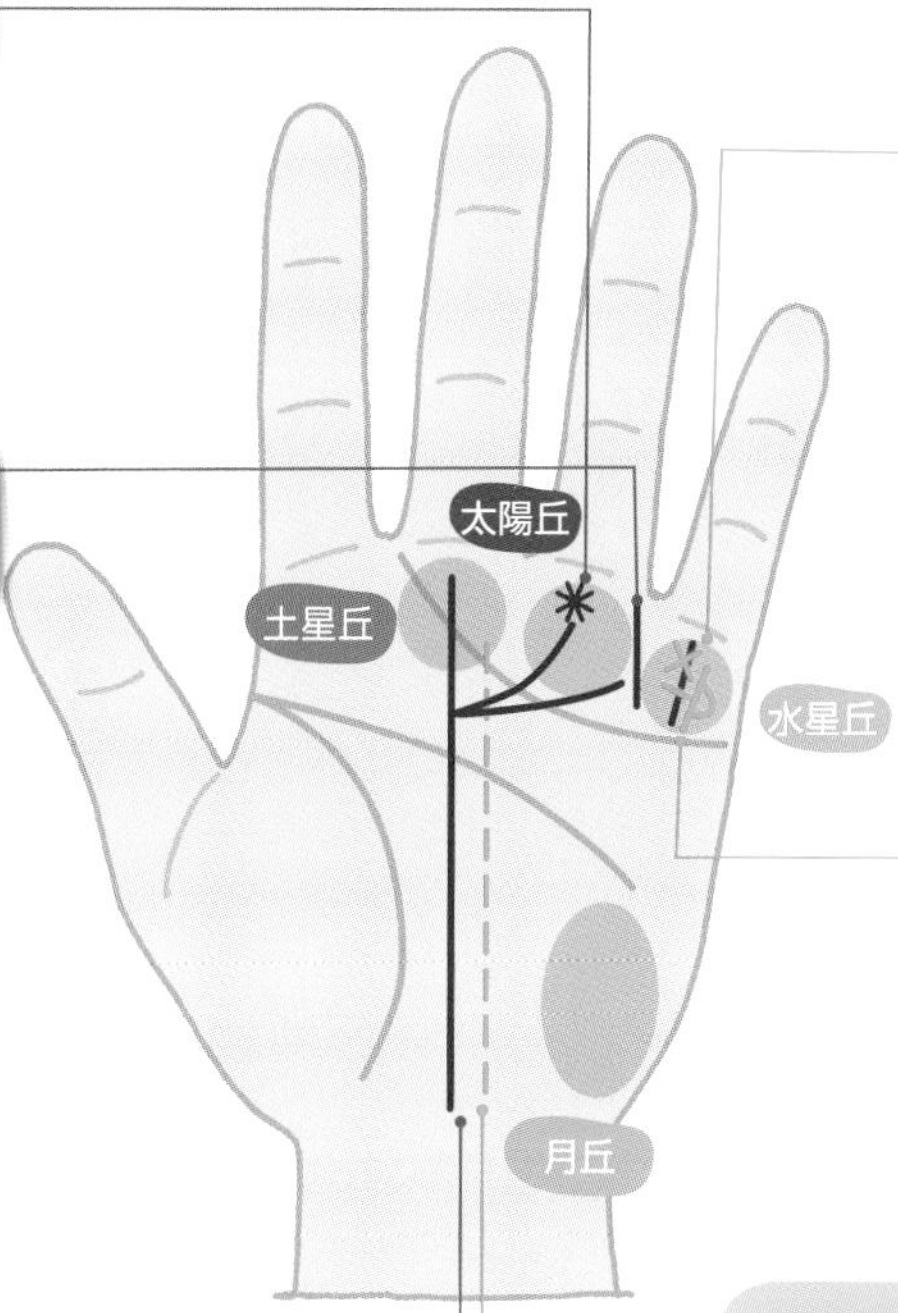
太陽丘
土星丘
水星丘
月丘

突然の出費や収入減少！

財運線上の障害線や十字。仕事を辞める、給料が減るなどで貯金を崩す暗示。

＊障害線は5㎜以下の長さ。結婚線と間違えないように。

財産が残らない！？

財運線上に島のマーク。お金が入っても手元に残らないことを表します。

最高の金運到来！

運命線、太陽線、財運線が合流。大きな財を成すような最高の金運が訪れます。

経済状態が悪化。生活が不安定に

切れ切れの運命線。転職が多い、仕事が続かないなどの理由で金運がダウン。

テーマにあてはまる鑑定要素を掲載しています。ひとつでもあてはまれば同タイプとして参考にしてください。

STEP3

目的別に鑑定する　健康運

健康運を鑑定するポイント

健康運は、健康状態や生命力などがわかる生命線を中心に、丘・平原と健康にかかわる補助線などをみていきます。手相バリエーションを参考に健康に過ごせるアドバイスを。でも、病気にかかわることは必ず病院での受診をすすめましょう。

健康運は、生命線をメインに①～④の順番で鑑定しましょう。手相バリエーションもイラスト内の番号順に鑑定をしましょう。

健康運を鑑定するポイント

線の「なにをみる」ことで「なにがわかるか」をチェックしましょう。

① 生命線をチェック
② ストレス線をチェック
③ 放縦線をチェック
④ 金星丘をチェック

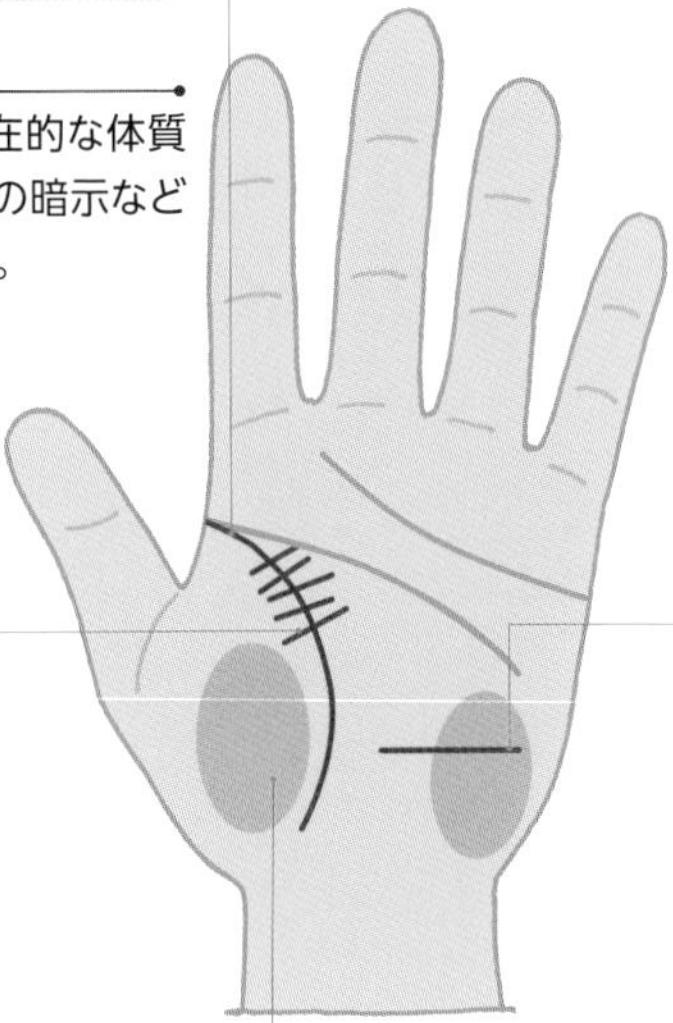

① 生命線

健康状態やパワー

現在の健康状態や潜在的な体質のタイプ、病気やケガの暗示などを知ることができます。

③ 放縦線

肉体の疲労度

肉体疲労度の高い人に現れます。「このままでは病気になる」という親切な警告サイン。

② ストレス線

精神面の健康

精神が疲れ、ストレスがあることを表します。線が長く本数が多いほど、ストレス度がup。

④ 金星丘

丘のパワーを確認

発達状態や色などで、金星丘を中心に線にかかわる丘などのパワーをみます。

①生命線を見るポイント

張り出しの位置
パワフルに活動する時期

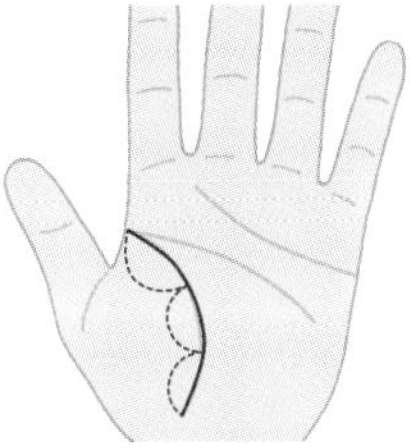

線を3等分上から1/3は30歳前、2/3は31～60歳、その下は60歳以降の晩年。

線の張り出し
バイタリティの強弱

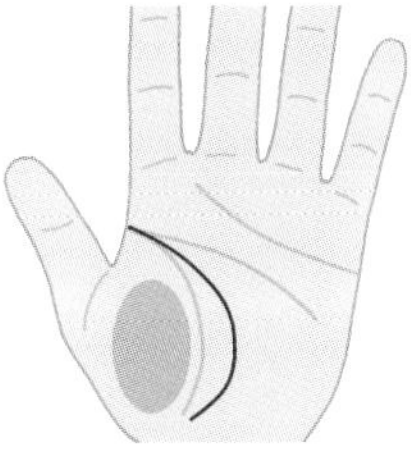

大きく張り出しした線は体力、精神力とも最強。弱いとバイタリティに欠けるかも。

線の長さ
生命エネルギーの強弱

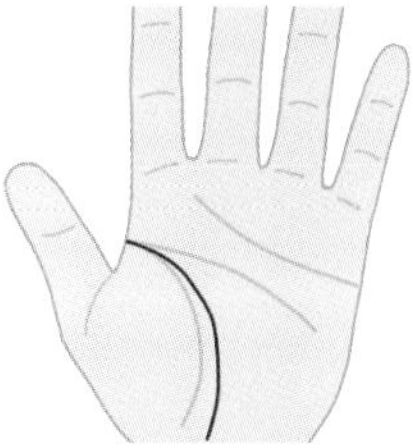

生命エネルギーの強弱のサイン。長いほど強く、短いと体力や持続力が低下気味の傾向。

②ストレス線を見るポイント

ストレス線の位置
ストレスをためやすい

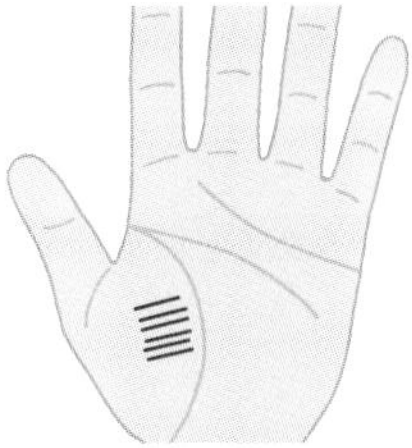

生命線を超えない線は、ストレスを抱えているのを表面に出さずため込んでいるタイプ。

ストレス線の長さ
ストレス度

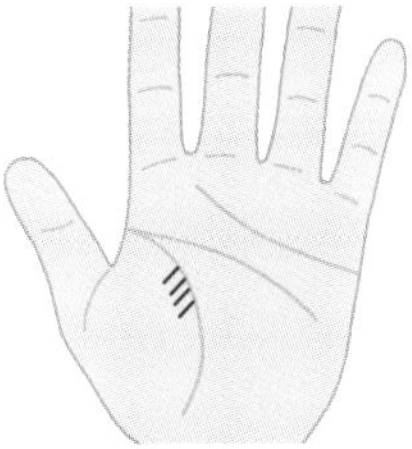

手のひらの真ん中にのびる長い線は高いストレス度、短い線は初期のストレスを示します。

ストレス線の本数
ストレスの原因

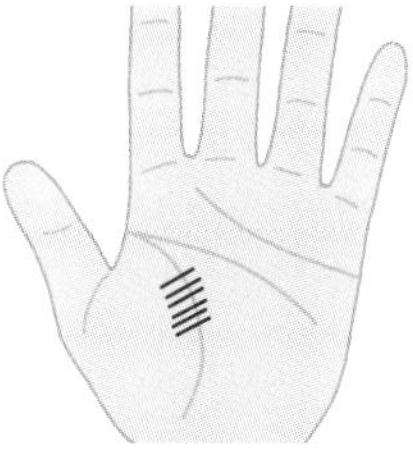

5、6本の線は気を遣いすぎて神経を消耗気味、6本以上は神経過敏で超ストレス状態。

③放縦線を見るポイント

放縦線の濃さと本数
肉体疲労度の目安

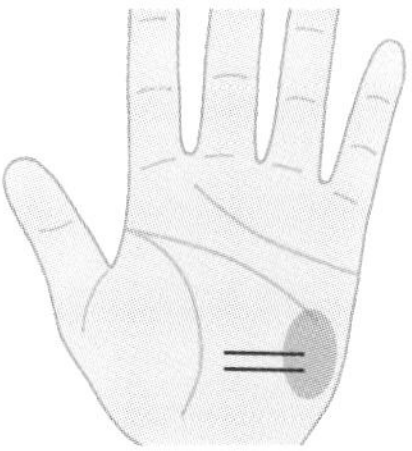

薄い場合は、慢性疲労の蓄積を表し、濃いほど肉体的な疲労がピーク。複数ある場合もあり。

放縦線の位置
肉体疲労が限界のサイン

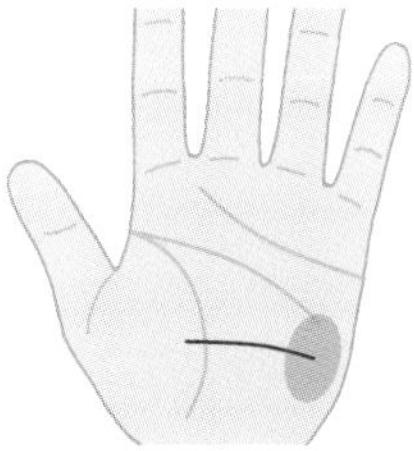

生命線に接している線は、疲労のピークに達したサイン。越える線はすでに限界のサイン。

④金星丘を見るポイント

厚みや色、つや
健康、体力などのパワー

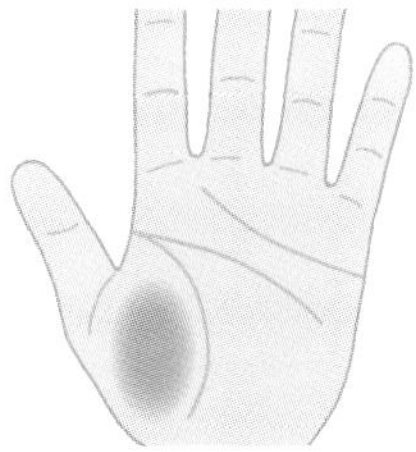

生命線と合わせて鑑定。他の丘や平原もパワーが周辺の線へどう影響するかをチェック。

健康運①

元気はつらつタイプ

健康状態が良好な相

はっきりした生命線、感情線、知能線がある場合は、健康状態は良好です。濃くしっかりとした長い生命線は、肉体面、精神面ともに生命エネルギーが満ちている状態。発達した金星丘は、色やつやがよく弾力があれば健康なサイン。

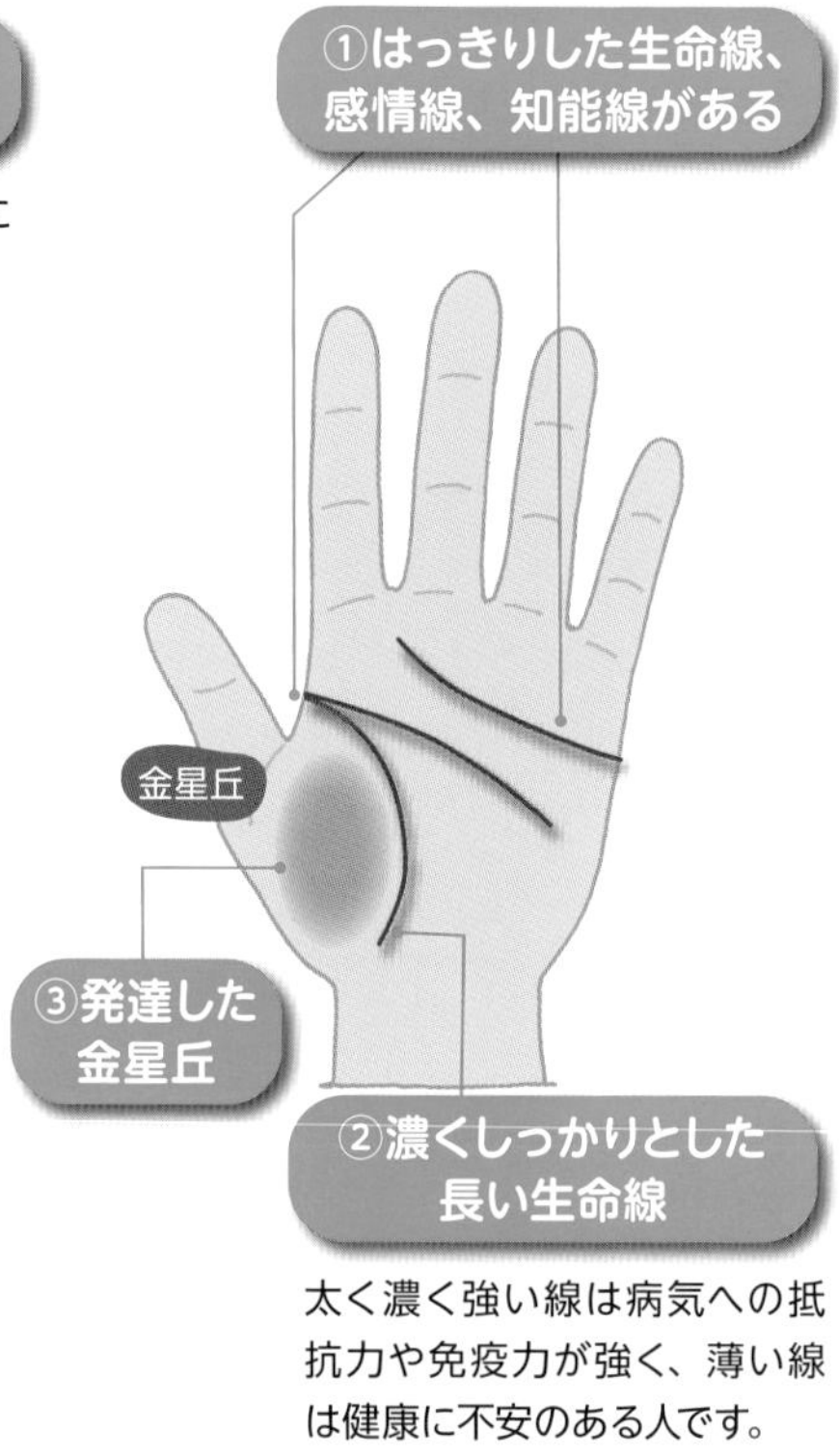
①はっきりした生命線、感情線、知能線がある
金星丘
③発達した金星丘
②濃くしっかりとした長い生命線
太く濃く強い線は病気への抵抗力や免疫力が強く、薄い線は健康に不安のある人です。

♥ 健康運UPのアドバイス ♥

健康体質で病気を寄せつけない人。過信せずに、健康的な生活を維持することが大切です。

健康運②

2人分のパワーを持つタイプ

バイタリティのある相

2本の生命線は2人分の体力と生命力、タフさを持つ人。大きく張り出した生命線は、体力、精神力が充実したバイタリティにあふれた状態。発達した金星丘は健康体質を表し、2本の感情線がプラスされると粘り強い精神力でタフさもアップ。

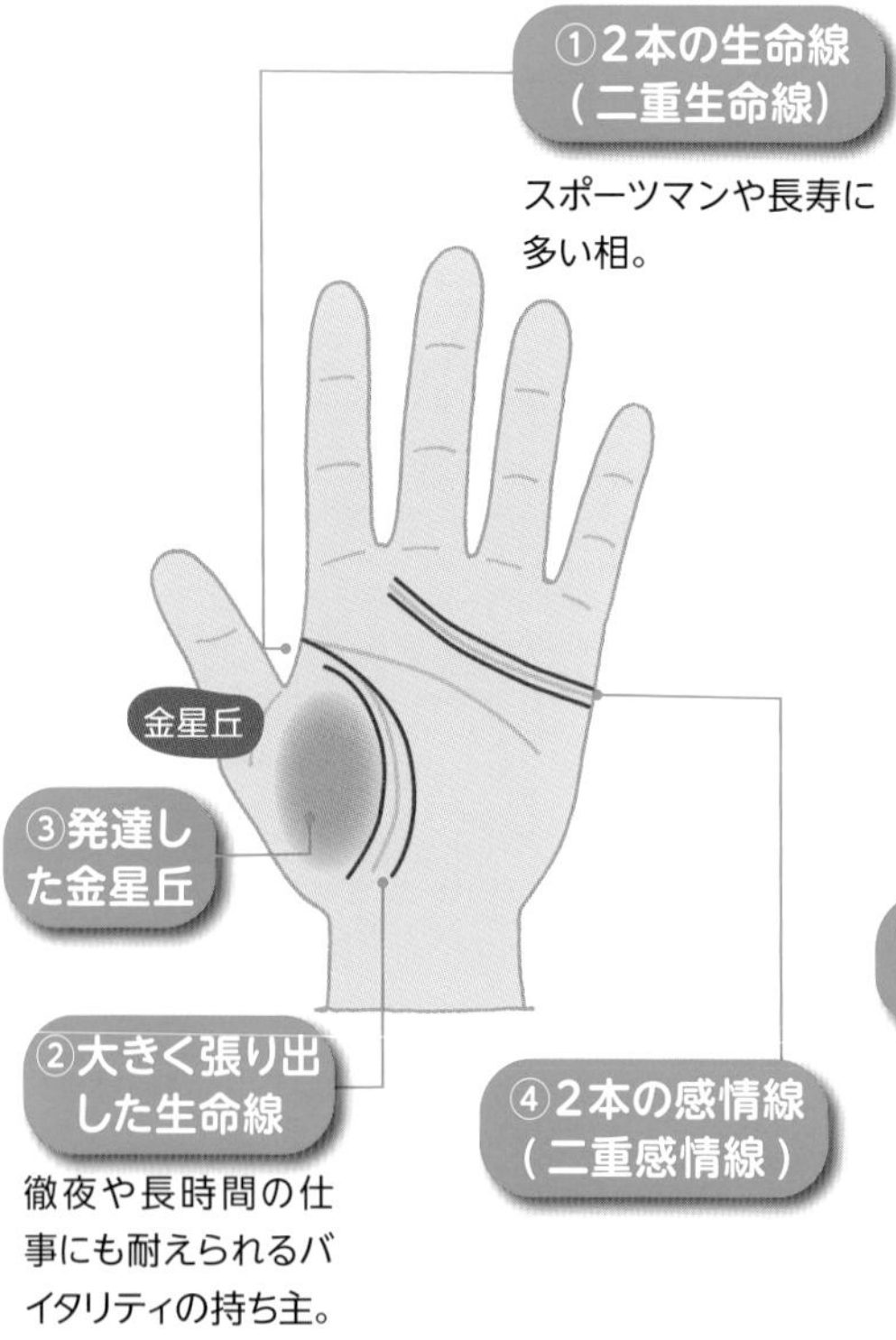
①2本の生命線（二重生命線）
スポーツマンや長寿に多い相。
金星丘
③発達した金星丘
②大きく張り出した生命線
徹夜や長時間の仕事にも耐えられるバイタリティの持ち主。
④2本の感情線（二重感情線）

♥ 健康運UPのアドバイス ♥

自然治癒能力が高く、バイタリティに満ちた体の持ち主。丈夫な肉体とタフな精神を持っています。

テーマにあてはまる鑑定要素を掲載しています。ひとつでもあてはまれば同タイプとして参考にしてください。

健康運③

長寿タイプ

長生きの相

手首までのびる濃い生命線は、生命力がとても強く積極的。生命線の下部に副生命線がある人は、晩年2人分の生命力を発揮。健康で充実した日々を過ごします。濃くはっきりした知能線は体調をコントロールでき、健康に過ごせる人です。

①手首までのびる濃い生命線

長さ＝寿命とは限らないけれど、長い人は強い生命力で長生きになる傾向に。

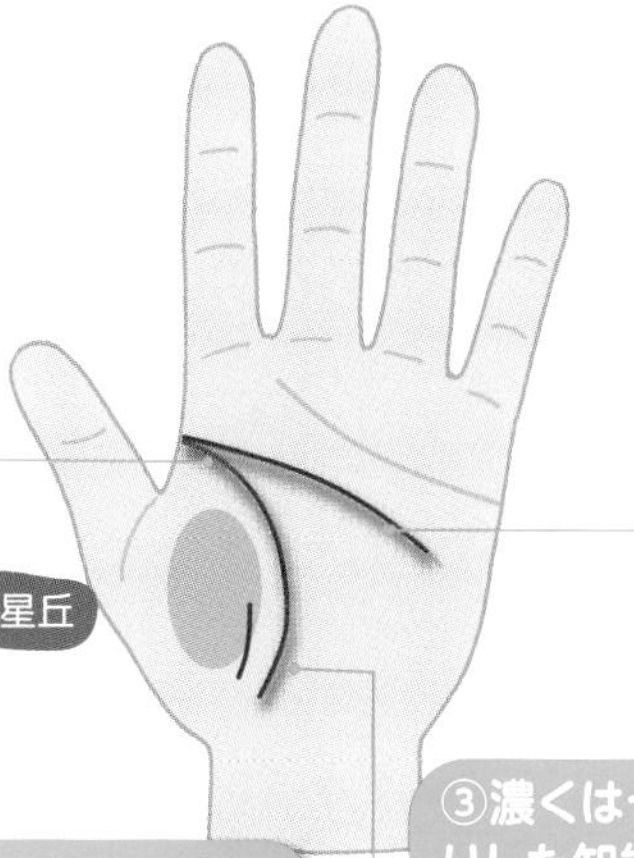

②生命線の下部に副生命線がある

生命線の3/3の位置に生命線に寄りそうような3cmくらいの線。

③濃くはっきりした知能線

きれいで力強い線ならベスト。

健康運UPのアドバイス

おおらかな性格も長寿の秘訣。パーソナリティ(P60)も確認してアドバイスを。

健康運④

いつもコンディションが悪いタイプ

虚弱体質の相

直線的な生命線は、生命力、体力、気力とも弱い虚弱体質タイプを表します。全体が切れ切れな生命線は、体力、気力とも衰えている、生まれつき虚弱体質のタイプ。線上に島のある健康線は、内臓機能が低下しているサイン。

①直線的な生命線

金星丘の面積が狭くなるとパワーが衰えるサイン。

③線上に島のある健康線

手首あたりから水星丘に向かう線(P24⑭参照)。

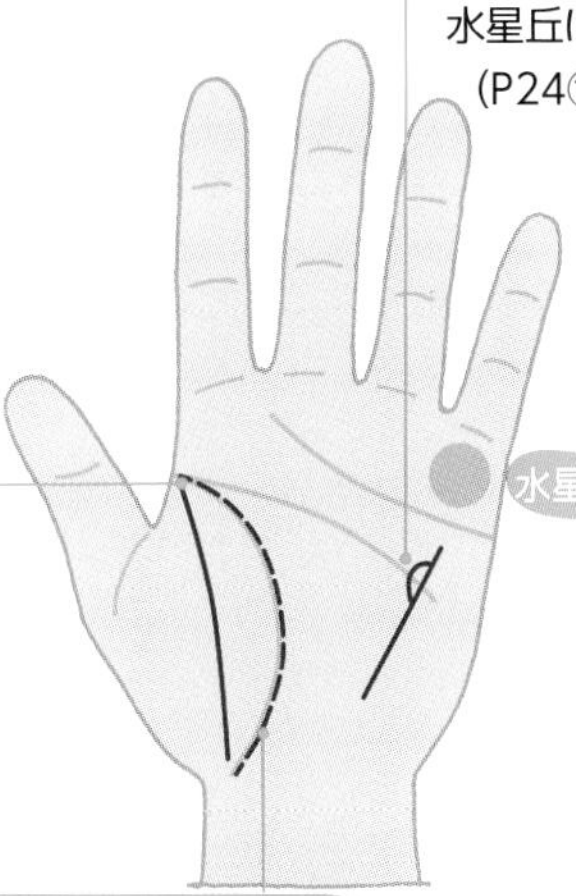

②全体が切れ切れな生命線

消化器系や呼吸器、生殖器系が弱い場合も。念のため、受診をすすめましょう。

健康運UPのアドバイス

病気への抵抗力が弱く、病気がちな傾向。医師に相談して無理のない体質改善などを心がけるようアドバイスを。

テーマにあてはまる鑑定要素を掲載しています。ひとつでもあてはまれば同タイプとして参考にしてください。

健康運⑤

慢性的に疲労しているタイプ

体調の自己管理が苦手な相

切れ切れの生命線は、体が疲れやすくなっている警告サイン。ストレス線は、精神的な疲労やストレスがたまると現れる線です。放縦線は、オーバーワーク気味で肉体的な疲労がかなりたまって相当疲れています。どの線も体のSOSサイン。

①切れ切れの生命線

今まで線がなかった場合は疲労のサイン、以前からある場合は虚弱体質。

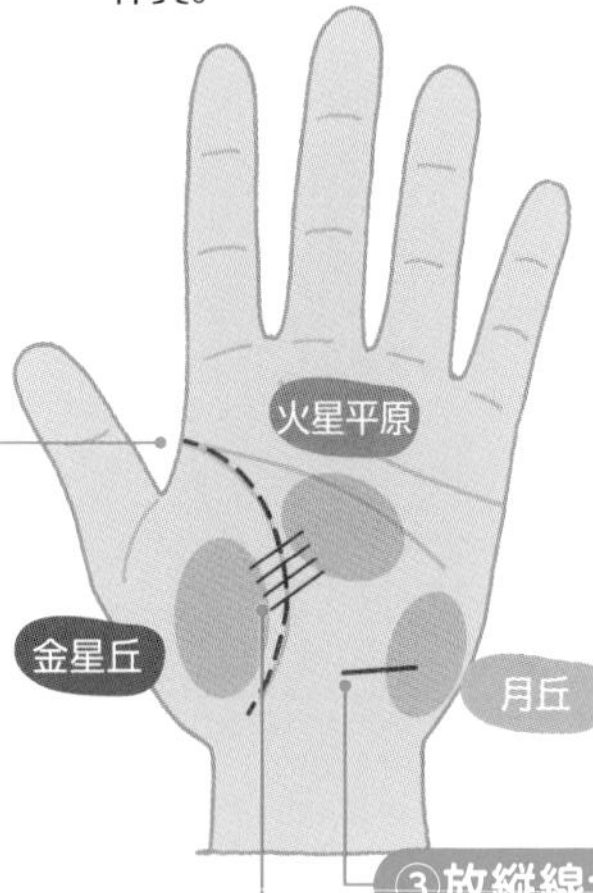

②ストレス線がある

生命線の内側を起点に火星平原に伸びる複数の線(P24⑯参照)。

③放縦線がある

月丘を起点に生命線に向かってのびる線(P24⑮参照)。

♥健康運UPのアドバイス♥

疲労の蓄積は病気へのアプローチ。サインを見落とさないようにして、受診や休養をすすめましょう。

健康運⑥

生命線でわかる絶頂期

健康でパワフルな時期

絶頂期は生命線の張り出し方でわかります。1/3が張り出している生命線は、30歳ころまでが絶頂期。2/3が張り出している生命線は30歳から60歳ころまでが、3/3が張り出している生命線は60歳を過ぎてからの絶頂期です。

① 1/3が張り出している生命線

子どものころは、超健康優良児。

② 2/3が張り出している生命線

働き盛りの中年期ごろに大活躍。

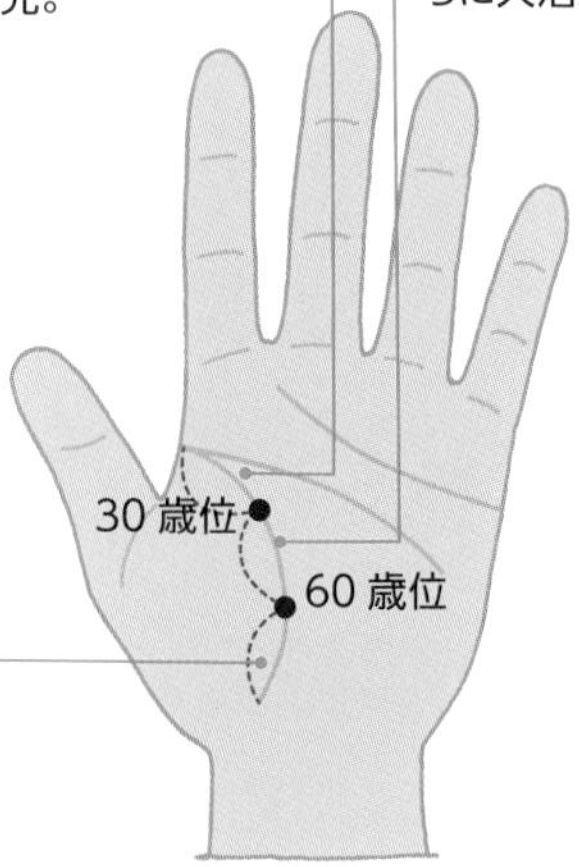

③ 3/3が張り出している生命線

晩年、見違えるほどパワーup！します。

♥健康運UPのアドバイス♥

健康で積極的に行動できる時期。二重生命線や副生命線があれば、さらに運気up！

健康運⑦

ケガに注意のサイン

注意力散漫になっている相

ところどころ切れている知能線は、注意散漫でケガをする状況を警告するサイン。途中で途切れている生命線は、体力が減退してケガをするという警告サイン。線上に障害マークがある生命線は、事故やケガにあうかもしれない警告サインです。

①ところどころ切れている知能線

ひとつのことに集中できない性格を表します。

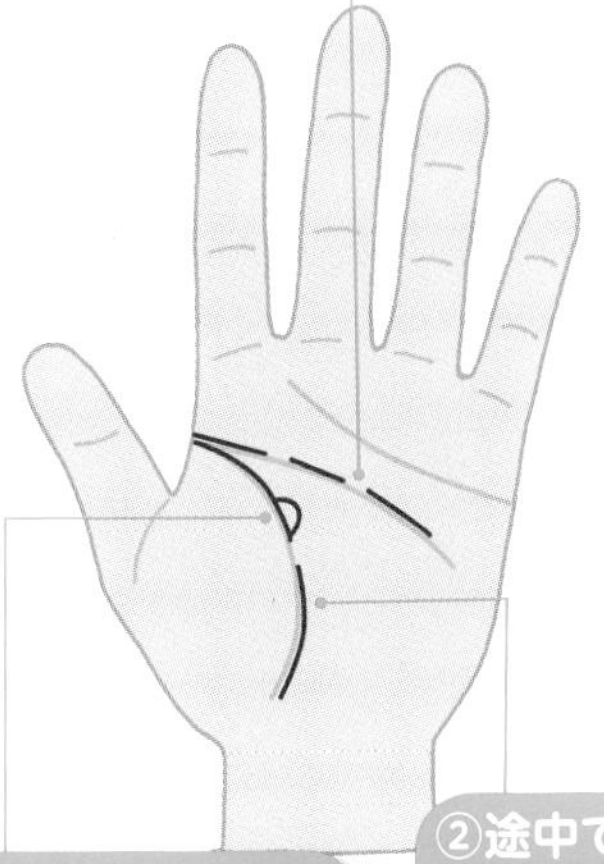

③線上に障害マークがある生命線

マークはケガなどの外的原因で起こるものを表しています。

②途中で途切れている生命線

病気の警告サインでもあるので、無理をしないように注意！

♥ 健康運UPのアドバイス ♥

注意散漫になり、ケガをする可能性も。警告サインを見逃さず、注意するようアドバイスを。

健康運⑧

ストレスに注意のサイン

ストレスをためやすい相

生命線に沿って地丘にのびる知能線は、周囲の評価を心配しすぎてストレスに。知能線の先端の下にある別線は、物ごとを悲観的にとらえるタイプ。ストレス線があると神経過敏で五感がピリピリ、取り越し苦労でイライラしている状態。

③ストレス線がある

線が長く本数が多いほど、ストレス度が高いので注意。ストレス線はP24⑯参照。

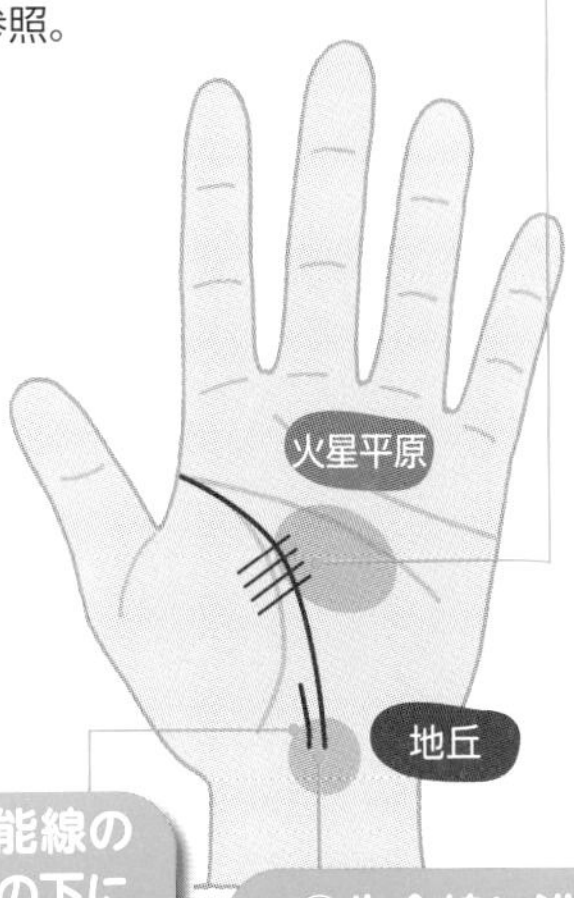

②知能線の先端の下にある別線

悲観主義者なので、ストレスがたまりやすい。

①生命線に沿って地丘にのびる知能線

悲観的で思い込みが激しく自分のカラに閉じこもるタイプ。

♥ 健康運UPのアドバイス ♥

サインをチェックして、ストレスをためないために「開き直ることも必要」と教えてあげて。

テーマにあてはまる鑑定要素を掲載しています。ひとつでもあてはまれば同タイプとして参考にしてください。

健康運⑨

呼吸器系に注意のサイン

呼吸器系が弱っている相

起点部分がくさり状の生命線は、体力がなく、気管支や呼吸器系が弱くなっているときに現れます。切れ切れの生命線は、呼吸器系の病気を知らせる警告サイン。くさり状の健康線も呼吸器系が弱くなっている警告サインです。

①起点部分がくさり状の生命線

線全体がくさり状の場合も同じ。

②切れ切れの生命線

症状は重くなく、早めに治療することで早期に回復の可能性。

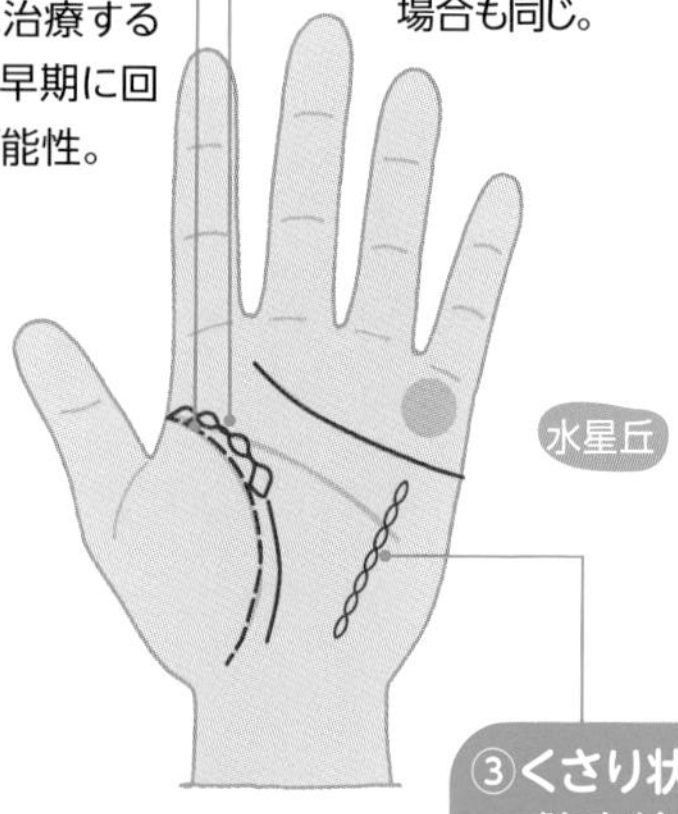

③くさり状の健康線

線上にある島は、呼吸器疾患の可能性も。健康線はP24⑭参照。

ツメをcheck！

「スプーン型」「逆三角形」や「黄色ツメ」は注意（P 57「ツメを鑑定するポイント」参照）。

健康運UPのアドバイス

呼吸器系の警告サインは、生命線に集中して現れます。本人に自覚があるなら受診を進めましょう。

健康運⑩

消化器系に注意のサイン

消化器系が弱っている相

くさり状の生命線はストレスで消化器系が弱っているタイプ。途中から切れ切れになる生命線は、消化器系の病気の警告サイン。下向きの枝線がある感情線は気をつかいすぎて、切れ切れの健康線は消化器系が弱っているサインです。

ツメをcheck！

「タテに筋がある」場合は注意（P 57「ツメを鑑定するポイント」参照）。

①くさり状の生命線

疲れやすく体力が低下している可能性も。

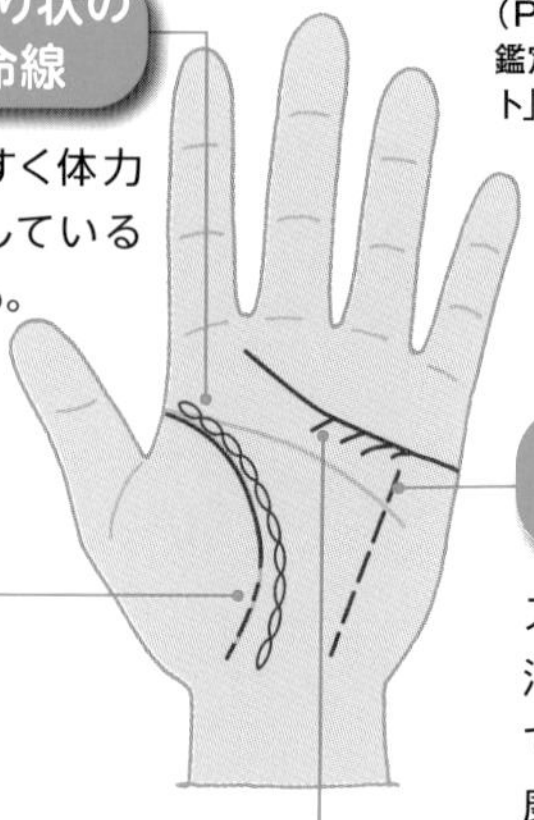

④切れ切れの健康線

ストレスなどで消化器系が弱っているかも。健康線はP24⑭参照。

②途中から切れ切れになる生命線

短い線の連なりは神経質な人。

③下向きの枝線がある感情線

気遣いはストレスにならない程度に。

健康運UPのアドバイス

気分転換でストレス解消、暴飲暴食などの生活習慣の見直しと体力をつけることが大切。

健康運⑪

婦人科系に注意のサイン

婦人科系が弱っている相

線上に島のある感情線は、婦人科系の病気の警告サイン。ホルモンバランスが崩れやすくなっていたり、生殖機能関係が弱くなる可能性があります。放縦線は、疲労は体のリズムを崩して生理不順などの原因のひとつかもしれません。

①線上に島のある感情線

小指の下あたりに障害マークの島が現れたら、要注意です!。

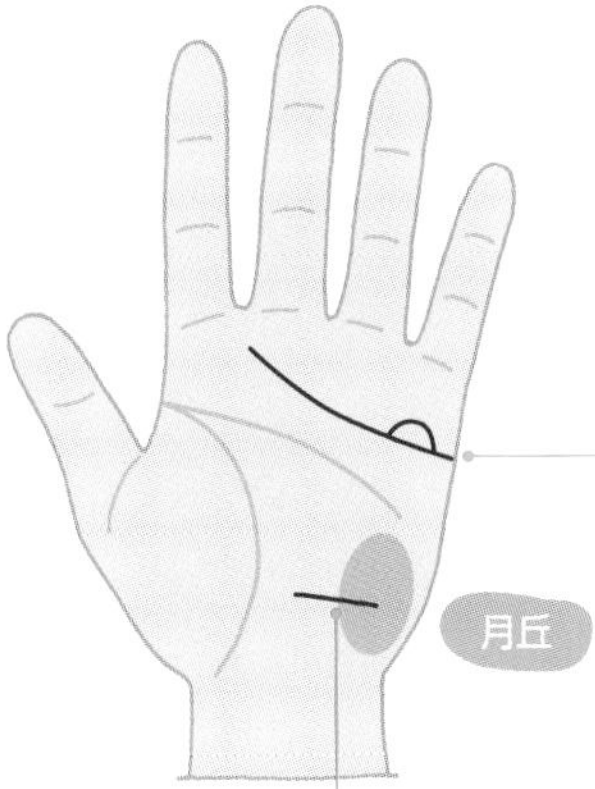

②放縦線がある

オーバーワーク気味。休養して、体力をつけましょう。放縦線はP24⑮参照。

健康運UPのアドバイス

なかなか自覚できない婦人科系の病気。それだけにありがたいサイン。体のケアを行うチャンスです。

健康運⑫

循環器系に注意のサイン

循環器系が弱っている相

くさり状の感情線は、心臓の機能低下や血液の循環が弱くなっていることを警告しています。感情線上の障害線やマークは心臓の病気の暗示や機能低下などの警告サイン。生命線からのびる健康線は、心臓が弱っているサインです。

②障害線、マークがある感情線

障害線は心臓の病気や循環器系の機能低下など、島や十字は心臓や血管などが弱くなっている警告サイン。

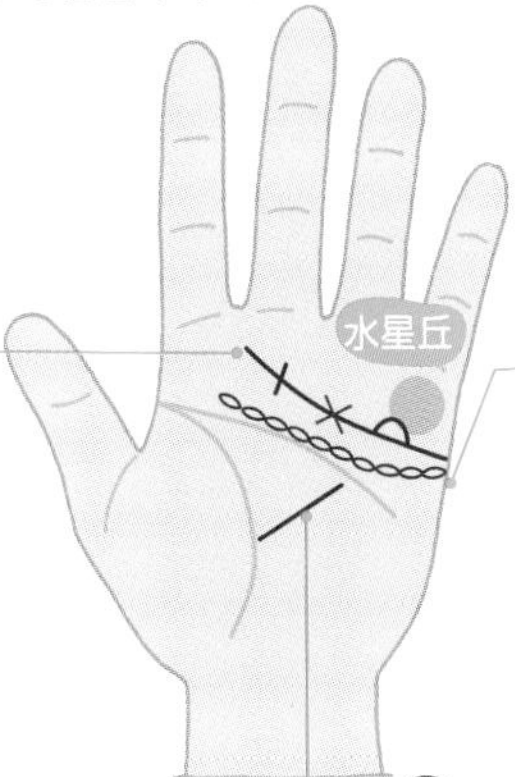

①くさり状の感情線

神経過敏でストレスがたまりやすい性格も要因のひとつかも。

③生命線からのびる健康線

内側からのびると血管などの循環器系が弱っているサイン。健康線はP24⑭参照。

ツメをcheck!

「スプーン型」や「紫」「赤」「黄色」のツメは注意（P 57「ツメを鑑定するポイント」参照）。

健康運UPのアドバイス

循環器系の状態は、感情線を中心にみます。過信せず検診や専門医に相談することを進めてあげましょう。

健康運⑬

目の病気に注意のサイン

視神経、脳神経が弱っている相

薬指の下に当たる線上に障害マークがある知能線は、視神経が疲れているか、病気や障害の警告サイン。障害マークの島は、目や脳の障害や神経疲労。十字は、脳神経の病気や頭のケガ、などの警告サインです。ひどくなると頭痛を伴うことも。

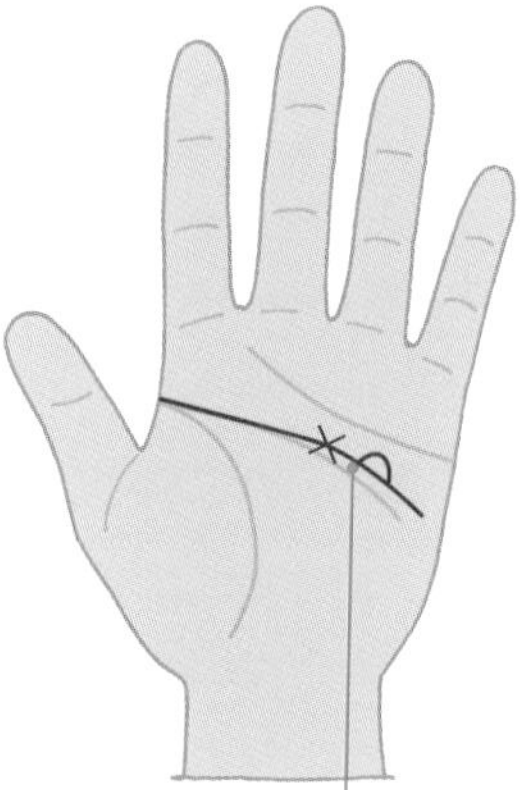

①線上に障害マークがある知能線

薬指の下に当たる範囲は、目や脳に関係のある部分。

健康運UPのアドバイス

目を酷使している人に現れ、頭痛持ちの人にも多い相のよう。この機会に眼科で検診を。

健康運⑭

生命線でわかる不調期

一時的なパワー減退時期

ダウン時期は生命線上の空白の位置でわかります。1/3の位置に空白がある生命線は30歳ころまでに、2/3の位置は30歳から60歳ころまで、3/3の位置は60歳を過ぎてからの一時期に体力が減退する警告サインです。

① 1/3 の位置に空白がある生命線

若さに任せた不摂生は禁物です。

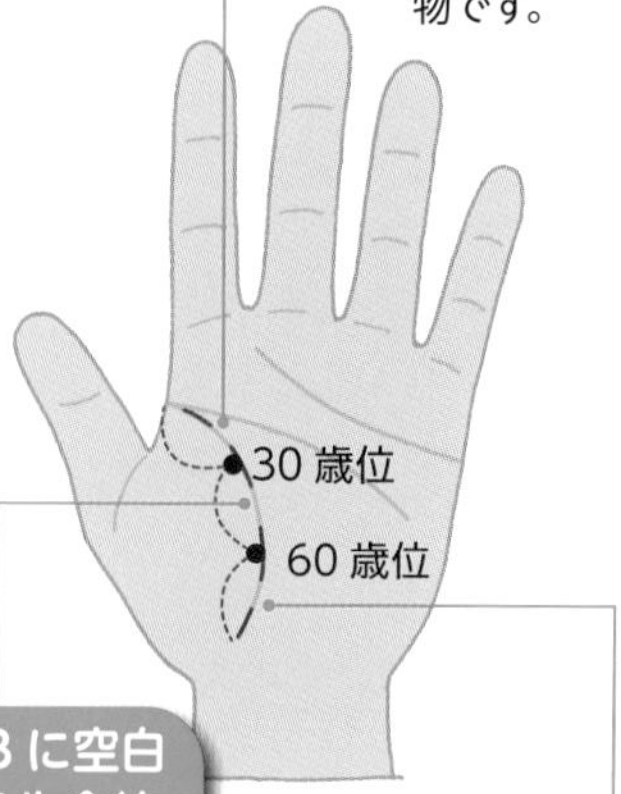

② 2/3 に空白がある生命線

病気への抵抗力や免疫力が低下気味。体力も低下しているので無理をしないこと。

③ 3/3 に空白がある生命線

晩年期なので、体調に注意を払いましょう。

健康運UPのアドバイス

大病や事故ではなく、パワーが低下する時期の警告。線が戻れば積極的な体力増進は吉。

健康運⑮ まだあるこんなサイン

体調の警告や要注意サインは、見落とさないように要注意！。体調がよくなれば線は消えたり、薄くなったりします。健康運にはその人のパーソナリティ（第４章「STEP２ 27のタイプからパーソナリティを見極めよう」 P59）も影響します。医師への相談と病院の受診をすすめること、健康upのアドバイスも忘れずに。

手のひらにこんなサインが出たら、要注意！ 病院で受診するようアドバスを

足腰が弱っているサイン

薬指や小指のつけ根に細かい線がある。
無理な姿勢や運動不足で足腰が弱っている要注意サイン。

精神的に疲れているサイン

線上に障害線がある知能線。
仕事上のストレスなど、精神的な疲れが出始めているサイン。

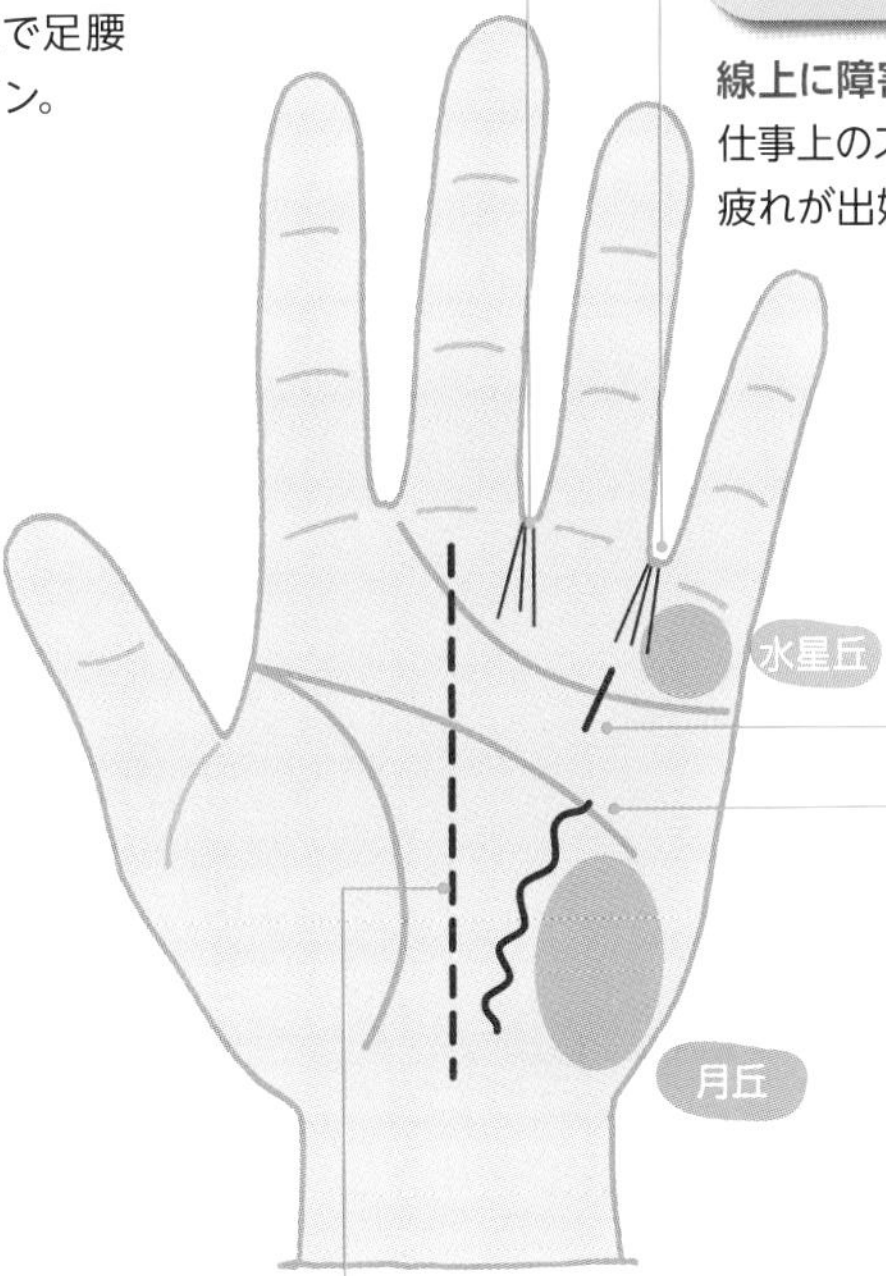

ツメをcheck！

白っぽいツメは肝臓に注意（P 57「ツメを鑑定するポイント」参照）。

不摂生でダウンしそうなサイン

切れ切れの運命線と放縦線。
生活が乱れて体調が崩れる警告サイン。
生活リズムの見直しを。

肝臓が弱っているサイン

波状の健康線。
休肝日をを作ったり、病院で受診するようアドバイス。

ピンチに手腕を発揮する相「マスカケ線」

濃い知能線、感情線のマスカケ線

だれよりも逆境に強いタイプ

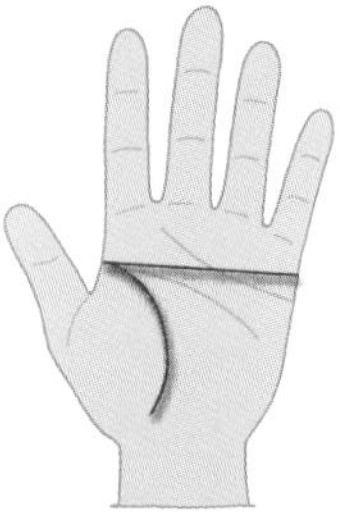

薄い知能線、感情線のマスカケ線

苦労を重ねることで、成功するタイプ

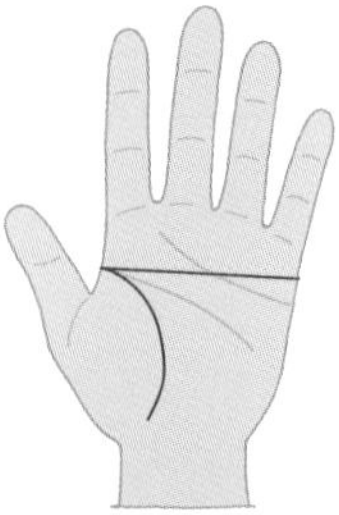

知能線、感情線の枝線がひとつになった変形マスカケ線

ほかのタイプより時間がかかるタイプ

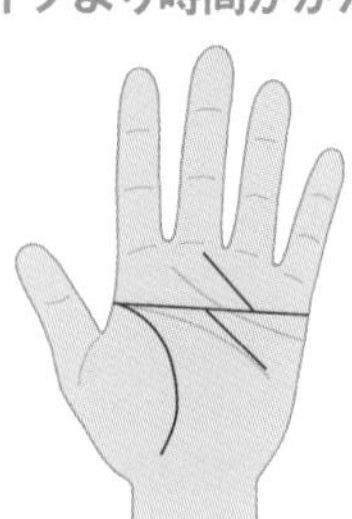

知能線と感情線がひとつになった線

パーソナリティタイプや目的別の鑑定バリエーションでは登場しませんでしたが、知能線と感情線が一つになっている「マスカケ線」について紹介しましょう。

マスカケ線を持つ手相は、波乱万丈の人生を送りますが、逆境や困難に立ち向かい、才能を発揮するといわれています。

少々気むずかしいところはあるものの冷静沈着、意志が強くどんな試練やピンチにも決してめげません。それどころか、粘り強く、的確に経済変動の波を読み、対処して乗り越えていきます。新規事業の立ち上げ、経営難の会社の再建といった逆境でこそ本領を発揮し、苦労を重ねた分、大きな成功をつかみます。

ちなみに、徳川家康もこの「マスカケ線」だったといわれています。

手相を描いて、運気アップ！

強い願い事を持っている人には、「描く手相」をアドバイス

「手相は描いて変わるの？」と聞かれますが、描くことで手のひらの気の流れが活性化されて手相が変化します。すぐに手相が変わる人もいれば、なかなか変わらない人もいます。変化がないときは「願い事を叶える環境などがまだ揃っていないサイン」と教えてあげてください。

けれど、ただ単に線を描いただけではダメ。毎日願い事を思い描きながら線を描くことが大切です。この方法もそうですが、「運は何かしらの行動を起こして叶うもの」だということをひと言そえてあげましょう。

●用意するもの

線と同じ太さのベージュや肌色のペン。

●手相を描く手順

① 利き手を確認

線は、後天的な運勢を表す利き手に描きます（P28「手相は、両手をみて占う」参照）。

② 願い事を聞く

占う人が願い事を具体的に描いていることが大切です。

③ 願い事にあった線を見極める

どの線を描くかを見極めるヒントは、「四大基本線と20本の補助線」（P16～）」や各目的別の「鑑定ポイント」をチェック。

④ 起点から終点に向けて、線を描く

線は、手のひらの気を活性させるように起点から終点に向けて描くこと。

「金運全般を上げたい」なら…

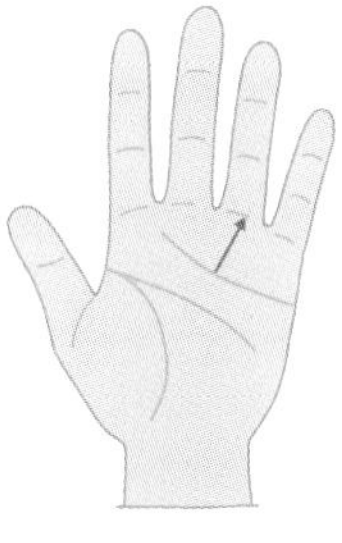

薬指の中央の根本まで財運線を描く。

「ステキな出会い」なら…

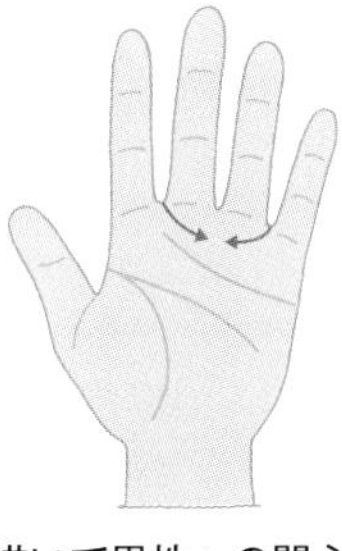

金星帯を描いて異性への関心度をup。

◆ 著者　**北島禎子**（きたじま・ていこ）
専門的に手相を学び、手相鑑定の師範を取得。その知識をベースに独自の手相鑑定法をプラスし、多くの人の手相鑑定を行い、ボランティアで手相教室を開催（現在は教室開催中止）。

◆ 構成・編集
オフィスクーミン／佐藤公美

◆ イラスト
細田あすか

◆ デザイン・DTP
有限会社ねころのーむ／高久真澄

徹底図解　本格！開運手相術
プロが教える鑑定のポイント

2020年9月30日　第1版・第1刷発行

著　者　北島禎子（きたじま ていこ）
発行者　株式会社メイツユニバーサルコンテンツ
（旧社名：メイツ出版株式会社）
代表者　三渡　治
〒102-0093 東京都千代田区平河町一丁目1－8
TEL：03-5276-3050（編集・営業）
03-5276-3052（注文専用）
FAX：03-5276-3105
印　刷　株式会社厚徳社

◎「メイツ出版」は当社の商標です。

ご意見・ご感想はホームページから承っております。
ウェブサイト https://www.mates-publishing.co.jp/

編集長:折居かおる　副編集長:堀明研斗　企画担当:折居かおる

※本書は2013年発行の『本格！開運手相 占いのプロが教える鑑定のポイント』を元に加筆・修正を行っています。